RICH WOMAN
A BOOK ON
INVESTING FOR WOMEN
Because I Hate Being Told What To Do !

リッチ＊ウーマン

人からああしろこうしろ
と言われるのは大嫌い！
という女性のための投資入門

キム・キヨサキ……著　白根美保子……訳
まえがき……ロバート・キヨサキ　シャロン・レクター

筑摩書房

リッチウーマン　目次

Japanese translation rights licensed by
RICH DAD OPERATING COMPANY, LLC

この本は、テーマとして取り上げた事項に関し、適切かつ信頼に足る情報を提供することを意図して作られている。

著者および出版元は、法律、ファイナンス、その他の分野に関する専門的アドバイスを与えることを保証するものではない。

法律や実務は国によって異なることが多いので、もし、法律その他の専門分野で助けが必要な場合は、
その分野の専門家からのサービスの提供を受けていただきたい。

著者および出版元は、この本の内容の使用・適用によって生じた、いかなる結果に対する責任も負うものではない。

本書の事例はどれも事実に基づいているが、その一部は教育的効果を増すために多少の変更を加えてある。

本書に登場する女性たちは実在の人物ではなく、読者が自分と登場人物を重ね合わせられるようにとの配慮から、
さまざまなタイプの女性の代表として創作された人物である。
取り上げた出来事の一部もまた、教育的効果を増すために創作を加えたものであることをお断りしておく。

ロバート・キヨサキからはじめに一言……

「成功の陰に女あり」という意味の格言があるが、私の場合、まさにその通りだ。妻のキムがいなかったら、私は今のような成功を手にしていなかっただろう。キムがいなかったら、自分はどんなふうになっていただろう？　私は時々そんなことを考える。

お察しの通り、キムと出会った時、最初に私の心をとらえたのは彼女の容姿の美しさだった。そのあと、やっとこぎつけたはじめてのデートの時、私は彼女がただ外見が美しいだけではないことを知った。キムの頭の中にはしっかり脳みそが詰まっていた。とても頭が切れる女性だった。おたがいのことがよくわかってくるにつれて、キムの内面が外側よりもっと美しいことがわかってきた。そして、それがわかった時、私はキムに恋をした。永遠の絆で結ばれた運命の人《ソウルメイト》というのが本当にこの世に存在するとしたら、私はその人をすでに見つけているのだと思う。

でも、容姿や頭のよさに加えて、キムが気骨のある人間であることがわかったのは、もっとあとになって、いろいろ大変な時期を迎えてからのことだった。キムの内面的な強さのおかげで、私たちは何度も人生の大きな山を乗り越えた。キムがいなくて私一人だったら、そうはいかなかっただろう。まったくお金がなかったり、雨露をしのぐ場所すらなかったり、どこかに行こうにも車がなかったり……そういった大変な時期が何度もあった。そんな時、キムは泣きじゃくる子供を黙って抱きしめるように、私を抱きしめてくれた。キムはいつも勇気と信念を失わなかった。私が自分を信じる気持ちを失っても、キムは決して私を信じる気持ちを失わなかった。

どんなカップルでもそうだと思うが、私たちも意見が食い違って言い争うことがある。私たちの毎日は決して、五〇年代に人気を博したホームドラマ『陽気なネルソン一家』を地でいくようなものではない。でも、二人で大変な時期――人生の山や谷、過ち――を経験したのは本当によかったと思っている。その理由の一つは、キムに対する私の愛情に尊敬の念がさらに加わったことだ。キムは一人の人間としてしっかり自分の足で立っている。私の助けがなくても自分で自分の面倒が見られる。現代的で、つねに時代の先端をいき、おもしろくて、物心ともに豊かで、親切で、思いやりがあり、いつもきらきらと輝いていて、そして、自立している。

二人でゴルフをする時、キムは男性用のティーグラウンドからティーオフする。女性だからというだけの理由でハンディキャップを与えられることは、期待していないし要求もしない。おまけに、私にとっては情けないことに、キムはよく、私より遠くまでドライバーショットを飛ばし、私よりいいスコアでラウンドを終える。キムが勝っても、それをことさら強調して私の傷に塩を塗るようなことをしないのは本当にありがたい。

私たちが出会った時、私の手元にあったのは膨大な借金とたくさんの間違い、人生で学ぶべきたくさんの教え、そして夢だけだった。それ以外は何もなかったにもかかわらず、キムはその夢をかなえるために、私と人生を分かち合う道を選んでくれた。今、私たちは、はじめの頃のあの夢をはるかに超えるところまで到達し、夢にも思わなかったような生活を送っている。

出会った時の私は文無しだったから、キムがお金目当てに私と結婚したのでないことは確かだ。投資に関してだって、私がやったことと言えば、金持ち父さんが私に教えてくれたことをキムに教えただけだ。投資の世界に足を踏み入れたキムは水を得た魚のようだった。今、キムは私よりずっと優秀な投資家だ。私がやったことのないような、とてつもなく大きな取引をまとめている。キムは自分の力で自分の人生を切り開いてきた女性、「リッチウーマン」だ。

キムはこれから先、たくさんの本を書くと思うが、その記念すべき一冊目に前書きを書くことを私がとても誇りに思っているのは、今挙げたような理由からだ。キムは私の考える現代女性――おもしろくて、思いやりがあり、親切で、美しく、独り立ちしていて、頭がよく、物理的にも精神的にも豊かな女性――の手本だ。お金や投資について話すキムは、すべてをわかった上で話している。お金や投資について何も知らなかった年若い女性から、「その道の権威」と呼べるほどのリッチウーマンへとキムが成長するのを、私は見守ってきた。キムは人に勧めることを自分でも実践している。

私にとって一番大切な友であり、ビジネスパートナーでもある最愛の妻、キムのためにこの前書きを書くことは、私にとってこの上もない喜びだ。

シャロン・レクターによる前書き……

十年来の友人であり、ビジネスパートナーでもあるキムからこの本の前書きを頼まれて、とても光栄に思っている。と同時に、キムと共に私が体験したことや彼女の夢を、読者にお伝えするチャンスが与えられたことをとても喜んでいる。

「ロバートの奥さんなんだから、楽にできて当然だ」キムが投資することについて単純にそう思う人は多い。「何だって言うだけなら簡単だ」という言葉もよく聞かされる。でも、実際のところ、ロバートほど名が知れてカリスマ的な人物の妻であることは、独り立ちし、自分の力で成功するための大きな障害となる。キムはこれまで二十年以上、大勢の人にお金と投資について教えるロバートに連れ添って、世界中を回ってきた。そして、それと同時に、自分自身の投資プランを実践し、何百万ドルもの価値のある独自の「不動産帝国」を築き上げた。

キムはとても独立心の強い女性だ。このことは断言できる。また、世の中の女性たちが経済的に独立するのを助けたいという熱い思いが、彼女の心の奥底からわきあがるものであることも断言できる。ロバートと私と三人で作り上げた会社も、キムがほかでやっている投資もとてもうまくいっている今、彼女が「いい生活」を楽しむことに専念するのはとても簡単だ。でも、キムはその道を選ばず、自分自身の経済的独立を果たすと、今度はほかの女性たちを励まし、自分と同じように人生の金銭的な面を自分でコントロールできるようにするために努力を続けている。

「リッチダッド（金持ち父さん）・カンパニー」を立ち上げた時、私たち三人は、「金持ち父さん」というブランドを確立するのに一番いい方法が、ブランドを代表する人間としてロバートにスポットライトをあてることだと判断した。ロバートはこれまでも、今も、そして将来も、金持ち父さんの「看板」であり、会社を陰から支えるベストセラー作家であり続ける。キムと私は共に、脇からロバートを支え、会社を今日の姿にまで成長させるのに手を貸す道を自ら進んで選んだ。今、金持ち父さんシリーズの書籍は二十三種類あり、四十五以上の言語に訳され、関連商品は世界九十六カ国で売られている。シリーズ第一弾の『金持ち父さん貧乏父さん』はニューヨークタイムズ紙のベストセラーリストに五年以上名を連ねるという快挙を成し遂げた。このような成功のあと、私たちは会社と自分自身に新しい目標を課す時が来たと感じるようになった。

しばらく前から、ロバートはキムと私に何度もこう言っていた。「二人ともありがとう。きみたちはこれまで、ぼくが夢をかなえるのを手伝ってくれた。今度はきみたちの番だ。きみたち自身が情熱を傾けたいと思っていることに焦点を合わせる時が来たんだ」その言葉に従って私たちが立ち上げたのが「リッチウーマン」だ。女性と投資に関する本書『リッチウーマン』の刊行と共に立ち上げたこのブランドのもとに、キムと私は今後も書籍などの販売を通して、このテーマを膨らませていくつもりだ。今、私も本を書いていて、その本の刊行と共に、近いうちに「リッチファミリー」ブランドを立ち上げたいと思っている。

キムの情熱は、すべての女性が経済的に独立できるように励まし、支援することに向けられている。一方、私の情熱の対象は、すべての子供たちが、将来飛び込むお金の世界でただ生き延びるのではなく成功を収められるよう、両親が子供を教育するのを助けることにある。

本書を読み進めるうちにきっと、キムが描く登場人物のうちの誰かと自分の姿が重なってくるだろう。キムは私たち女性がなぜ投資をしない道を選ぶのか、自分と他人に言い聞かせるたくさんの「言いわけ」を取り上げている。

「夫が面倒を見てくれる」

「今の仕事だけでくたくただ」
「会社から年金や給付金をもらえばいい」
「時間がない」
「そんなことをするお金はない」
「そんなことができるほど頭がよくない」
「子供の世話をしなくてはいけない」
「面倒なことを考えるのはいやだ」

キムはこれらの言いわけを一つ一つ取り上げ、その克服方法を紹介している。

離婚するかもしれないと思いながら結婚する人はいない。だが、経済的なことが理由で、二人とも不幸で、健全とは言えない結婚に留まっている女性はたくさんいる。

会社勤めや、自分で何か仕事をしていると、成功すればするほど忙しさが増し、しっかりした目標を持ったほかの活動に費やせる時間が減っていく。投資の世界では、成功すればするほど自由に使える時間が増える。あなたがお金のために働くのではなく、投資したお金があなたのためにせっせと働き、必要なお金を生み出してくれるからだ。

この二週間のうちに、私は父親と、とても親しかった男友達を失った。二人の人生のパートナーだった私の母と女友達は、今、一人きりで不安な気持ちでいる。母も友人もとても頭がよくて、結婚する前は外で仕事をしていた。連れ合いを失った今、二人はお金をどう管理するか、自分をもう一度訓練し直さなければならない状況にある。このような例を見ても、女性が投資について学ぶ必要があることは明らかだ。

人生はすべての人間に、予期せぬ難題を用意している。本書は、どんな難題に取り組むことになろうと、自分の力を頼りに乗り切るにはどうしたらいいか、その方法を教えてくれる。あなたがどんな経歴を持っていようと、どんな教育を受けていようと、また、今お金をどれだけ持っていようと、どんな言いわけがあろうと、この本を読めば、人生を変えるために必要な勇気をきっと持てるようになるだろう。

何かを学ぶ時、一番いい方法は経験を通して学ぶことだ。本書でキムは、自分が投資を始めた時に感じた恐怖、その恐怖を克服した方法、そして、最終的に、リッチダッド・プロジェクトから独立した形で自分自身の資産を築き上げるまでの経過など、貴重な経験を語っている。読者の中には子供を抱えて離婚したばかりの人もいるかもしれない。独身で一人で老後を迎えようとしている人、夫を亡くしたばかりの人、あるいは、幸せな結婚生活を送っているけれど老後の生活が心配だという人もいるだろう。人生の難題を抱えているのはあなただけではない。あなたは一人きりではない。

何でも最初が一番むずかしい。将来の自分の経済状態を自分でコントロールできるようになれば、自信がつき、人生のほかのすべての面で役に立つ。そして、より大きな自信が持てるようになれば、自分が望む人間になる自由、したいことをする自由、欲しいものを手に入れる自由がきっと手に入る。

リッチウーマン

人からああしろこうしろと言われるのは大嫌い！　という女性のための投資入門

父と母、ビル・メイヤーとウィニー・メイヤーにこの本を捧げる

はじめに……

●女性のための本が必要な理由

投資の世界では、投資をするのが男性だろうが女性だろうが、その方法——賃貸不動産の買い方、株式の銘柄の選び方など、投資から多くの利益を得るための方法——に違いはない。株式だろうが債券だろうが不動産だろうが、投資の対象となるものを買ったり、売ったり、持ち続けたり、改装したり、人に貸したりする人は、男性でも女性でもかまわない。

それでは、なぜ女性だけを対象とした本が必要なのだろうか？

それは、お金に関することとなると、女性と男性は違うからだ。つまり、歴史的、心理的、精神的、感情的に異なる。

今、「お金や投資のことはさっぱりわからない」という女性がこんなにたくさんいる大きな理由の一つは、こういった違いにある。そして、このような男女の違いこそが、この本が生まれた理由だ。

●ああしろこうしろと言われるのは大嫌い！

本書のサブタイトルは私の本音から生まれた。ある日の午後、夫のロバートと、何人かの友人とランチをとっていた時、この本のことが話題にのぼった。タイトルを『リッチウーマン』とすることははじめからはっきりしていたが、サブタイトルはまだ決まっていなかった。私たちはテーブル越しにアイディアを出し合った。

みんなで話していたその時、ロバートが私の顔をのぞき込んでこう聞いた。「経済的に独立したいと、なぜそんなに強く思うのか教えてくれないか？　今に始まったことじゃないけれど。きみはいつもそういう望みを持っていた。それはきみの心の奥底からわきあがる欲求なんだ。なぜそうなりたいんだ？　何が何でも自分の力で経済的独立を成し遂げなければいけないと思うのには、どんな深い理由があるんだい？　きみにそこまで思わせるものが何なのか、ぼくらに教えてくれ」

私の隣に座っていた友達のスージーは、私ととても考え方が似ていた。だから、その言葉を聞いた私たちは顔を見合わせ、ほとんど同時にこう答えた。「ただ、ああしろこうしろと言われるのが大っ嫌いだからよ！」それから、待ってましたとばかりに、そうされることが自分たちにとってどんなに耐えがたいことか、とうとうと述べ立てた。これまでに人からああしろこうしろと言われた時、自分たちがどんな反応をしたか次々と例を挙げ、これからは決して他人に自分の人生をコントロールさせないと決心している理由を説明した。（この話が身にしみてよくわかる女性はたくさんいると思う。あなた自身、そういう女性の一人かもしれない！）

しばらくして私とスージーが話をやめてテーブルを見回すと、みんな黙ってにこにこしていた。「サブタイトルが見つかったようだね」ロバートがそう言った。

●小さい時からそうだった

それは今に始まったことではなかった。自分でもよくわかっていたが、命令に従えないという私の問題は、なんと幼稚園の頃にすでに始まっていた。私ほどしょっちゅう廊下に立たされた子供はほかにいなかった。（今は、こういう処罰方法は「タイムアウト」と呼ばれているらしいが。）昼寝なんかしたくない、友達と遊んでいたい――はい、廊下に立っていなさい。指に絵の具をつけてお絵描きするなんていや、お話を聞くのもいや――はい、廊下に立っていなさい。それに、まずい給食を無理やり食べさせられるのもいや！――わかってる、廊下に立ってればいいんでしょう！

先生は私が「わがままだ」と言った。私はただ、ああしろこうしろと言われるのが嫌いなだけだった。

大学を出てから就いたフルタイムの仕事を私は二度もクビになった。しかも同じ仕事を！　怠けたとか、仕事ができなかったとかいう理由からではない。その反対だ。あまりに何でも知りたがったからだ。だから一度クビになってからまた雇われた。でも、生まれつきの性格を変えることはできなかった。私はとにかくあまりに独立心が旺盛で、二十一歳のあの頃はもちろん、自分はすべての答えを知っていると思っていた。この独立心と、人にああしろこうしろと言われたくないという性格の組み合わせは、当時勤めていた会社で将来出世するにはあまりいい組み合わせとは言えなかった。

私のこの性格は骨の髄まで染み通っていた。だから、誰かに何かをやれと強く言われると、たとえそれが自分にとって一番いいことだとわかっていても、ただ人から言われたくないというそれだけの理由で、そうしないことがよくあった。

お祭しの通り、そのせいで問題が起きたこともよくあった。この性格はまた、私をとても独立心の強い人間にした。特に経済的な面での独立心はかなり強い。

「お金を持っている人間がルールを作る」という意味の言葉を聞いたことのある人もいるだろう。私はこれを「お金を持っている人は他人にああしろこうしろと言うことができる」と解釈している。だから、私は若い時から、人からああしろこうしろと言われるのではなく、ルールを作る側の人間になろうと決めていた。

●女性が犯す愚かな間違い

ある日の午後、家に帰ってきたロバートは、テレビに向かって叫んでいる私を見つけた。「目を覚まして！　ばかなことはやめて！　何も知らない小さな女の子みたいなことをしていてはだめよ！　大人になりなさい！」

ロバートは笑いながら聞いた。「一体どうしたんだ?」

私はじれったくてたまらないといった声で答えた。「お金のこととなると、女性はなぜこんなにばかなことをするのかしら! こういうのを見ていると本当に頭にくるわ! この女性は、テレビで自分を売り込むだけの、まったく見ず知らずのファイナンシャル・プランナーに、これまで貯めてきた何千ドルかのお金をどうしたらいいか聞いているのよ。それで、このプランナーのアドバイスはちっともよくないのに、『まあ、本当にありがとうございます。ぜひそうします』なんて言っている。ばかな話だと思わない? お金や投資のことは女性にはわからないなんて言われるのは、こういう女性がいるからよ。本当にいい例だわ!」

「おかげで何かに火がついたようだね」ロバートはにやりとしてそう言った。「もしかすると女性たちは、自分が何をしているか気付いてさえいないのかもしれない。きみが世の女性に対してそれを指摘してあげるには、いいチャンスじゃないか」

●よくある間違いの例

確かにそれは私の中の何かに火をつけた。私たち女性は本当に時々、まったくばかげたことをする。それもたいていはお金に関してだ。私に言わせてもらうなら、この点に関して、女性はとにかくもっと賢くならなくてはいけない。今こそ、そうなるべき時だ。

私は女性が愚かだと言っているわけではない。とんでもない! そんなことはあまりに事実無根でお話にならない。私が言っているのは、私たち女性は時々ばかげたことをするということだ。そして、そのばかげたことは、多くの場合、直接お金に関係している。

私たち女性の多くがお金に関して犯す愚かな間違いの例をいくつか見てみよう。

・お金目当てに結婚する。

・一人では経済的にやっていけないからという理由で、破綻した結婚や恋愛関係に留まる。
・お金に関する大事な決定をすべて男性に任せる。
・男性の方がお金に強いという神話を信じている。
・男性の方が投資に強いという神話を信じている。
・ことを荒立てて男性のプライドを傷つけたくないという理由で、お金に関する男性の決定に異議を唱えない。
・自分はそれほど頭がよくないと思っていて、いわゆる「専門家」からお金に関するアドバイスを得ようとする。
・波風を立てないために黙っている。
・少なくともお金の面では今の状態で「心地よい」からという理由で、手遅れになるまで現状を変えない。
・手遅れになるまでそのままでいるから、若い女性たちに追い越されていく。
・男性が変わってくれることをただ願っている。
・本当は「すごくいい」ものを求めているのに、「まあまあ」というところでよしとしてしまう。
・道に迷っても他人に助けを求めようとしない男性について行く。
・自分を過小評価する。
・給料と引き換えに、仕事場でのあらゆる差別に耐える。
・残業のために子供のそばにいてやれないことに罪悪感を感じる。
・昇進して当然なのに、他人に先を越されて、それでもそのまま会社に留まっている。
・同僚の男性より安い給料で、多くの場合、結局は彼らがやり残した仕事までやる。
・仕事のせいで子供のサッカーの試合や学芸会に行きそこなう。
・将来を夢見て、「いつかきっと……」とよく思う。

●自分の人生を自分でコントロールする

女性の多くは、今挙げたような「ばかなこと」の一つや二つはやったことがある。要するに、私たちの多くはお金のために魂を売っている。ここで最悪なのは、そのために私たちの自尊心や自信が損なわれていることだ。

確かに、この本は女性と投資についての本だが、本当はもっと大きなことについて語っている。それは、女性が自分の人生を自分でコントロールすることだ。人間としての尊厳、自分を大切にすることについて、この本は語っている。

●誰に頼る?――男性、家族、会社、それとも政府?

最初に考えたこの本のサブタイトルは「経済的に自立し、男性や家族、会社、政府をあてにしなくてすむようにしたいと強く願っている女性のために」だった。この本に込められた一番大切なメッセージは、このサブタイトル通りだ。人類の歴史が始まって以来ずっと、女性は経済的な安定を得るのに他人に頼るように教えられ、そうするように期待されてきた。今は、そんな考え方をしていると大変なことになりかねない。時代は確実に変化しているのだから。

●男性はあてにできるか?

歴史的に見て、セックスの話を持ち出さずに、男性と女性とお金について話をするのは不可能だ。セックスとお金と女性は複雑にからみ合っている。そして、私たちは、社会の通念としてそれを受け入れるように何世代にもわたって教えられてきたので、多くの場合、この三つの要因がたがいに与え合っている影響に気付きもしない。

女性は十六歳――もっと若い場合もある――になるまでに、女として、あるいは少女として、男性を思い通りにできる大きな力を持っていることに気付く。セックスを武器とした力だ。この年頃の少年たちはまだぶきっちょで、ばかなことばかりしていて、まるで子犬のようにじゃれ回っているが、少女たちは、少年たちや大人の男たちが自分のことをこれまでとは違った目で見ていることに気付き始める。彼らは性的な対象として私たちを見始める。若さではちきれんばかりの頃、私たち女性の多くは、大人の男たちの中に、気を引くように笑いかけてくる人がいることや、口笛を吹いたり、もっとあからさまに誘ってきたりする人がいたり、ただものほしそうにじろじろ見る人がいることに気付き始める。

誰でもそれくらいの年頃に、クラスに一人くらい、特に目立った少女がいたことを思い出せるのではないだろうか？　ほかの子供より「ませた」子供だ。私のクラスにはメロディーという名の少女がいた。メロディーは十四歳の時、すでに、自分がみんなとは違うこと、ほかの少女よりも有利な点を持っていることを知っていた。そして、新たに見つけたこの女性としての武器を大いにひけらかした。ジュニアハイスクールの二年生の時、メロディーはハイスクールの二年生や三年生の男の子とデートをしていた。そして、ハイスクールに入ると、大学生たちを相手にした。メロディーは男性から自分が欲しいだけの注目を浴びるにはどうしたらいいか、よく知っていた。

今の私には、メロディーが普通とは違う、例外的な女の子だったことがよくわかる。若さに裏づけされた性的魅力がとても大きな力を持ち得ることは、ほとんどの女性が知っている。自分に正直になれば、誰もがそのことを認めるはずだ。ちょっとした思わせぶりが、思いがけないほど大きな効果をもたらすこともある。

私たち女性が早い時期からこのように大きな力を手にするのは、男性が持っている性的欲求のおかげだ。私たちはそれによって、この世で自分が欲しいものを手に入れるために何をしたらいいか、どう行動したらいいか、学び始める。この方法は確かに効き目がある。若くて、性的魅力を持ち続ける限りは……。でも、時は流れ、状況は変わる。

●十四歳で決心したこと

十四歳の時、ある日学校から帰って来て家に入ると、居間で母が仲のよい友達と話しているのが聞こえた。二人の方へ歩いて行くと、私の姿に気づいた母が目で、「こっちに来ないで、二人だけにしておいて」と合図を送ってきた。私はおやつを食べようと、台所へ歩いて行った。冷蔵庫から牛乳パックを出していると、二人の会話が聞くともなく耳に入ってきた。

母の友人のグロリアがとても動揺しているのは、声を聞いただけでよくわかった。「うまくいっていないのはわかっていたわ。でも、子供がいるんですもの。あの人が本当に私を捨てて行くなんて思ってもいなかったわ」

「彼は何て言ったの？」母がそう聞いた。

「しばらく前から外でほかの女性と付き合っているって。私よりずっと若い女性よ。その女性は彼をヒーローのような気分にさせてくれるんですって。つまり、私は彼を厄介者のような気分にさせるというわけよ」

「あなた、前から知っていたの？」

「正直に言うと、何か怪しいとは思っていたわ。でも、心のどこかで知りたくないと思っていたの。ただの浮気で、しばらくすればもとに戻ると信じていたのよ」

「つまり、心の奥底では知っていたのね？」母はそう念を押した。

「ええ、そう思うわ。ただそのことをはっきり認めたくなかった」グロリアは正直にそう言った。「私たちの結婚生活はもう何年も前からあまりうまくいっていなかった。そうこうしているうちに、私たちには共通のものがどんどんなくなっていった。彼は仕事、私は子供……。彼は出張ばかりで私はずっと家……」

「結婚生活がうまくいっていなくて、彼が浮気をしていると知っていたなら、なぜ別れなかったの？」

「子供たちのためよ」グロリアはすぐにそう答えた。

「子供たち?」母はびっくりしてそう聞いた。「グロリア、あなたの子供はもうみんな大人じゃない。息子さんもちょっと前に大学を卒業したんでしょう? 子供だけが理由じゃないはずよ」

グロリアは少しためらったあと、小さな声でこう言った。「私が別れなかったのは、お金のせいよ。結婚生活がうまくいっていなくても、少なくとも経済的には面倒を見てもらえていたから。外に出て独り立ちするなんて、考えただけで恐ろしかった。もう二十年も仕事をしていないのよ。一人でやっていけるとは思えないわ。そうよ、確かに私たちの結婚生活はもうずっと前からうまくいっていなかった。でも、少なくとも経済的には不自由していないという、唯一の救いがあったのよ」

グロリアの泣き声が聞こえた。「どうしたらいいか、本当にわからない。四十五歳で、誰の助けもなく自活しなければいけないなんて……。そんな現実に立ち向かうのはとてもこわい。こんなことになるなんて、思ってもみなかったわ」

私は牛乳パックを冷蔵庫に戻し、自分の部屋に向かった。階段をのぼっていると、母の友達の声が聞こえた。「経済的に自分で自分の面倒を見られるか、それが本当にわからないのよ」その言葉は、矢のように私の心に突き刺さった。

私は密かにこう思った。「今ここに、不幸な結婚生活を送りながら、夫に頼って生きているからというだけの理由で、それに耐えている女性がいる……」それまでの私は、「末永く幸せに暮らしましたとさ」で終わるおとぎ話のような人生を信じていたが、この時、現実の世界では必ずしもそうはならないことを知った。今でも覚えているが、あの日、私は一つの決心をした。そして、自分に次のように言い聞かせた。

「私は絶対に、経済的に男の人に頼らない、男の人だけじゃない、誰にも頼らない」

この決心はその後ずっと、私の人生の指針となった。

●時代と共に自分も変わる

誤解しないで欲しいが、私は男嫌いではない。男の人は大好きだ。ただ、経済的に依存したくないだけだ。今の時代、そう思っている女性はたくさんいる。

四十代、五十代の女性で、離婚後、生活に困っているという人に私はよく出会う。彼女たちの話はだいたい同じだ。「若い頃は二人とも本当に幸せだった。でも月日がたつにつれて、二人がそれぞれ別の方向を向くようになった。そして、夫は私を捨てて若い女性のところに行ってしまった。今、私は生まれてはじめて、誰の世話も受けず一人きりで暮らしている」

私はとても恵まれている。父と母は仲がよく、つねに私にとっていい夫婦の手本でいてくれる。五十年以上結婚生活を続けている二人は、すばらしい手本であると同時に、愛情と尊敬に満ちた結婚を末永く続ける方法を教えてくれる教師でもある。

残念ながら、世の中には時の経過という試練を乗り切れない結婚が多い。アメリカでの離婚率はとても高く、結婚した二組の夫婦のうち一組はいつか離婚する。私はなにも、離婚を見込んで計画を立てるように言っているわけではない。ただ、現実的に考えて、どんなことが起きても大丈夫なように、お金の面でしっかり準備をしておこうと言っているのだ。グロリアの場合、はじめの計画が失敗した場合の代替案「プランB」はなかった。物質的に快適な生活と引き換えに、どんな犠牲を払っても結婚生活を維持するという、たった一つのプランしか持っていなかった。

若さとセックス・アピールを使って、欲しいものを手に入れるために必要な注目を集め、影響力を振るうというやり方は、たいていの女性の場合、二十代、三十代にはとても効き目がある。でも、四十代、五十代、六十代となると、この方法では欲しいものを手に入れることはできなくなる。男性も変わるだろうと考えるのは時間のむだだ。今は私たち女性が変わるべき時だ。若い時に有効だった方法は、年をとるとともに効果を失う。今こそ、多くの女性がやり方を変えるべき時が来ている。新しい方法の鍵となるのはお金だ。若い時はセックスが私たちに力を与えてくれたが、年をとるとお金がコントロールの力を与えてくれる。

キャサリン・ヘップバーンの次の言葉はこのことを実にうまく表している。

「女性のみなさん。お金とセックス・アピールのどちらが欲しいかと言われたら、お金をとりなさい。なぜなら、年をとったらお金があなたのセックス・アピールになるからです」

時代はさまざまに形を変えてきた。私たちも時代の変化と共に変わらなければいけない。本書の役目はそこにある——どう変化したらいいか、その指針となる「ロードマップ」を提供することだ。死ぬまで男性にお金の面で面倒を見てもらうことが自分にとって一番いい戦略だと確信している人は、そうすればいい。その戦略がうまくいくように心からお祈りする。それ以外の女性たち——人生に変化をもたらす覚悟ができている女性たち、自分の人生をもっと自分でコントロールしたいと思っている女性たち、そして、そのために行動を起こす準備のできている女性たちに、私はこの本を通じてもう一つの選択肢を提供したいと思う。

●家族はあてにできるか?

女性の中には、家族や親戚がお金持ちで、一生それをあてにして生きていける幸運な人もいる。だが、それは明らかに少数派だ。私の友人の中には、家族に面倒を見てもらうどころか、反対に家族の面倒を見ている人が何人もいる。ホノルルに住む女友達は、自分で身の回りの世話ができなくなった病身の母親を家に引き取り、介護のほとんどすべてを自分でやっている。母親の世話にはかなりのお金がかかり、その上、母親のそばにいるために会社を休まなければならないので、仕事からの収入がかなり減った。

もう一人の友人は、母親の入っている高齢者施設への支払いに毎月八千ドルを費やしている。この友人は自分がこんな状況になるとは思ってもいなかった。

スコッツデールに住むある女性は、最近母親が亡くなり、両親の家を相続した。両親はその家に三十年間住んでいた。問題は、その三十年の間に家の評価額が大幅に上がっていたので、家を相続すると同時に、高い固定資産税も受け継がなければならなかったことだ。納付期限の来た固定資産税を支払うお金は女性にはなかった。その結果、それを払うために両親の家を売らなければならなくなり、結局、手元にはいくらも残らなかった。

もう一つ、最近私が話を聞いた女性の例を取り上げるが、このような話は現実問題としてどんどん増えている。スーザンの父親は不動産やビジネス、株式などを買い集め、かなりの量の資産を持っていた。スーザンの母親が亡くなったあと、父親は再婚したが、重い病気にかかり末期症状に陥った。病院で亡くなる前、二番目の妻は夫に遺書を書き換えさせ、すべての資産を自分とその家族に遺すようにさせた。つまり、スーザンやその兄弟姉妹は相続人リストからはずされた。父親が亡くなると大きな遺産が残されたが、スーザンは何一つ相続できなかった。

今、こんな例ばかりを挙げたのは、悪い方向へ行く可能性をすべて並べ立てるためではない。起こるかもしれないいろいろな状況に対して、準備をしておくことの大切さを強調するため、また、自分の将来の経済状態を一体誰に、あるいは何に依存しているか、あなたが自分自身に正直に真実を告げる勇気を持ってもらうためだ。

今、会社や政府の内部でもさまざまな変化が起こっている。それらも、家族からの経済的サポートをあてにすることが最善の選択肢ではない理由をさらに強化する要因になるだろう。

●会社や政府はあてにできるか?

「年金大泥棒」——二〇〇五年十月三十一日、タイム誌にそんな見出しのカバーストーリーが掲載された。記事の小見出しはこうだった。「年金をもらって退職しようと考えている何百万というアメリカ人を待つ思いがけない一撃。企業が人々のポケットからお金をかすめとる――議会の助けを借りて――その方法のすべて」この記事は、アメリカの大企業が社員の頼みの綱の年金資金をどのようにして使い果たしたか、あるいは、どのようにして文字通り「盗み取った」か、その手口を説明している。政府の作った法律は、退職した社員に毎月の年金や医療費補助の支払いをする約束を企業が破っても、何のとがめも受けないようになっていたのだ！

記事は次のように続く。「当社は独自の調査に基づき次のような結論に達した――今働いているアメリカ国民が定年を迎えるよりずっと早い時期に、労働者よりも企業や財界の有力団体に有利な政策決定のおかげで、何百万という高齢層のアメリカ国民――大部分は女性――が貧困に追い込まれ、さらにそれ以上の国民が苦境に立たされ、引退後の生活は金持ち以外のすべての人にとって赤貧の生活と化すだろう」

この記事を読んで私が特に気になったのは、年金問題の犠牲者の例としてそこに取り上げられていた五人がすべて女性だったことだ。六十九歳の女性は月額千二百ドルの年金を止められた。それは業務中に亡くなった夫の遺族年金だった。今、この女性はアルミ缶を拾って、それを売って得た月六十ドルほどの不定期収入でなんとか生活している。

ポラロイド社に三十五年勤めた別の六十歳の女性は、文書整理係として働き始め、最後は重役にまでなった。彼女は、従業員株式所有プラン（ＥＳＯＰ）に参加し、毎月、給料の八パーセントをこのプランにあてた。引退時にはその株式を現金化してまとまったお金がもらえるはずだった。ところが、会社の株価が暴落した。その結果、会社による不適切な決定と企業に有利な議会の介入のおかげで、女性は十万ドルから二十万ドルものお金を失った。それだけではなかった。年金とそのほかの給付金を合わせて、何万ドルかもらえるはずだったのに、最終的にはたった四十七ドルの小切手を一回もらっただけだった。

この記事に取り上げられた五人の女性はみんな、引退後の生活は経済的な安定が保証されていると思っていた。それが今は貧困にあえいでいる。ひどい話だ。実際のところ、アメリカの年金システムがよみがえる兆候はまったく見られず、過去の遺物になってしまう可能性が強い。この危機的状況は女性に限ったことではない。大勢の夫や子供たちにも同じことが起こりつつある。これには男女の区別はない。

だから、夫や家族に頼っていればお金は何とかなると思っている人も、次のことをよく頭に入れておこう。政府による社会保障制度や高齢者医療保険制度は、実質的に破綻している。これらの制度が抱える問題を政府がいつか解決できるのかどうか、私にはわからない。多くの調査によると、今、二十代三十代の人たちは、自分たちが引退時期を迎える頃には、どちらの制度も機能していないだろうと、すでに気が付いている。会社の年金の場合と同様、政府も、働きながら社会保障や高齢者医療保険の保険料を払い続けてきた人たちと交わした約束を守れない状態にある。

●自分の道は自分で選ぶ

今見てきたように、将来あなたが年をとった時には、男の人も、家族も、会社も、政府もあてにできないかもしれない。私だったら、そういったものは最初から頼りにしない。自分で百パーセントコントロールすることができないものに、自分の将来の経済状態を完全に依存することは私にはできない。

これは結局のところ、ごく単純な選択の問題だ――経済的な独立を目指すか、それとも依存を目指すか？　依存の道を選んだ場合は、自分の将来の経済状態がどうなるか、他人に任せることに同意したのと同じだ。そのことはよく心得ておいてほしい。いい結果が出ようと悪い結果が出ようと、それを受け入れることにあなたは同意したのだ。

一方、経済的な独立を目指す道を選んだ場合は、短期的な快適さではなく、長期的な自由を選んだことになる。あなたが選んだ道はもう一方の道より険しい。多くの女性はその道を避けようとする。でも、先に行けばその道は楽になるし、報いも大きい。

どんな女性でも、自分自身の人生の経済的な面をきちんと自分でコントロールしようと本気で覚悟を決めれば、必ずその目標を達成できると私は確信している。実際のところ、多くの女性がそうしているのだから。

この本は経済的に独立をすることについての本だ。女性が自由になるための鍵は、まず女性が経済的に何ものにも依存せず、すべてから解放されることにあると私は信じている。

第一章……

女友達との昼食会

「私は何よりもまず一人の女性だ」

——ジャクリーヌ・ケネディ・オナシス

私はニューヨークが大好きだ。ニューヨークは本当に独特の味を持つ、すばらしい町だ。エネルギーと活気にあふれ、一秒たりとも退屈しない。

タイムズスクエア近くの五十一番街で、私は手を振ってタクシーを止め、後部座席に乗り込んだ。いつものように歩道は、仕事の打ち合わせに向かう人や、道端で時計や財布、焼き栗を売る人、ウィンドーショッピングに精を出す人、おなかを空かせてランチに向かう人たちなどでごった返していた。私はランチに向かおうとしていた。「どちらまで?」と聞く運転手に、「プラザホテルまで」と答えた。とてもいい天気で、さわやかですがすがしい日だった。空は真っ青で、わずかに風が吹いていて、ちょっと肌寒く感じられた。

ホテルへは思いのほか速く着いた。正面玄関に車を寄せながら、運転手が「五ドル七十セントです」と言った。車から降りる私は、少し緊張すると同時に、期待に胸を膨らませていた。このランチのために、はるばるフェニックスからニューヨークまで飛行機に乗ってやって来たのだ。正直に言って、いったいどんなことになるのか想像もつかなかった。実際のところ、ランチに誰が来るのかさえよく知らなかった。「来てよかった」と思えるか、あるいは大きな間違いだったと後悔するか、そのいずれかだろうと私は覚悟を決めていた。ただ、決して退屈はしないだろうということだけは確かだった。

二カ月前、私のもとに次のようなEメールが届いた。

お嬢さん方、こんにちは！

さあ、いよいよです！　女性だけの「同窓会ランチ」の日付、時間、場所が決まりました。三月二十二日正午に、ニューヨークのプラザホテルに集まってみんなでランチをしましょう！　ホノルルからニューヨーク……本当に時代は大きく変わったものです。みんなに会って話を聞くのを楽しみにしています。

パットより

パットと私はハワイ大学で一緒だった。哲学のクラスで出会い、一年間、ルームメイトとして同じアパートに住んだ。でも、もう二十年近く会っていなかった。そろそろ、大学時代を共にハワイで過ごした仲良しグループの「同窓会」を開く時期だと判断したパットが、今回の集まりを企画したのだ。

メンバーは女性六人だった。私たちは忘れがたいホノルルでの青春時代――本当は忘れがたいという言葉では足りないほどすばらしかった！――を共にした。みんな若く、独身で、ハワイの美しい島々に住み、人生で最高の時を過ごした。

一体どうやったのかはわからなかったが、パットはとにかくそれを実現させた。アメリカ各地に散らばっていた五人の居所を探し当て、スケジュールを調整し、同窓会の場所と日付を決めたのだ。それまで私たちはほとんど音信不通になっていたから、楽な作業ではなかったはずだ。中には結婚して姓が変わった人もいたし、ホノルルに住んでいる人は一人もいなかった。私はそれまでに何回か引越していたが、ほかの人も同じような状況だったに違いない。でも、手際のよさで有名だったパットに任せれば大丈夫。彼女の魔法にかかれば、このイベントも即座に実現！

最後にみんなで会ったのは、二十年前、ホノルルで一緒にランチを食べた時だった。当時、私たちは仕事を始めていて、みんな果てしない夢と希望に胸を膨らませていた。ホノルルで生活していた間に、私たちは共に大きく成長した。みんなが今どうしているのか、どんな人生を送ってきたのか、それがもうじきわかると思うと、胸がわくわくした。

赤いカーペットの敷かれた階段を登っていくと、ホテルのドアマンがドアを開けてくれた。足を踏み入れたロビーの中は、まるで時間が止まっていたかのようだった。三メートルほど先に立っていたパットとレスリーは一目でわかった。パットは非の打ちどころがなかった。帽子をとっても髪一本乱れず、洋服のコーディネートも完璧だった。ブーツは新品のようにピカピカだったし、同じ色の手袋も同様で、細かいところまで気配りされていた。パットはいつもそうだった。私は七〇年代に放映されたテレビドラマ『おかしな二人』の主人公のうちの一人で、病的なほど几帳面なフェリックス・アンガーのことを思い出した。

パットはいつもすべてがきちっとしていないと気がすまないタイプだった。だからこの日も、一時間近く前にホテルに来ていた。この同窓会のために手配しておいたことがすべてその通りになっているかどうか、確かめたかったのだ。どんなことでも、何か企画・準備しようと思ったらパットに頼むのが一番だ。もっとも、パットはとても細かいところまで決めないと気がすまないので、当然ながら、頼りになると同時に一緒にいると頭がおかしくなりそうになる。

パットの隣に立っていたレスリーも、あい変わらず見るからに芸術家風だった。長く、ゆったりしたスカート、鮮やかなプリントの入ったブラウス、ベスト、スカーフ、だぶだぶの上着……重ね着をした色とりどりの服は、どれもふわふわと揺れていた。パットとはほとんど正反対だ。たった今、風と共に飛んで来たように見えた。肩にかけたバッグは、いったい何が入っているのか不思議に思うほど中身が詰まって膨らんでいた。芸術家のレスリーはいつも何をしでかすかわからない。でも、突拍子もないことをやったり、わけのわからないことをやったりすることもあるが、実際はとても頭のいい人だった。たとえば、一八〇〇年代に建てられた建物の絵を描くとなったら、その建物の歴史や時代的背景、その時代の芸術家たちのことやその作品についてまず学ぶ。芸術を心から愛していて、自らがその一部となっていた。

私たち三人は再会を喜んで固く抱き合うと、すぐにおしゃべりを始めた。時間も忘れて二十分ほど大声で話し続けていると、ジャニスが正面玄関から飛び込んできた。西海岸から直接飛んできたように、ハアハアと息を切らせ、ちょっとせわしない様子のジャニスは、私たちを見つけると悲鳴をあげた。「わあ！ みんなに会えて本当にうれしいわ！ 今こうしてみんなでニューヨークにいるなんて、信じられる?」ジャニスはそう叫んだ。「道路が混んでいて、ここまで来るのにすっかり時間がかかってしまったわ！ それにミーティングが長引いてなかなか出られなかったし……。それはそうと、外はものすごくいい天気ね！」ジャニスは一気にそうまくしたてた。パットとレスリー、私の三人は、「全然変わっていないわね」と言うかのように、密かに顔を見合わせてうなずいた。ジャニスの登場の仕方は、私たちがよく知っていて、大好きな「ジャニス流」だった。彼女はいつも、いくつものことを同時にやっていた。話し方も、歩き方も速かった。彼女のエネルギーには限りがなかった。そして、静かに部屋に入ってくることは決してなかった。

さらに二、三分おしゃべりをしてから、四人そろってホテルの案内係の女性の方へ歩き出すと、パットの携帯電話が鳴った。「それは残念だわ」とパットが言うのが聞こえた。「それじゃ徹夜仕事になりそうね。来られるようにがんばってくれてありがとう。全部報告するわ。じゃ、気をつけてね」

「トレーシーは来られないそうよ。今月はじめから取りかかっているプロジェクトの締切りがあるんですって。仕事は終わったと思っていたのに、今朝になってボスがプロジェクトに大きな変更を加えたので、抜け出せなくなったというわけ。ちょっと事情を話すとこうよ。トレーシーは時間とエネルギーをつぎ込んで会社の昇進のはしごを登ってきた。でも、残念ながら、そのおかげで今日のように、仕事を人生より優先させなければいけないことがよくあるのよ。本当に行きたかったのにと言っていたわ」

「今どこに住んでいるの?」レスリーが聞いた。

「シカゴよ。大きな携帯電話会社に勤めているの」パットが答えた。

私たちはテーブルへと案内された。パットは部屋の隅にすばらしいテーブルを用意していてくれた。一人一人の席には、ハワイで共に過ごした時を記念して、マカデミアナッツ入りのチョコレートの小さな箱まで置かれていた。私たちがもっとびっくりしたのは、それぞれの席に、ホノルルでの二十年前の最後のランチの時に一緒に撮った写真が、額に入れて飾られていたことだ。私たちはみんな、この昼食会が思い出に残る、特別なものになるだろうと思った。

額に入った写真を見ながら、私たちは口々に「みんな全然変わっていないわね！」と叫び、大きくうなずき合った。「それに、あの頃の水着も絶対にまだぴったり合うわ」ジャニスが皮肉っぽくそう言うと、私たちはみんなうめき声をあげた。

「マーサはどこ？　今日は来るの？」テーブルのグラスに水が注がれている間に私はそう聞いた。「来るつもりだったのだけれど、直前でキャンセルしなくちゃならなくなったのよ。お母さまの具合が悪いので、三日間一人で残していくわけにはいかないんですって。私が知っている限りでは、お父さまは何年か前に亡くなって、今はお母さまとマーサの二人きりよ。兄弟姉妹はいないし……。みんなによろしくと言っていたわ」パットがそう答えた。

「六人のうち四人なら、いい成績だわ」ジャニスがそう続けた。

ちょうどその時、シャンパンボトルとそれを入れる容器を両手に持ったウェイターが、テーブルに近づいてきた。パットはすべて用意周到だった。グラスはすでにテーブルに並んでいた。ボトルの栓が抜かれ、シャンパンがグラスに静かに注がれた。

「乾杯の音頭をとるわ！」パットが言った。「いつまでも変わらない、すばらしき友情に！」私たちはグラスを掲げ、乾杯し合った。

それから私たちは椅子にゆったりともたれ、ゆるやかに流れるランチのひとときを楽しみ始めた。

第二章……

女友達の話

「覚えておこう。ジンジャー・ロジャースはフレッド・アステアのやることはすべてやり、同じように踊ったが、彼女はそれを後ろ向きに、しかもハイヒールを履いて踊った」

――フェイス・ホイットルセー

会話は途切れることなく続いた。一対一の会話にほかの二人が加わったり、テーブルの向こうの人と話したり、隣の人と話し込んだりした。長いブランクを埋めるには、話すことがたくさんあった。

グループの中で一番「うるさい」と定評のあったジャニスが、テーブルの向かい側に座ったレスリーに大声で言った。「で、どうなの、レスリー。この二十年間、何をしてきたか教えてちょうだい」パワフルなその声に、みんなの注意が引きつけられた。私たちは話すのをやめてレスリーの答えを待った。

●レスリーの話

レスリーが話し始めた。「みんなで最後にハワイでランチをした頃、私がホノルルを出てもっと別のチャンスを探したいと思っていたのは覚えている?」私たちはうなずいた。「結局あれから六カ月後に、私はニューヨークに引っ越した。活気のあるところに行った方がいいと思ったのよ。商業アートの世界に飛び込むチャンスが一番ありそうだったし。ラッキーなことに、こっちに来てすぐ、小さなグラフィックデザイン会社で仕事が見つかった。おかげで、この町のことをよく知り、自分が本当に求めているものが何か、考える時間が持てたわ。でも、はじめはよちよち歩きだった。ハワイからニューヨークへ移ったのはかなりのカルチャーショックだったし。それまで地下鉄に乗ったこともなかったのよ。そのうち、ここではハイヒールを履いて歩くんじゃなくて、バッグの中に入れて持ち歩くことも学んだ。何回か仕事を変わって、ブルーミングデールズやマーシーズのアート部門で働いたこともあったわ。

自分の時間が持てた時はいつも絵を描いていた。小さなアパートの隅にイーゼルと絵の具を用意してアトリエ代わりにしてね。一番楽しかったのは、道具をバッグに詰めて街に出て、セントラルパークやロックフェラーセンターといった場所で何時間も絵を描くことよ。二、三年前には画廊で個展もやった。あの頃は最高だったわ。お金はあまり儲からなかったけれど、何枚か絵が売れた。自分の作品が注目してもらえただけで、とてもうれしかった。

それから、ピーターに出会ったのよ。画家仲間の一人で、私の理想にぴったりの人だった。私たちは愛し合うようになり、一年後に結婚した。そして子供が二人、男の子と女の子ができた。でも、アーティストが二人一緒に生活するのは簡単ではなかったわ。私が夢に見ていたような生活では決してなかった。彼は外にアトリエを持っていて、絵を描く時はそこへ行き、自分の作品を売ったり、絵画教室で教えたりして、一人でそこそこうまくやっていた。でも、問題は、私たちがあまりに似すぎていたことにあったんだと思う。つまり、どちらもアーティストだったのよ！　二人ともあまり計画性がなくて、思いつきで何でもやる方だったし、どちらもお金のことはまったくわからず、小切手帳の記録と銀行の明細書の数字を合わせることすらできなかった。でも、お金の使い方だけはよく知っていたわ。結局、結婚生活を六年続けたあと、私たちはいい関係のまま別れたのよ。

その後、私は二人の子供をほぼ一人で育ててきた。ピーターは多少は経済的にサポートしてくれているけれど、それほどお金を儲けているわけではないし……。娘は十四、息子は十二よ。今は時間がある時だけ絵を描いている。でも、そのチャンスはあまりないわ。すぐ近くの画廊で働いているんだけれど、シングルマザーでいるのはなかなか大変よ。マンハッタンでは生活費が高すぎるので、私たちの稼ぎでもっとましな生活ができて、子供がまともな学校へ行けるようにとニュージャージーに越したわ。全体としてはまあまあうまくいっていると言えるでしょうけれど、二十代の頃に考えていたような生活でないことは確かね」

「一人で二人の子供を育てるなんて、私には想像もつかないわ」ジャニスが話に割り込んだ。「私なんか自分の面倒もろくに見られないんですもの！　もしかすると私が独身なのはそのせいかもしれないわね。それに、ロサンゼルスの生活費は確かに高いけれど、ニューヨークほどじゃないわ。レスリー、あなたはよくやっているわ」

「ありがとう」とレスリーが答えた。

「ロサンゼルスでの生活はどう?」パットがジャニスの方を向いて聞いた。「私はこれまでカリフォルニアにあまり行ったことがないのよ」

●ジャニスの話

「私はロサンゼルスが大好きよ」ジャニスが話し始めた。「たぶんそれ以上に、仕事が楽しくてたまらないんだと思う――だいたいの時はね。さっきも言ったけれど、結婚は一度もしていない。八年くらい前にもう少しで結婚するところまでいったけれど、結婚式の招待状を出す間際になって、彼が『自分探しの旅に出たい』と言い出して、ヨーロッパに行ってしまったのよ！　半年ほど経ってからやっと手紙が来て、自分はまだ結婚する心の準備ができていないと思うと言われたの。その時まで私がそのことに気付いていないとでも思ったのかしらね！　最後に風の便りに聞いたところによると、バリだかフィジーだかに引っ越して、二十歳の女の子と暮らしているそうよ。とうとう『自分を見つけた』のね。あれ以来、あまり結婚したいと思わなくなったわ。年のせいか、最近は前ほど簡単にデートの相手も見つからないし。近頃は若い女性とデートする同年代の男性がどんどん増えているわ。競争して勝てるわけがないでしょう?

だから、私の生きがいは仕事なの。しばらくは、ホノルルで一緒に仕事を始めた例の夫婦と仕事を続けたわ。覚えているでしょう? 南国のみやげものを売るビジネスをやっていた夫婦よ。私が二人と仕事を始めた頃は、ホノルルに店が一軒あっただけだけれど、ビジネスを拡大して、ホノルルに三軒、マウイ島に一軒、ハワイ島に一軒、店を持つまでになり、その後、アメリカ本土向けのダイレクトメールビジネスが爆発的に成功したのよ。私は五年ほど一緒に働き、かなりの額のお金を貯めることができたので、思い切って自分で何かしてみることにした。で、小売業のことはよくわかっていたから、成功の確率が一番高いと思った。これなら一人でできると思ったのよ。

でもそれは大間違いだったことがわかったわ。私がこれならいけると思ったアイディアは、高級食材を扱う小さな店を始めることだった。私が知っている限り、そういう店はホノルルに一軒しかなくて、かなりうまくいっているようだった。私は貯金を全部はたき、さらに中小企業向けローンも利用して、ワイキキのすぐそばの人通りの多い通りに小さな場所を借りて、品物を仕入れて開店した。お客さんがひっきりなしにやってくると確信していたわ。そして最初の四日間、一人も客の来ない店に座っていてやっと気が付いたのよ。店の存在を誰にも知らせていなかったことにね。店を開きさえすれば自然に人がやってくる、そう思い込んでいた。その時、私は生ものではない商品を売る商売と、食品のような生ものを売る商売との違いを知ったのよ。それに、家賃が遅れた時に高い延滞金が課せられる契約になっていたことも、そういう事態になってはじめて思い知らされた。

もうやめてしまおうと何度も思ったわ。でも、私は思いとどまり、前の雇い主に電話をして助けを求めた。彼女は最初『これであなたもいよいよ起業家の仲間入りね!』と笑ったけれど、すぐに『どうしたのか、話してごらんなさい』と言って、私の話を聞いてくれた。彼女はいろいろ教えてくれて、私の『よき師《メンター》』になってくれた。そして、ビジネスを立て直す私の手助けをしてくれたのよ。彼女の指導がなかったら、決して立て直すことはできなかったと思うわ。

そのあと、私のビジネスはゆっくりだけれど着実に軌道に乗ってきた。最初に求人広告を出した時はとってもうれしかったわ。仕事を手伝ってくれる人を雇うだけの売上げにとうとう到達したんですもの！　最初の店がうまくいくようになってから、二軒目の店も出した。この店も最初は大変だったけれど、そのうちどちらの店も安定した売上げと利益を出すようになったわ。

それからまた何か新しいことをやりたい気分になって、すごいアイディアを思いついた。女性が『自分にごほうびをあげたい』と思った時に買い物に来られるような、高級品を集めた専門店を開くというアイディアよ。店はゆったりとして落ち着いた雰囲気にして、バスオイルやキャンドルなどの小物から、すてきなディナーの出前サービスの手配まで、ありとあらゆる商品を用意しておくの」

「そこで、ハワイの二つの店を売り、そのアイディアを実現しようとカリフォルニアにやってきた。『こんなの朝飯前！』と思っていたわ」ジャニスは大きなため息を一つつき、ちょっと休んでから続けた。「もう少しですべてを失うところだったわ。ロサンゼルスでのビジネスはホノルルでのビジネスとはまったく違っていた。ルールも、人が欲しがる商品も、何もかも違う。すべてをゼロからやり直すのと同じだった。とってもたくさんのことを学んだわ。で、長い話を省略して結論だけ言うと、今私は三軒、店を持っている。ロサンゼルスに二軒、サンディエゴに一軒よ。女性に焦点を合わせて始めた店だったけれど、今は男性客がどんどん増えている。それに、インターネットにも力を入れていて、オンラインショップもあるのよ。インターネットの世界って本当にすごいわ！」

「仕事は限りなくあるわ。全部で十二人の従業員がいるけれど、そうなるとまったく前とは別世界よ。ロサンゼルスとサンディエゴの間をつねに行ったり来たりしている。もちろん、そのほかに仕入れのための旅行もあるし、トレードショー、会議、ビジネスを向上させるための同業者の集会なんかに出席するための旅行もある。ひと財産作りつつあると言いたいところだけれど、実際は、利益のほとんどをまたビジネスのために使っているような状況よ」ジャニスはそう本音を吐いた。「仕事は大好き。でも、ただ座って、お金が転げ込んでくるのをながめていられるようになる日が待ち遠しいわ。そうなるには思っていたよりずっと長い時間がかかるのは確かだけれど……」

「この二十年を振り返って、自分がどんなに多くのことを潜り抜けてきたかと思うと、まるで永遠に長い時を過ごしてきたように感じるわ。ホノルルでみんなで過ごした、何の心配もなく、気楽だったあの頃がなつかしいわ。あそこにはもう戻れないのかしら?」ジャニスはそう言って話を終えた。

私たちはすぐに思い出話を始めた。はじめて出会った時のこと、砂浜でのパーティー、男の子たち、みんなでほかの島へ旅行した時のこと、はじめての仕事、そこで出会った男性たち……一番なつかしい食べ物は何か、あの頃着ていたぴちぴちの水着を覚えているか、一番楽しかったのはいつか……それに、もちろんまた男たちの話……。

レスリーがこう言った。「パット、あなたの最初の仕事のことはよく覚えているわ。あの新聞社に勤めることになって、大喜びしていたわよね。自分が書いた記事について話し始めるときりがなくて、私たちは止めようがなくて困ったわ。あなた、今も書いているの?」

●パットの話

パットは書くことが大好きで、時事問題にも多くの興味を持っていたので、政治学とジャーナリズムを専攻した。そして、早い時期に、自分がやりたいのは海外特派員として世界を旅して、世界情勢について記事を書くことだと気が付いた。大学を卒業したパットが履歴書を送ったのはわずか二社、ホノルルの最大手の二つの新聞社だけだった。もしどちらにも雇ってもらえなかった時はどうするのかと聞かれると、パットはこう答えた。「四年かけてこの面接のための準備をしてきたのよ。ノーと言われたら、イエスと言われるまで粘るだけよ」

パットは普段はどちらかというと控えめだったが、新しいニュースを追って夢中になっている時は別だった。本や雑誌、新聞の山に埋もれた机でばりばり働いた。パットはいつも、真実を捜し求めていた。正真正銘のニュース中毒だった。五つの新聞を購読し、テレビは一日中ニュース番組をつけっぱなしにしていた。世界で何が起こっているか知りたかったら、パットに聞けば何でもわかった。パットは私たちがみんな感心するほど何に関してもはっきりしていて、自分が何を求めているか、どこに行こうとしているか知っていた。

でも、人生は時として私たちの夢の邪魔をする。

「あの新聞社では本当に何もかもうまくいっていたわ」パットが話を始めた。「任される仕事もどんどん多くなり、内容も充実していった。仕事の面でもプライベートの面でも、自分の計画した通りの軌道に乗っていた。新聞社で働き始めてから三年ほどたったところで、今の夫のグラントと出会ったの。私たちは二人とも大きな夢を持っていたわ」

「国内最大手の銀行から、ダラスで働くというすばらしいチャンスを与えられたグラントは、私にプロポーズし、私はイエスと答えた。自分がハワイをなつかしく思うだろうことも、やりがいのある仕事を失って物足りなく思うだろうこともわかっていた。でも、グラントに与えられたこのチャンスは、私たち二人にとって、お金の面から見てとてもいいことのように思えた。で、気が付いた時には、引越し荷物と一緒にダラスに向かっていた。ダラスの新聞社で仕事が見つけられるのはほぼ確実だったから、心配はしていなかった。でも、それから思ってもいなかったことが起こった。妊娠していることがわかったのよ。まったく計画になかったことよ」

テーブルを囲んでいたみんなは、パットの人生に「まったく計画になかったこと」が起こるとは信じられないと、冗談交じりに口々に言い合った。それはまったくパットらしくないことだった。

「まあ、そうかもしれないわね」パットは話を続けた。「でも、妊娠中の身で仕事を探すって、あなたたちもやってみたらいいわ！　そんなに大変じゃないだろうと考えていた自分がばかだったわ。実際はとてもむずかしかった。ある会社の面接で妊娠していると言った時、面接官の一人が、口にこそ出さなかったけれど『面接の相手をすることすら時間のむだだ。使えるように仕込んだと思ったら、六カ月か七カ月後にはやめるんだから』と思ったのがよくわかった。当時は、妊娠した女性を雇いたいと思うところなんかどこにもないみたいだった。赤ん坊がいたらなおさらよ。というわけで、私は思いがけないパンチをくらった。フリーランスで少しは書いてみたけれど、家計はほとんどグラントの収入に頼っていた。私は欲求不満を感じながら、やる気がどんどんなくなった。すっかりくじけてしまったのよ。

私たちはいずれは子供が二、三人欲しいと思っていたから、今、子供を作って、子供が少し大きくなったらジャーナリストとしてのキャリアをまた再開すればいい、そんなふうに考えた。でもそのうちに、二、三年のブランクのつもりが何年にもなり、私は三人のすばらしい子供に恵まれた専業ママになっていたというわけよ。グラントは何回か昇進して、今は重役の中でも上の方にいて給料もとてもいいから、文句は言えないわ。家計を支えるためにもう一つ収入の道が必要だということもまったくなかったから、私はニュースデスクの仕事には結局一度も戻らなかった。三人の子供のうち二人はもうじき大学という今になって、やっと何か書くことに専念する時間が持てるようになったけれど、ニュースの世界は大きく様変わりしていて、長い年月の間に私は多くの時間を失い、また、乗りかかっていた勢いも失ってしまった。今は、あの世界に戻るために必要なことをやるだけのエネルギーがあるかどうか、自信がないわ」

それまでレストランの中で一番騒がしかった私たちのテーブルが、今ではすっかり静かになっていた。私たちは、パットの声に後悔の気持ちが混じっているのを感じていた。みんなちょっと気まずくなって、黙っていた。何と言ったらいいかわからなかった。すると、テーブルの上のグラスをじっと見つめていたパットが、私たちの思いを察したかのように、目を上げてこう言った。「いい？　私たちはみんな、いくつかの選択肢を与えられている。私は自分の道を選んだ。やり直せるとしたら違ったふうにやりたいと思うことが何かあるか、と聞かれれば、もちろんあるわ。でも、ともかく私は仕事より母親になることを選んだ。後悔はしていないわ」パットはきっぱりとそう言った。

パットには一点の迷いもないようだった。その言葉のおかげで、テーブルを包んでいた緊張した空気がゆるみ、そのチャンスをとらえてジャニスがグラスを高く掲げた。「私たちに与えられた選択肢に乾杯！ これまでに選んだ道を最大限に活かし、これから選ぶ道を最善のものにできますように！」ジャニスの元気のよい声に合わせて、私たちは乾杯した。

それから、飲み終えたグラスを見ながらレスリーがこう言った。「シャンパンのお代わりを頼んでもいい頃ね。それから、キムの話を聞きたいわ」

第三章……私の話

「すべてのルールに従っていたら、楽しいことをすべて経験しそこなう」

——キャサリン・ヘップバーン

レスリーの言葉を聞きつけたウェイターがすぐに私たちのテーブルにやってきて、グラスにまたシャンパンを注いだ。ウェイターが立ち去ると同時に、レスリーが聞いた。「で、キム、この二十年間のあなたの人生はどんなだったの?」

「なかなかのものだったわ」と私は始めた。「今でも覚えているけれど、十三歳の頃、私は一冊の本を読んだ。十代後半から二十代前半の四人の男女がヨーロッパを旅する話よ。そこには、四人が旅の間に出会ったこと、いいことも悪いことも含めていろいろな経験が活き活きと描かれていた。私が生まれ育ったのはニュージャージーで、当時もそこに住んでいたけれど、そんな私にとってこの本は本当に目からウロコだった。ニュージャージー、ニューヨーク、ペンシルバニア以外にも世界があることを教えてくれたのよ。私がハワイに移った理由の一つはこの本よ」

「あなたの家族はオレゴンに住んでいたと思ったけれど?」パットが聞いた。

「私が十四歳の時に、ニュージャージーからオレゴンに移ったのよ。あの時、はじめて、自分が生まれ育った世界の外にある別の世界を見た。ほんの少しだけれどそれを垣間見て、この世の中に見るべきものがもっとたくさんあることを知り、それを見ようと決心したのよ。

だから、両親から、大学はどこへ行きたいかと聞かれた時、ハワイと答えた。生活するにも、未知の体験をするにも、最適の場所だろうと思ったからよ。もちろん、両親は、学校と海岸のどちらでどのくらい時間を過ごすつもりか聞いてきた。もっともな質問だわ。でも、私が模範的な生徒ではなく、おそらく普通の大学では自分の力を伸ばすことはできないと知っていたから、最後には、一年だけなら……と言って許してくれた。一年もたてば、私の『ハワイ熱』もさめて、もっと真剣に学校のことを考えるだろうと思ったのよ」

「確かにあなたはハワイを離れた。でも、また戻ってきたのよね」パットがそう言った。

「そうよ。旅がしたくて、実は四年の間に五回、大学を変わったわ。そして最後はハワイ大学でマーケティングの学位をとって卒業したのよ。私は三人姉妹の末っ子で、両親は子供をみんな大学に行かせてくれたから、卒業証書をもらった時、私はそれをきれいに包んで、『おめでとう！　私よりお父さんお母さんの方が、これを受け取る資格があると思うわ』と一言添えて、両親のもとに送った」

「ホノルルにいらっしゃったお二人にお会いした時のことはよく覚えているわ。お二人ともとても楽しい方だったわ！」パットがそう言った。

「私はとても恵まれているわ」私はそう言った。「両親はいつも私にとって最高のお手本よ。物心ついた頃から、二人はいつも、やりたいと思っていることは何でもできると私を励ましてくれた。自分を大事にするようにと励ましてくれて、『何よりも大事なのは、あなた自身が幸せであることよ』と繰り返し私に言った。二人は私に教えてくれた生き方そのままの人生を送った。母は、昔ながらの教育制度にのっとった学校で教師をすると同時に、特別なケアの必要な子供たちに教える仕事もしていて、いつも物事を前向きにとらえるすばらしい楽観主義者だった。私は母から、やさしさや思いやりの意味と、起きてしまったちょっとした不快な出来事に煩わされないことの大切さを学んだ。母はよく、『それって、本当にそんなに腹を立てるだけの価値のあることなの？』と私に聞いた。ビジネスマンでセールスのプロだった父は、私にとって、正直で誠実な人間の手本だった。誰かと何かを取り決めたら、どんなことがあってもそれを守らなければいけないと教えてくれたのは父よ。今、二人は、ロバートと私がやっていることすべてを心から応援してくれて、私たちを誇りに思ってくれているわ」

「で、ほかのみんなと同じように、あなたもハワイが大好きだったからそこに残ったのよね」ジャニスがそう言った。

「正直に言ってそうね。私たちはみんな若くて、独り者で、何に縛られることなく気ままにホノルルで暮らしていた。大好きにならないわけがないわ」私がそう言うと、ジャニスが続けた。「本当にその通り。あの頃は本当に楽しかったわ……」

●最初の仕事

私は話を続けた。「最初にフルタイムで働いたのは、ホノルルで最大級の広告代理店のメディア部門での仕事だった。はじめての仕事としてはなかなかよかったわ。ホノルルは小さな町だから、広告業界の人たちとはすぐ知り合いになった。とっても楽しい人たちだったわ。

広告代理店の次は同じ業界の反対側、つまり広告を売る側で仕事を見つけた。私たちが最後にみんなで会ったのは、この二つ目の会社で働いていた頃よ。覚えているかどうかわからないけれど、私は生まれつきセールスに向いているタイプの人間じゃなかったし、セールスの研修プログラムも会社にはなかった。だから、ここでの仕事はゼロから現場で覚えるしかなかった。私は二十五歳で、ホノルルのビジネスマンを対象とした雑誌を作っていた。私の主な仕事は、雑誌の広告スペースを売ることだった。部下は二人の営業マン。広告が取れなければ雑誌は出せない。毎月、今月は先月より広告主を増やさなければ……とプレッシャーがかかったわ。私たちは毎月、必死で駆けまわって、何とか雑誌を出し続けた」

「みんなで最後にランチをした時のあなたはそんな状態だった。で、それからあとはどうしたの?」レスリーが聞いた。

「雑誌社で二年くらい働いたところで、人生を大きく変化させる時は今だと決めたの。私のプランはこうだった――ステップ一、広告業界の世界的メッカ、ニューヨークに引っ越す、ステップ二、広告会社で昇進のはしごを登る、ステップ三、広告関連企業の集まるマディソン街で、重役用の角部屋を与えられる！　これが私のプランで、プランに忠実に自分は進んでいる……少なくとも、私はそのつもりだった。

でも、すぐに、このプランに一つ問題があることがわかった。企業の昇進のはしごを登るためには、命令通りにすることが得意でなければいけないってことに気が付いたのよ。つまり、他人の指示に従うことに関して優等生でなければいけなかった。みんなも知っている通り、私はああしろこうしろと言われるのが大嫌いなの。小さい時から私がどんなだったか見ればよくわかるけれど、他人からの指示に従うのは得意じゃない。私が最初の会社から二回クビにされたことは話したかしら？

そこで私は、代替案、プランBに進む時が来たと決めた。私は自分の欠点を受け入れた――他人のために働くことはどうしてもできない。そして、こう思った。『何をするかはわかっている。自分で自分のボスになるのよ！』

そう決めるとすぐに、次のジレンマが出てきた。私はビジネスを始めることに関して何も知らなかった。自分が育った環境はビジネスオーナーには縁遠く、どこから始めていいかもまったくわからなかった。第一、自分がどんなビジネスをやりたいのかもわかっていなかった。起業するなんて、考えただけでも、とても自分の手に負えない気がした。でも、少なくとも一つ、よくわかっていることがあった。それは、自分が本気でビジネスオーナーになりたいと思っていることだった。どうしたらそれが可能になるかは、ある意味、二の次だった。二十代半ばで怖いものなしだった私は、ともかくニューヨークへ移って、そこで何とかしようと決めた」

●ロバートとのはじめてのデート

「ニューヨークに移る前、私の新しい計画について話そうと思って、友達のカレンをホノルルのファミリーレストラン『フライデイズ』に誘った」私は話を続けた。「ジムでエクササイズをしたあとレストランで会って、二人でバーに座っていた時、カレンが友達のロバートの姿を見つけた。ロバートは男友達と一緒にそこに来ていたのよ。私たちは挨拶して、それで終わり……と私は思った。

いろいろ話せば長くなるのでかいつまんで言うけれど、ロバートはその半年くらい前から私をデートに誘っていて、私はノーと言い続けていたの。ロバートには、ニューヨークに行くつもりだから、新たに誰かと付き合うつもりはないと説明した。ことを複雑にする要素はまだあって、実は、カレンは八年ほど前、ロバートのガールフレンドだったのよ。私とカレンが知り合いだと知ったロバートは、カレンに電話して、『きみとキムが親友だと聞いた。そこで、お願いがあるんだが、聞いてくれるかい?』と言った。それに対してカレンはこう答えた。『あなたが何か企んでいるのはわかるわ。一体どうしてほしいの?』すると、ロバートは持ち前のセールスマン精神を発揮して、商品に満足した顧客に頼むようにこう言った。『ぼくをキムに紹介して欲しいんだ!』それを聞いてカレンは思わず笑った。『ただ私に元気かどうか聞くために電話してきたんじゃないことはわかっていたわ!』

カレンは約束を守って、ロバートがどんなにすばらしい人か、私にいろいろ話し始めた。それはよかったんだけれど、困ったことに、カレンの売り込み方があまりに上手だったために、私はカレンがまだロバートのことを好きなんだと思い込んでしまった。女友達との友情をとても大事に思っていた私は、カレンがまだ特別な思いを持っている相手とデートする気はまったくなかった。そういうわけで、さらに二カ月、何事もなく過ぎて、私はニューヨークに引っ越す計画を着々と進めていた。その頃には、カレンがロバートに対して恋愛感情を持っていないことがよくわかってきたし、ロバートはその間もずっと、私に花を贈ってくれたり、旅先から絵葉書をくれたり、思いを綴ったカードを送ってくれたり、それでもだめだとわかると、さらに花を贈ってくれたりして熱心に誘い続けていた。そんな状態だったので、ある日ロバートが私の仕事先に電話してきて、またデートに誘った時、私は言い寄られるのも悪い気はしていなかったし、好奇心もあったので、『今夜はどう?』と聞いたのよ。

ロバートのセールスの腕の話に戻るけれど、ロバートはカレンに何度も電話して、いわばセールスのための『実態調査』を行い、私が大好きな二つのものを調べ上げていたのよ。その二つというのは、シャンパンと海岸の散歩。つまり、最初のデートの晩、ロバートの計画を成功させるのに必要だったのはそれだけだったというわけ。当時ロバートはダイヤモンドヘッドの浜辺に建つ、とてもおしゃれなアパートに住んでいたんだけれど、その建物の前に私が小さなオレンジ色のトヨタ製セリカを寄せると、玄関に立っていたボーイがドアを開けてこう言ったのよ。『キム様でいらっしゃいますね。ロバート様がお待ちです。お部屋までご案内いたします』私はロビーに案内され、エレベーターに乗ってロバートの部屋まで行った。ロバートはドアを開けて私を招き入れてくれて、私たちはそのまま少し話をした。それから部屋を出て下に降り、浜辺にあって、ホノルルで最高級という評判のレストラン『マイケルズ』に行った。すると、すぐに支配人が近づいてきて、こう言った。『キヨサキ様、海岸の見えるテーブルをご用意してございます。シャンパンも冷えております』そう、私はかなり心を動かされたわ。ウェイターがシャンパンをついでいると、支配人がまた姿を現して、『よろしければ、シャンパンを持って海辺でもお散歩なさったらいかがでしょう?』と言ったのよ。それでもう充分だったわ。私はロバートの売り込みのうまさに負けた。で、それ以来私たちはずっと一緒よ」

●ビジネスパートナーとしても一目ぼれ?

「この最初のデートの時、私たちは朝の三時までずっとおしゃべりをした。あの夜、ロバートが私にした質問で、今でもよく覚えているものが一つある。私の人生を変えた質問よ。ロバートは私に『きみは人生で何をしたい？』と聞いたの。その言葉を聞くとすぐに私の口から答えが飛び出した。『自分のビジネスを持ちたいわ。他人の命令に従うのは苦手なの。で、私はビジネスが大好き。となると、解決策は自分のビジネスを持つことだと思うの』ロバートは『それに関してはぼくが助けてあげられると思う』と答えた。それから一カ月もたたないうちに、私たちは最初の共同事業の計画を立て始めた。あの最初のデートの日からずっと、私たちは人生におけるパートナーであると同時に、ビジネスの上でのパートナーでもあるのよ。

あの夜、ロバートは、自分が『金持ち父さん』と呼んでいる人が教えてくれたビジネスモデルについても話してくれた。こんな図を描いて説明してくれたのよ」

私はハンドバッグから小さなメモ帳を取り出し、その図を描いた（図①）。

「ロバートはこう説明した。『ぼくがキャッシュフロー・クワドラントと呼んでいるこの図は、ビジネスの世界にいる四つのタイプの人を表している。Eは従業員（employee）、Sは自営業者（self-employed）、Bはビジネスオーナー（business owner）、Iは投資家（investor）だ』

『今の私はEね』私はそう言った。この時はじめてクワドラントを見た私が『自営業者とビジネスオーナーとはどう違うの？』と聞くと、ロバートは次のように説明してくれた——自営業者は医者や会計士、機械整備士、美容師、理容師などに多い。自分でビジネスを所有していて、そこで自分自身が働いている人たちだ。たいていの場合、そのビジネスに収入をもたらすのはその人一人だけだ。一方、ビジネスオーナーは、自分が所有するビジネスの収入の道をそこで働くほかの人たちに依存していて、とてもいいシステムを使ってビジネスを運営している。マイクロソフト、ハーレーダビッドソン、スターバックスなどはBのいい例だ。SとBの違いを一言で言うとこうなる。Sの場合、本人が一カ月休みをとると収入も一カ月なくなる。Bはオーナーが一カ月休もうが、一年休もうが、帰ってきた時、自分のビジネスが前と変わらない状態で機能している（前よりもうまく機能している場合もある）。ロバートはこうも言った。『I、つまり投資家のクワドラントで一番大事なのは、自分のためにお金をせっせと働かせて、自分がお金のためにせっせと働かなくてすむようにすることだ』

『つまり、理想を言えば、私はBかIのクワドラントに移るのがいいってことね。そこでは私がその場にいようがいまいが、ビジネスが私のためにお金を儲けてくれる、あるいは投資がお金を儲けてくれる』私がそうまとめると、ロバートは『そういうことだ』と言った。

二カ月後、私たちは最初のビジネスを一緒に立ち上げた。"Win/Win"（両方が得をする）という言葉を使ったロゴをデザインし、そのロゴをつけたシャツやジャケットをアメリカ各地で開かれる会議やセミナー、大会などの会場で売った。この最初のビジネスの目的は、次のビジネスを立ち上げる準備をする一年間、さまざまなビジネス教育プログラムを受けるのに必要な旅費や授業料を稼ぐことだった」

注：女性たちとビジネスや投資について話をする時、私はキャッシュフロー・クワドラントのEやSの側からBやIの側に移ることを勧める。なぜなら、努力が一番報われるのがそちらの側だからだ。（このことについてもっと詳しく知りたい人は、『金持ち父さんのキャッシュフロー・クワドラント』を読んでほしい。）

①ビジネスにかかわる人は四つに分類できる

E…従業員(employee)
S…自営業者(self-employed)
B…ビジネスオーナー(business owner)
I…投資家(investor)

●一九八五年——最悪の年

「一九八四年、私たちはなけなしの持ち物を全部売り払って、ホノルルをあとにした。ビジネスを築き始めるために南カリフォルニアへ移ってから、所持金を使い果たすまでにそう時間はかからなかった。正確に言うと、二カ月くらいで私たちは文無しになった。仕事にも就いていなかったし、自分たちで何か仕事をしているわけでもなかった。ビジネスを立ち上げる準備ができるまでには、まだ長い道のりが必要だった。ホームレスに近い状態にまでなり、ボロボロのセリカの中で寝た時期もある。正直に言って、一九八五年は私たちの人生で最悪の年だったわ」

「それって、どんなだったの?」パットが聞いた。

「『お金は人を幸せにできない』という言葉を聞いたことない?」私はそう聞いた。

「もちろんあるわ」レスリーが答えた。

「私は自分の経験からはっきり言える——お金がないのは人をみじめにさせる。昔は、金持ちはよくばりで、冷酷で、意地悪な人たちばかりだと思っていた。でも実際に経験してみてわかった。そういう特質は金持ちに限ったことじゃない。文無しになったロバートと私はよくけんかをして、おたがいを責めた。鬱積した思いもあったし……あの頃は確かに二人とも最高の状態とは言えなかった。信じられないほど大きなストレスにさらされていたのよ。私にとって最悪だったのは、自尊心をまったく失っていたことね。私はいつも楽天的で、自分に満足していて、決断力があり、自信に満ちていた。でも、二人で苦境にあったあの時期、私は自分が知っていたこと、信じていたことのすべてに疑問を持ち、疑ってかかるようになった。何か成し遂げる能力が自分にあることさえ、疑うようになった。あの頃、よく私は自分にこう聞いた。『一体私は少しでも何かがわかっているのだろうか?』ちょっとした自信喪失があっという間に大きくなり、とてつもなく大きくて真っ暗な穴の中にいるように感じられて、決してそこから這い出ることができないように思えることがよくあった」
「そんなひどい状態から、一体どうやって抜け出たの？」パットが聞いた。

●避難所の一夜

「ロバートと私は、まあ知り合いと言えそうな人の家を訪ねて、一晩泊めてもらえないか聞いて回ることさえした。この最悪の時期のある夜のことは、二人とも決して忘れないと思う。あの時、私たちはすでに、クレジットカードの利用限度額まで目いっぱい使っていた。当時はまだ、クレジットカードを自動的にチェックする機械がどこの店にも置いてあるわけではなかった。ある午後、友達が私たちを『シックスペンス・モーテル』まで車で送ってくれた。サンディエゴにある、高速道路沿いの安いモーテルだった。私はロビーに入り、受付カウンターにクレジットカードを置いた。カウンターの男の人がカードの利用状況をチェックしないようにと、祈るような気持ちだった。男の人は手動式の機械でカードの文字をコピーすると、そのまま部屋の鍵を渡してくれた。私はその場で飛び跳ねたい気持ちをじっと抑えた。そして、ほとんど走るようにしてドアを出て車まで戻った。『部屋が取れたわ！　取れたのよ！』私はモーテルの受付係に聞かれない範囲で、精一杯の大声でそう叫んだ。

このモーテルは、たいていの人にとってはただの安宿でしかないと思うけれど、あの夜の私たちにとってはまるで天国だった。私たちは通りの向こうのケンタッキー・フライドチキンまで歩いて行って、バケツ型の紙容器に入ったフライドチキンを買い、次に隣の食料品店に行ってビールを半ダース買って、部屋に戻った。長い一日のあと、やっと二人きりになれた。今だけは何も心配することはない。嵐から身を守る避難所があるのだから。あの夜、私たちはただ黙って抱き合った。明日がどうなるかはわからない。でも少なくとも今夜は大丈夫だ。

ロバートも私も、おたがいに相手がいなかったら、あの最悪の年を乗り切ることはできなかったと思う。

それは確かね。あの時期、友人や家族の中には、『どうして仕事に就かないんだ?』『ビジネスが軌道に乗るまでの間、しばらく給料をもらえばいいじゃないか』と言う人がいた。でも、私たちは仕事に就くことが後退を意味するのを知っていた。『せっかくここまでやってきたんだ、今やめるのはよそう』私たちはそう思っていた。給料をもらうという『心地よさ』に甘んじたら、苦労してビジネスを作ったりしなくなるだろうということもわかっていた。今振り返ってみるとよくわかる——実際のところ、あの時私たちの原動力となっていたのは、最悪な状況にあったこと、それ自体だった。そのことが、苦境から脱出する道を見つけるように私たちを駆り立ててくれた。そこからの脱出は楽ではなかった。仕事に就くことは解決策にはならなかった。私たちはビジネスを起こすと固く心に決めていた」

●コントロールする力を手に入れるのは今

私は話を続けた。「私たちは、自分で選んだ道とはいえ、こんなめちゃくちゃな状態はもうたくさんだというところまで来た。ロバートは、自分の人生をよりよいものにしたかったら、それをする人間は自分以外にいない、今こそ思い切った方法をとるべき時だと決心した。私も、もう自分を哀れむのはやめようと思った。自分の苦境を他の人のせいにするのもやめた。私たち二人は、自分たちの未来を自ら切り開いて先に進もうと決心した。そして、それを実行に移した」

「どんなビジネスを始めたの?」ジャニスが聞いた。

「起業家教育に焦点を合わせた教育会社を作ったのよ」私はそう答えた。「二人でカリフォルニアに移る前、ロバートはホノルルでいくつかビジネスを起こしていて、その数年の間、人間の学習の仕方や、新しい、革新的な教育方法についていろいろ調べていた。カリフォルニアで起こしたビジネスは、世界七カ国に十一のオフィスを持つまでに成長した。私たちは絶えず旅行をしていたわ。それもたいてい海外よ」

レスリーがこう聞いた。「あなたたち二人はいつ結婚したの?」

「一九八六年十一月、カリフォルニア州のラ・ホヤで結婚したのよ。ビジネスは繁盛していると言うにはまだ程遠かったけれど、見通しは明るかった」

「その会社はどうなったの?」パットが聞いた。「まだ持っているの?」

私は事情を説明した。「会社を始めてから十年後の一九九四年、私たちはそれを売って引退した。私は三十七歳、ロバートは四十七歳の時だった。引退して一番よかったのは、二人が自由になれたことよ」

「経済的に自由っていうこと?」パットがまた聞いた。

「そうよ。私たちはもうお金のために働かなくてもよくなった。あの解放感はすばらしかったわ」

レスリーがこう聞いた。「じゃあ、会社がよほど高く売れて、それでもう働かなくてよくなったのね。だって、あなたはまだ三十七歳だったんでしょう? あと五十年か六十年、あるいはそれ以上暮らしていけるだけのお金が手に入ったということですものね」

私は笑った。「たいていの人はそう考えるわ。でも、私たちが引退できたのは会社が売れたからじゃない。もし、会社を売ったお金に頼って暮らさなければならなかったとしたら、たぶん二年くらいで全部使い果たしていたわ」

「それってどういうこと?」レスリーはわけがわからないという顔をした。

「一九九四年に私たちが引退できたのは、投資のおかげよ。毎月投資から入ってくるお金、主に不動産から入ってくるお金が、私たちの生活費を上回るようになっていたのよ。ロバートと私が経済的に自由になったというのはそういう意味よ」

●最初の投資

「投資のことは全然わからないわ」パットが正直にそう言った。「まったくなじみのない世界よ」

「私もそうだったわ。投資家としての道を歩き始めた時、正直言って、投資という言葉がどんなことを意味するのかも知らなかった。だから、ものすごくたくさんのことを短期間に学ばなくてはいけなかったのよ」

「何に投資したの？」ジャニスが聞いた。

「不動産から始めたわ。私にはそれが一番理にかなっているように思えたの。賃貸不動産をはじめて買ったのは一九八九年のことだった。オレゴン州ポートランドにあった、寝室二つに浴室が一つついた、小さくてかわいらしい家よ。私たちが住んでいた場所からほんの二ブロックほど離れたところあったこの家を買った時は、人生で一番どきどきしたわ。死ぬほどこわいと思った。心配でたまらなかった。何か間違いを犯してお金を失うことになるのではないかと心配だった。本当に、先がどうなるか私にはまったくわかっていなかったのよ。

今ここでは詳しい話まではしないけれど、ともかく、その家の所有者になって一カ月後、そこから五十ドルの利益を得た時、つまりそれだけのプラスのキャッシュフローを手にした時、私は飛び上がるほどうれしかった。そして、その瞬間、不動産投資のとりこになったのよ。今ではほかの投資もしているけれど、不動産だけで何百万ドルもの価値のある物件を管理しているわ。今、私が経済的に完全に自由で、独立した状態でいられるのは、毎月充分な量のお金を生み出してくれる、こういった投資のおかげよ」

ジャニスがこう言った。「私は投資と聞くと、投資信託や株式、債券なんかを思い浮かべる。すぐには不動産のことは考えないわ。あなたは不動産を買って、それをほかに売ることでお金を儲けているの？」

「いいえ、買って売ることで儲けているわけじゃないわ。買って持ち続けることで収入を得ているのよ。これはとても大きなテーマだから、もしみんなが話題にしたいのなら、またあとでゆっくり話しましょう」

●リッチダッド・カンパニー

「あなたとロバートは引退後どうしたの？」レスリーが先を聞きたがった。「あなたが毎日プールサイドでのんびりしている姿なんて、想像できないわ」

「確かにそうはならなかったわ」私は苦笑いをした。「引退したその年、私たちはビズビーという小さな町に、八十五エーカーの牧場を買った。ビズビーというのは、アリゾナ州南部の山の中にある、とてもきれいな、絵に描いたような場所よ。地所の中には、西部開拓時代の駅馬車の停車場でぼろぼろになった建物があった。私たちはそれに手を入れて、寝室を一つ作って、とてもすてきな家にしたの。そばの小川のほとりには小さなアトリエも造ったわ。テレビもラジオもなくて、あるのは静けさと安らぎだけ……。

ロバートはこの静かなビズビーで、『金持ち父さん　貧乏父さん』の原稿を書いた。その間、私はフェニックスにいて、小さなホテルをアパートに作り変えていた。私にとってこういうプロジェクトははじめてだったけれど、幸いなことに、結果的にこれはとても成功した。

成功と言えば、この時ロバートが書いた『金持ち父さん　貧乏父さん』は、今では、ニューヨーク・タイムズ紙のベストセラーリストに最も長く名前を連ねた四冊のうちの一冊に入っているわ。また、この本を出版する前に、私たちは『キャッシュフロー101』というボードゲームを考え出した。これは、経済的に自由になるために私たち自身がしたことを伝えるために作ったゲームよ。自分のお金を投資したり、きちんとした会計処理をすることについて、擬似的な体験ができるようになっているの。このゲームの『あがり』は、ラットレース（いたちごっこ）を抜け出てファーストトラック（高速道路）に移ることよ。ラットレースというのは、お金のために働いているたいていの人が送っているような生活を意味していて、ファーストトラックというのは、もっと大きな投資のチャンスに恵まれている生活を意味している。この二つの生き方の間を移動する鍵は、キャッシュフローと呼ばれるもので、投資からのキャッシュフローが毎月の生活費より大きくなった時に、あなたはラットレースから抜け出せるのよ！

ロバートと私、そして、ビジネスパートナーのシャロン・レクターの三人は『金持ち父さん　貧乏父さん』をまず自費出版した。一九九七年四月、最初に印刷したのは千部だった。正直に言って、私たちはそれから十年間、楽に暮らせるくらいのクリスマスプレゼントがすぐ手に入るのではと思っていた。でも、実際はこの本を欲しがる書店はなかった。この本を扱おうという流通業者もいなかったし、卸業者は私たちの電話に返事さえくれなかった。そこで、私たちは自分たちでマーケティングを始めた。本を売る場所としてまず選んだのは、友人の洗車場だった。それ以外に、本を置かせてくれるところはどこにでも置いた。そのうち、ゆっくりと本が売れ始めた。口コミで評判が広まり、二年後にはウォールストリート・ジャーナル誌のベストセラーリストに載った。私たちは大喜びしたわ！

本当のことを言うと、ロバートと私はまた会社を始めようとは思っていなかったけれど、三人で作ったこのリッチダッド・カンパニーは、夢にも思わなかったほど大きく成長した。今、この本は四十六以上の言葉に訳され、世界九十七ヵ国で売られている。一方、キャッシュフロー101は十六の言葉に訳されていて、まだどんどん新しい言葉に訳されている。書籍としては、『金持ち父さんシリーズ』のほかに、投資やビジネスについて私たちにアドバイスをしてくれている人たちが書いた『金持ち父さんのアドバイザーシリーズ』というのがあって、私たちのビジネスはどんどん大きくなり、経済的な自由と独立を象徴する世界的ブランドへと今も成長を続けている。そのことを誰よりも喜び、感謝しているのはロバートと私よ！」

「すごい人生ね！」レスリーが叫んだ。「この二十年間で、人生の酸いも甘いも噛みしめたという感じね。ホームレスから引退、そして国際的に大きな成功を収める会社……。あなたはとてもラッキーだわ。今のあなたのような生活を送れたらどんなにいいかしら！」

「確かにラッキーだと思うわ」私はそう認めた。「でも、たいていの人は、ロバートと私がこうなるまでに苦労して通ってきた道を、自ら進んでたどろうとは思わないでしょうね。私たちはたいていの人が避ける険しい道を選んだ。将来、より楽な道になることを期待してね。そして、ラッキーなことに、その選択が私たちに見返りを与えてくれた。

さあ、これで私の話は終わりよ。私のこれまでの人生に関して一つだけ確かなことがあるわ。それは退屈はしなかったということよ！」

●女性のみなさんへ——特に一言

リッチダッド・カンパニーのおかげで、私はとても多くの女性と話をするようになったが、そんな時よく、「女性を対象に、投資について話してもらえませんか?」と聞かれる。この本を書こうと思い立ったのは、その希望に応えるためだ。この本の一番の目的は、経済的に独立することがそんなに大変なことではないことを理解し、行動を起こすきっかけをみなさんに提供することだ。経済的に独立することは誰にとっても可能だ。必要なのは、いくらかの時間と教育だけだ。

この本全体を通して、私がはっきり伝えたいと思ったメッセージが一つある。それは、今の時代は、私たち女性がもう他人に頼ってはいられない時代だということ、つまり、相手が夫であれ、恋人であれ、両親であれ、会社の上司であれ、政府であれ、経済的に面倒を見てもらうことをあてにできない時代だということだ。私たちの母親や祖母の時代には正しかったことが、今の私たちには通用しない。私が思うに、女性はみんな、自分自身と子供たちの生活の安定を守るために、投資について学ぶべきだ。投資が一つの選択肢だった時代は終わった。ルールが変わり、私たちが自分で自分の将来の経済状態をコントロールする力を持たなければならない時が来ている。

第四章……

二十年前、南太平洋の島で

「女性が求めるものは、男、キャリア、お金、子供、友達、贅沢、心地よさ、独立、自由、尊敬、愛、そして、伝線しない三ドルのパンティーストッキング」

――フィリス・ディラー

私たちは過去二十年、何をやっていたか、おたがいの話に耳を傾けたあと、ハワイで一緒に過ごした日々の思い出話に戻った。

パットが手を挙げて、こう聞いた。「みんなで最後に一緒に食べたランチのことを覚えている人！」

テーブルが静かになり、沈黙が三十秒ほど続いた。パットの言葉を聞いた瞬間、みんなの心はあの南太平洋の島々に飛んでいた。私たちはハワイで生まれ育ったわけではなかった。みんながそこに引き寄せられた理由は、とても単純だ――砂に覆われた海岸、気楽なライフスタイル、水の温かな海、のんびりとした南国の気候、そして、楽しいことがいっぱい！　私が最初にハワイを訪れたのは、ハイスクール時代、両親と一緒に旅行した時のことだった。あの一週間の休暇の間に、私は、世界で一番幸運な人たちがハワイに住んでいると思うようになった。そして、自分もいつかそこに住むと心に決めた。

私たちはみんな、独身で何の心配もなかった南国の楽園での日々を思い起こし、物思いにふけった。しばらくしてやっと、ジャニスが沈黙を破った。「二十年前、タヒチアン・ラナイでだったわよね！」

レスリーが笑った。「あれは一月。太陽がさんさんと輝くすばらしい日だったわ。大きな帽子をひらめかせていたジャニスと、ピンクの水玉の小さなタンクトップを着たマーサの姿をまだよく覚えているわ。その姿に見とれた男たちが転びそうになっていたじゃない」

「私も覚えているわ。みんなで海岸に面した外のテーブルに座ったのよね。日焼けローションのにおいが漂ってくるようだったわ」パットが続けた。「あの頃は高価なシャンパンじゃなくてハウスワインだけだったけれど、本当にすばらしい時代だったわね。責任を持たなければいけないことも、心配しなければいけないこともなくて……ほとんどお金は稼いでいなかったけれど、生活をエンジョイしていた」

「それに、毎日水着で過ごしていたから、みんな最高のプロポーションだったわ」ジャニスがそう言った。

「私たちは一緒にずいぶん成長したものね」私はそう言った。「マーサとトレーシーが今日来られなかったのは残念ね。全員が顔をそろえられたら本当によかったのに。でも、パット、あなたは私たちを全員見つけ出したんですもの、すごいわ。ありがとう。みんな感謝しているわ」

●マーサの話

レスリーがまた思い出話を始めた。「今でも覚えているけれど、マーサはいつも水着を着て、海岸でサーフボードを抱えていた。そうそう！　彼女は究極のサーファー娘だったわ。カリフォルニア南部の海岸で育ったんですもの。海と海に関するものが大好きだった彼女が海洋学の分野に進んだのは当然よね」

ジャニスが口をはさんだ。「みんなで最後に会った時、マーサが海洋生物研究所に勤め始めたところだったのは覚えているわ。彼女、大喜びしていた。海とそこに棲む生物を保護することにいつも情熱を燃やしていたんですもの。世界を救う使命を帯びていたのよ！　マーサの夢はフランスの海洋学者ジャック・クストーの有名な調査船、カリプソ号に乗って、彼と一緒に仕事をすることだったわ。その夢に近づけたかどうか、知っている？　パット、彼女と話をした？」

「少しだけね」とパットが答えた。「なぜカリフォルニアに戻ったのか理由を聞いたら、はじめは二、三カ月だけ、会社をやっていたお父さんの手伝いをするつもりで帰ったと言っていたわ。お父さんは会社のトップが何人か急に辞めて困っていたのよ。でも、何となくそのままそこに留まることになってしまったんですって。その方が楽だったからって。それに、好きな時にサーフィンにも行けたし。あの頃の生活は『とても快適だった』って言っていたけれど、電話の声は何だかとても疲れていた。どうやらお父さんが亡くなってから、お母さんと二人で暮らしているみたい。さっきも言ったように、マーサはお母さんの具合が悪くて来られなかったのよ。マーサ以外にお母さんの面倒を見る人がいないから」

「じゃあ、海洋学の世界には戻らなかったの?」私はそう聞いた。

「そのようね。そのことを聞いたら、あまり話したくないようだったわ」

「それはびっくりだわ」私はそう言った。

「結婚しているとか、子供がいるとか言っていた?」ジャニスが聞いた。

「何も言っていなかったわ」

●トレーシーの話

「トレーシーは元気? どうしているの?」私はそう聞いた。

「今日、さっき話をした時は本当にがっかりした声だったわ」パットがそう話し始めた。「みんなに会えなくてがっくり、なんて言っていたわ。企業社会にすっかり嫌気がさしているとも言っていた。その気持ちが、今苦労しているプロジェクトのせいで一時的なものか、それともほかにもいろいろあるのか、私にはわからないけれど。ほんの二、三回話しただけだけれど、いつもあまり楽しそうではなかったわ。声に元気がなくて、いつも疲れているみたいだった。結婚して子供が二人いることは知っているわ。会社の重役の地位にあって、二人の子供の世話をする——それにもちろん夫の世話もする——というのは簡単なことじゃない。彼女は本当によくやっているわ」

「どうやらトレーシーは自分の大きな夢を追ったみたいね」私はそう応じた。「私と彼女は仕事を通して……というか、仕事に関係したことで知り合ったのよ。覚えている？　ホノルルで毎週金曜、仕事が終わる時刻に、町の中心街の通りが何本か交通止めになったでしょう？　その通りのレストランはどこも夜遅くまで営業して、バンドが音楽を演奏したりして、通りはたくさんの人――だいたいはそのあたりで働いている人たち――であふれていたじゃない。レストランやバーをはしごして歩くこともできたし、人と出会うには最高の場所だったわ。あれは確かに町の中心で働くことの利点の一つだったわね。私がトレーシーに会ったのもそこでだった。私たちはすぐに意気投合した。二人とも大学のビジネススクールに通っていたのよ」

私は話を続けた。「あの頃のトレーシーは企業社会にすっかり魅了されていた。彼女のプランは企業の昇進のはしごを登ることだった。今の話を聞くと、彼女はまさしくその通りのことをやってきたみたいね。トレーシーは大学を出るとすぐに就職して、新卒者のための簡単な職を与えられ、地元の大手食品会社で働き始めた。そして、短期間に何度も昇進してかなりの地位まで登った。彼女は私に、ほかの島への出張の話や、顧客の相手をするのがどんなに楽しいかとか、いろいろな話をよくしてくれた。あの頃は確かに水を得た魚のようにはりきっていたわ。今もきっとそうなんだと思う」

「この二十年の間に、何てたくさんのことが起こったんでしょう！　本当にびっくりするわ！」パットがため息をついた。「今の私の人生は、独り立ちを始めた時に考えていたのとはほとんど正反対よ。思ってもみなかったような番狂わせが本当にたくさんあったわ」

「それが人生というものだと思うわ」レスリーがそう応じた。「人生はなるようになったのよ」一息おいてレスリーは続けた。「最後のランチの時、終わりの方になって話したことをみんなが覚えているかどうかわからないけれど、ある意味で、あの会話が今日私たちをここに集めてくれたような気がするわ」私たちはみんな、レスリーがどの話のことを言っているのかわからなかった。

「あの会話は確かこんなふうに始まった……」レスリーが記憶をたどり始めた。「三十分ぐらい遅れてジャニスが息を切らしながらやってきて、遅れた理由を次々とまくし立てた」

「決して変わらないものってあるのよね」パットが口をはさんだ。

「まあ、やめてよ。私だけなんてずるいわ！」ジャニスが笑いながら言った。

●二十年後を期した私たちの約束

レスリーは大昔の私たちの会話をまるで昨日のことのように再現した。

「『で、みんな何の話をしていたの？』肩から落ちそうなショルダーバッグと、風にぱたぱたひらめく大きな帽子を押さえながらジャニスが私たちに聞いた。『私がいない間に何を話したの？　教えて。教えて』

私たちはそれまで話していたことをざっとジャニスに教えてあげた。それからパットがこう言ったのよ。

『二十年後、私たちは何をしているのかしらね』

『二十年後ですって！』マーサがそう叫んだ。『このランチのあと何をするかだって考えられないのに、二十年後なんてとんでもないわ！』

『二十年後には私たちは年取っている！』トレーシーが大声で言った。『そんなこと考えたくもないわ！』

私たちはみんな笑った。考えたくない。それが結論。私たちはただ単純に、女同士でゆっくりとランチを楽しみたかった。それだけだった。

でもパットはあきらめなかった。『いいじゃないの、みんな。考えて。自分がどこにいると思う？　何をしていたい？』

ジャニスが答えた。『私は誰にも頼らず、自分の力で金持ちになっていたい。そして、誰かと猛烈な恋をして、世界中を旅行して回っているの！』

『そのアイディアもらったわ！』

『私も！』

『右に同じ！』

『私も仲間に入れて！』

私たちはみんな、こう思っていた。『やれやれ、将来について真剣に考えるなんて、そんな哲学的で意味深長な会話なんかしたくない。こんなに素敵な日にそんなこと考えるなんて真っ平ごめんだわ。そもそも、小学校の頃から同じようなことを何度も聞かれ続けているじゃない。大きくなったら何になりたい？　ってね。今日は今を楽しみましょうよ！』

それでもパットはまだ最後のあがきを試みた。『みんなこれから何年かはおたがいに会ったりすると思うけれど、いずれはたぶん別々の道を歩むようになるわ。二十年後にまたみんなで会うって、ここで決めない？　その時に何をしているか、おたがいに知るのって面白くない？』

パットの頭からこの話題を完全に閉め出すために、私たちは二十年後にまた『女だけのランチ』のために集まって、おたがいの人生を分かち合うことに同意した。もちろん、誰がその準備をするとか、その時までどうやっておたがいの消息を知らせ合うかなど、細かい話はまったくしなかった。でも、ともかく私たちはそう決めた。ただゆっくりとランチを楽しみたいばっかりにね」

私たちはみんな大声で笑い、二十年も前の海岸での会話を覚えていたレスリーに拍手を送った。まったくレスリーの言う通りだった。

「また集まろうとみんなに約束させたことは覚えていたけれど、あとは忘れていたわ」とパットが言った。

「このランチでもまた私たちに深刻に考えさせたりしないでね。それだけ約束してくれたらあとはどうでもいいわ」ジャニスが笑いながら言った。

「そういった話は今回は誰かほかの人に任せるわ」パットがそう言った。

その時、ウェイターが近づいてきて「デザートはいかがですか？」と聞いた。

第五章……

お金だけの問題ではない

「それをすべて手に入れることはできる。ただ、同時にすべてを手に入れることができないだけだ」

——オプラ・ウィンフリー

私たちは誘惑に耐え切れず、デザートを二つ頼んで四人で分けることにした。ウェイターが注文をとって立ち去ると、レスリーが聞いた。「キム、あなたは何年か前に引退した、そう言ったわよね?」

「ええ、一九九四年にね」

「でも、今のあなたの話を聞くと、のんびりと悠々自適の生活を送っているようには全然思えないわ。引退と聞いて私が思い浮かべるのは、いろいろな設備のあるカントリークラブのゴルフコースでゴルフをしたり、長い航海をする観光船のデッキで寝そべっている姿だわ」

私は笑った。「確かに、のんびりとした生活を送っているとは言えないわね。でも、あなたの指摘はいいところをついている。たいていの人は引退と聞くと、白い砂浜に夫婦で寝そべっている姿とか、ゴルフ仲間と十八ホールを回るとか、いつも行きたいと夢見ていたどこか遠くへ旅するとか、都会の喧騒を離れた、静かでのんびりした生活を思い浮かべるんじゃないかしら」

「遠くへの旅や白い砂浜は大好きよ」ジャニスが口をはさんだ。

「私もよ」私は話を続けた。「ゴルフだって楽しいわ。でも、私にとってもっと大事なのは、新しいことに挑戦するのが大好きだという私の気持ちよ。何か学ぶことが大好きなの。それに今でも、私にとって仕事は人生のとても大きな部分を占めている。だから、引退したとか、仕事をするのをやめたというのは大したことじゃなくて、自分がそうしたくないと思えば働かなくてもいい経済状態になったことに意味があったのよ。あの時私は、生きるために自分の仕事や会社から入るお金を必要としなくなった。自分のやりたいことをやるという選択肢が持てるようになった。文字通り経済的に自由になって、自分の好きなことができるようになったのよ」

レスリーはもっと聞きたがった。「じゃ、どうやってそういう状態になったか、よかったら聞かせてくれる？　投資からお金が入ってくるとあなたは言った。でも、どうやったらそれだけで引退できるようになるのか、私にはわからない。つまり、仕事をしなくてもいいようになったと言うからには、大金を稼いだんでしょう？　いったいどうやって稼いだの？」

「そもそも私は大金なんて稼いでいないわ」私は説明を始めた。「何年も前に私たちが始めたプロセスの結果だったのよ。ロバートの金持ち父さんはいつも彼にこう言っていた。『自分がお金のためにせっせと働かなくてすむように、お金を自分のためにせっせと働かせる方法を学ぶべきだ』とね。金持ち父さんは、『お金のために働くのが自分自身であるかぎり、決して自由にはなれない、なぜなら、それだとお金が入ってくる状態を維持するために常に働いていなければならないからだ』と言っていた」

「『ロバートの金持ち父さん』ってどういうこと？」ジャニスが聞いた。

「ロバートの親友のお父さんで、家計を助けるために十三歳の時に学校をやめて働き始め、のちにハワイ州で最も財力のある人間の一人になった人よ。ロバートは、お金と投資について自分が学んだことはほとんど、この金持ち父さんから学んだと言っているわ。

ロバートがまだ九歳だった時、金持ち父さんはロバートに、お金を自分のために働かせる方法を教え始めた。一九八九年に私が学び始めたのも同じ教えよ。この年、私は自分のお金を自分のために働かせる方法を学び始めた。投資の世界をはじめて見せてもらったのもその時よ」

「ちょっと待って。投資、投資ってさっきから何度も言っているけれど……」レスリーががまんしきれなくなったように言った。「投資に関しては、私はいくつか現実的な不安があるの。まず、投資って損をするでしょう？　危険すぎると思う。それに、とってもわかりにくい！　投資を理解するにはお金に関して才覚がなくちゃだめよ！　私はアーティストで、小切手帳の残高の確認だってろくにできないんですもの。投資に手を出すなんてこと、絶対にできないと思うわ」

「私はいつも投資は夫に任せてきたわ」パットがそう言った。「私には向いていないみたいだから。とても複雑だし、株式ブローカーが何の話をしているかなんて、私には絶対にわかりっこないわ」そう言ってからパットは次のように聞いた。「あなたは株もやるの？　株を買ったり売ったりしてたくさん儲けているの？私の夫はとんとんにするのがやっとみたいよ」

ジャニスがこう続けた。「私は株式と投資信託を少し持っているけれど、あまり注意は払っていないわ。何年も前に買ってそのままにしている。こういうのは『買い持ち《バイ・アンド・ホールド》』とか言うらしいけれど、実際のところは、買って、値上がりを願っているだけのことよ。それに、自分の仕事が忙しいから、そのことに時間もエネルギーもかけられない」

みんなが話し終わってから、私はしばらく黙って座っていた。みんな私が何と言うか待っていた。私は注意深く言葉を選びながら話し始めた。「投資という言葉を持ち出しただけで、あなたたち三人とも無意識のうちにすぐに反応したわね。レスリーは危険すぎると、パットは複雑すぎると、そしてジャニスは時間がないと言ったでしょう？　今あなたたちはみんな、自分がなぜ投資に向いていないか、その理由を私に説明しているのよ」

私は話を続けた。「ちょっと話を前に戻すわね。レスリーは私にどうやって引退したのか聞いた。私は投資で、と答えた。でも、ここのところはぜひはっきりさせておきたいんだけれど、私のゴールは投資をすることではなかった。金持ちになることも私のゴールじゃなかった。私の目標は経済的に独立することだったのよ。私は早い時期に、自分が、夫だろうが上司だろうが、あるいは親だろうが、相手が誰でも、経済的に他人に頼りたくないと思っていることに気付いた。私にとって、経済的な独立は自由と同じことを意味している。自分が生きていくのに誰かに頼っているかぎり、私は自由ではなかった。それは理屈じゃなく、ただそうだったのよ。私にとって経済的な独立とは、自分がそのために働かなくても、毎月生活費として出て行くお金より多くのお金が入ってくることを意味していた。

それを実現するにはたくさんの方法があるわ。たとえば、もちろん、宝くじっていうのも一つの方法だけれど、大当たりする確率がものすごく低いのはわかっていた。財産を相続する予定はなかったし、お金のために結婚するつもりもなかった」

ジャニスが口をはさんだ。「フィットネスクラブで働いていたエリカを覚えている？ 彼女はお金のために結婚したのよ。相手は三十歳も年上の人！ 彼女に聞いたらすごい話がたくさん聞けると思うわ。あそこは旦那さんと奥さんのどちらが多く浮気をしているかわからないくらいなんだから！」

私たちは一斉に、無表情でジャニスの方に視線を向けた。

「あら、ごめんなさい。ただちょっと耳に入れておこうと思っただけよ」

「今言ったように、私はお金のために結婚するつもりはなかった」私は話を続けた。「世の中にはビジネスで財産を築く人もいる。確かにロバートと私は会社をいくつも作ったけれど、そこには決して成功の保証はなかった。それに、たとえビジネスがうまくいったとしても、自分でそれをやっていきたいという気持ちが、一体どれくらい続くかしら？ だから、投資の世界をはじめて見せられた時、私はとても興味を持ったのよ」

レスリーはちょっと困ったような顔をした。「確かに私はネガティブな反応をしたわ。で、よく考えてみたら、自分が投資という言葉の意味を本当には知らないことに気が付いたわ」

私はにこりとした。「さっき言ったように、私も知らなかったわ。で、正直に言って、私が興味を持ったのは、投資すること自体ではなく、投資から毎月お金が入ってきて、自分は仕事場に文字通り顔を見せなくてもいいっていう考え方だった。レスリー、さっきあなたが言ったように、仕事をしなくてもいいという状態でいるには、誰だってある程度の財産が必要だわ。もし貯金を崩して暮らしていこうと計画していたら、私だって貯金という形の財産が必要だったわ。でも、そうじゃなくて、自分が買った投資から毎月お金が入ってくるとしたら、食いつないでいくためのたくさんの現金を一度に手に入れる必要はない。ここまではわかる?」

三人はためらいがちにうなずいた。

「つまり、将来のためにたくさんのお金を貯めるよりも、毎月着実にお金が入ってくるようにすることの方が、あなたにとっては大事だということなのね?」パットが聞いた。

「そうよ。それがキャッシュフローと呼ばれるものなのよ。つまり、毎月、現金が流れ込んでくるということよ」

「毎月どれくらいのキャッシュフローがあれば足りるの?」パットがまた聞いた。

「いい質問ね。私は、自分が実際に働くかどうかには関係なく、生活費を全部払えるだけのお金、それに加えて、もう少し余分なお金が毎月入ってくるようにしたい。ただそれだけ。とても単純よ。私の場合、最初からそれが目標だった。つまり、自分のライフスタイルを維持できるだけのプラスのキャッシュフローを生み出す投資を獲得すればいいということよ。これがどうしてそんなに大事なことかわかる? 前に言ったように、あの時、三十七歳で私は経済的に自由になった。あの時点で、私はもう会社に顔を出す必要もなくなったし、やりたいと思っていることをし損なうこともなければ、上司からああしろこうしろと言われることもなくなった。『この人生で何をしたいか?』と本当に真剣に考え出したのは、あの時だったと思う。ある意味で、二十年前のホノルルに戻ったようだった。新しい人生に足を踏み入れたばかりで、手を伸ばせば届くところにあらゆる選択肢が用意されている……あの時の方が、お金の心配をしなくてよくなった分、ホノルル時代よりさらによかったわ。ただ自分のやりたいことを選べばよかったのだから。やらなくてはいけないからではなく、やりたいからという理由で何でも選べた。経済的に独立することは、選択肢を増やすことを意味するのよ。

もう一つだけ付け加えさせて。経済力がないから、あるいは夫に経済的に依存しているからという理由でみじめな結婚に縛りつけられている女性たち、あるいは、安定した給料が必要だからという理由でいやな仕事を我慢して続けている女性たち、私はそういう人にたくさん出会う。私の考え方でいくと、そういう女性たちは『自尊心』よりも『安全』を選んだ結果、そこに留まっている。私にとってはこれは反道徳的とも言える最悪の行為だわ。たくさんの女性が、経済的な理由から、不幸な状況や環境を自ら選んでおきながら、『大事なのはお金じゃない』なんて言っている。お金は、たいていの人が認める以上に大きな役割を女性の人生の中で果たしていると思う。自分の心に聞いてみて。みんな、もし欲しいだけのお金が手に入ったとしたら、この点については別の生き方をしているだろう……と思うようなことがいくつかあるんじゃない？お金は女性を縛り付けておく力も、また自由にする力も持っている。そして、お金にそのどちらの力を持たせるかは本人次第なのよ」

テーブルのまわりに座った三人の女性たちは黙っていた。みんな私の話に興味を持ち始めたようだった。

●女性が投資家にならなくてはいけない理由

最近、こんな経験をした。若いジャーナリストが近づいてきて、かなり激しい口調でこう言った。「女性たちに、自分のお金は自分で管理しなければいけないとわからせる必要があると思います。他人をあてにして、それを代わりにやってもらうことはできないんです！」この女性ジャーナリストとしばらく話すうち、彼女がなぜそんなに感情的になっているのか、その理由がわかった。それは、五十四歳の母親が最近離婚したからだった。母親は基本的に文無しの状態で一人になり、娘のところに引っ越してきた。その結果、彼女は今では自分自身と母親の二人を養わなければならなくなった。このような状況は、若いジャーナリストの目を覚まさせるのに充分だった。実際、かなり手荒く目を覚まされた。将来を考えてみた彼女は、もし自分の安定した給料がストップしたら、毎月七千ドルもの赤字が出ることに気が付いた。そして、突然、何かしなくてはと考えるようになったのだ。

本書の「はじめに」でも言ったように、投資のやり方——株を買ったり売ったりする方法、賃貸不動産を管理する方法、ビジネスへの投資を分析する方法など——は男性の場合でも女性の場合でも同じだ。でも、なぜ投資家になる必要があるかという理由となると、男性と女性では大きく違ってくる。

私たちは自分たちが、母親の世代が生きてきた人生と大きく異なる人生を生きていることを知っている。でも、それでは一体どんなふうに異なっているのかと改めて考えてみたら、その差の大きさにびっくりするかもしれない。投資という名のこの「ゲーム」になぜ女性が参加する必要があるのか？　それを裏付ける確かな理由を六つ、次に挙げてみよう。

●理由1——統計が示しているから

女性とお金に関する統計を見ると、実に驚くべきことがわかる。次に挙げるのはアメリカにおける統計だが、私が知る限り、世界のほかの国々でも、同じような状況か、そうなる傾向にあるかのいずれかだ。

アメリカでは——

- **五十歳以上の女性のうち四十七パーセントが独身である。**（これは経済的に自分で自分の面倒を見なければいけないことを意味する。）
- **女性の引退時およびその後の収入は男性より少ない。**その理由は、女性の方が就業期間が短いからだ。

就労期間中、女性は平均して十四・七年間、男性は一・六年間、仕事から離れる（一般的に、女性が家事・育児を中心的に担っているため）。これに加えて、女性の方が給料が少ないことが影響を与え、結果的に退職金や年金が男性のわずか四分の一になる。（National Center for Women and Retirement Research［NCWRR］）

- **結婚した夫婦のうち五十パーセントは離婚する。**（その時、子供を引き取るのは一般的にどちらの親だろう？　女性の側だ。そうなると、女性は自分自身と子供に対する経済的責任を一人で負うことになる。また、夫婦間のいさかいの一番の原因はなんだろう？　これもまたお金だ！）
- **離婚した最初の年、女性の生活程度は平均して七十三パーセント低下する。**
- 二〇〇〇年現在、**女性は平均して七年から十年、男性より長生きすると予測されている。**（Ann Letteresee, June 12, 2000）これは、女性がその間、自分で食べていかなければならないことを意味している。特に、戦後のベビーブームに生まれた団塊の世代の既婚女性は、平均して十五年から二十年、夫より長生きする可能性がある。
- 一九四八年から一九六四年の間に生まれた女性は、**貯蓄や年金では生活費をカバーできないため、少なくとも七十四歳まで労働市場に留まる可能性が強い。**（NCWRR, 1996）
- **経済的に困っている高齢者のうち、四人に三人は女性であり**（Morningstar Fund Investor）、**そのうち八十パーセントは夫が生きている間は経済的に困っていなかった。**
- **十人の女性のうちおよそ七人はいつか貧困生活を経験する。**

これらの統計は何を意味しているのだろう？　これらの数字は、経済的に自分で自分の面倒を見るために必要な教育を受けていない女性、つまりそのための準備ができていない女性がどんどん増えていることを示している。特に、年をとるにつれてこの傾向は強くなる。私たち女性は、家族の世話をするために人生のほとんどを費やしてきたが、死活に関わる肝心な側面、経済的な面から自分自身の面倒を見るのに必要な能力を持っていない。私たちは自分に代わってそれを誰かがやってくれることを、つまり夫や恋人、上司、子供、政府などが面倒を見てくれることをあてにしている。あるいは、そうなるのが当然だと頭から信じている。確かに、私たちが子供の頃から聞かされてきたおとぎ話ではそうなっていた。

●心にとめておくべき三つの統計

- 全女性のうち九十パーセントは、いつかは自分の経済状態に関する責任を一人で負うことになる。だが現実には、全女性の七十九パーセントがこのことを考慮に入れた計画を立てていない。
- 団塊世代の女性のうち五十八パーセントは、引退後の生活資金として一万ドル以下しか持っていない。
- 団塊世代の女性のうち引退後経済的に安定した状態でいられるのは、二十パーセント以下だと見積もられている。(Ms. Magazine, 2002)(これは女性の八十パーセントは経済的に安定した生活を送れないことを意味する。でも、今この本を読んでいるあなたは、残りの二十パーセントの仲間入りをする可能性が高い。理想を言わせてもらうなら、より多くの女性が投資の世界に足を踏み入れ、それによってこの割合が大幅に増えたらすばらしい!)

●理由2――依存せずに自立できるから

離婚するかもしれないと思いながら結婚する人はいないし、途中で解雇されることを考えながら新しい仕事に就く人もいない。だが、そういうことは起こり得るし、今の時代はその可能性がどんどん増えている。このことはすでにお話ししたが、もしあなたが今、夫や上司、そのほかの人や団体・機関に自分の将来の経済状態を依存しているとしたら、もう一度考え直した方がいい。事情はどうあれ、ともかく将来もそれがそこにあるとは限らないからだ。残念なことに、現実に自分自身がそういった状況に追い込まれて目を覚まされるまで、どんなに自分が他人に依存しているか気付きさえしないことが多い。

ここで、私の個人的な経験を一つお話しする。ロバートと私は、最初のデートの日から一カ月後にビジネスを一緒に始め、それ以来ずっとビジネスパートナーでいる。私たちはこれまでに、いくつか一緒にビジネスを起こしている。

起業について教える教育会社を始めてから六年ほどたった頃、ちょっとした意見の食い違いがあり、おかげで私は現実を再認識することになった。当時、その会社はオーストラリア、ニュージーランド、アメリカ、香港、シンガポール、マレーシア、カナダの七カ国で事業展開していた。私たちはロバートを会社の表看板、スポークスマン、ビジョンを象徴する人と位置づけてビジネスを構築していたが、それは完全に理にかなっているように思えた。ところが、ある日、ロバートと私の意見が食い違い、大きな言い争いに発展した。すっかり頭にきた私は、言い争いのさなかに家を飛び出した。この時はもう二人ともすっかり理性を失っていた。少し考える時間が必要だと思った私は、家の近くの森林保護区を散歩することにした。歩きながら一人で考えているうち、ある現実が見えてきて私はショックを受けた。

私はそれまでずっと、自分が自立していることを誇りに思っていた。ハイスクール時代にはじめて仕事に就いた時から、自分でお金を稼げる限り、誰にも頼らないで生きていくのだと思っていた。そして、確かにあの教育会社はロバートと二人でゼロから築いたものだった。でも、あの日、森の中で、現実が突然はっきりと見えてきた。もしロバートと別れるようなことになったら、結婚生活ばかりでなくビジネスも失う！

私は突然、そのことに気が付いた。ロバートは会社の表看板だったから、彼がいなくなれば会社はつぶれるだろう。そして、もし彼が会社に留まると言うなら、私が去るしかない。どちらにしても、現実は変わらない——私は自分ではまったく気付かないまま、ロバートに完全に依存する状態に自分を置いていたのだ。そんなことをした自分が信じられなかった！　ロバートが私と同じような見方をしていないのはわかっていたが、ともかく私にはそう思えた。この現実は私の目を覚まさせるのに充分だった。それがわかったあとは、どんな決断でも、自分が下した決断が自分にとっていい決断となるようにしたいと思った。私の銀行の口座にとっていい決断であるよりも、自分にとっていいことが先決だと思うようになったのだ。

その後、ロバートと私は意見の相違を調整し、和解した。二人ともおたがいにずっと一緒にいたいと思っていることはとてもはっきりしていた。でも、この出来事は私の人生に大きな影響を与えた。私はすでに二、三の賃貸不動産を買っていたが、それは趣味のようなものだと思っていた。でもこの出来事のあとは、それを自由を得るための手段と考えるようになった。私の中に投資に対する情熱が生まれ、それが単なる趣味ではなく使命となったのはこの時だった。

投資家になってみて、思いがけない大きなボーナスが一つあった。投資という名のゲームがよくわかるようになり、仕事をせずに不労所得を得る方法をマスターした時、私はやっと自分がロバートを必要としなくなったことに気付いた。確かにそれ自体すばらしいことだったが、私にとってもっとすばらしかったのは、ロバートと一緒にいたいという気持ちが、必要からではなく、純粋に「そうしたいから」という理由から出ているとわかったことだ。私たちが一緒にいたのは、おたがいに一緒にいたいという、ただそれだけの理由からだった。

もう一つ、私が得たすばらしい贈り物は、このプロセスを通して自分を大事に思う気持が強くなったことだ。その結果、ロバートと私は前よりもっと尊敬し合い、愛し合うようになり、結婚生活の中でさらに平等な関係を保ち、より多くの幸福を分かち合うようになった。

●理由3――ガラスの天井がないから

企業で働く多くの女性にとって大きな障害の一つは、「ガラスの天井」の神話だ。ガラスの天井とは、女性が企業の昇進のはしごをある高さまでしか登れないことを意味している。

投資の世界では、男だろうが女だろうが、どんな人種の人だろうが、また、大卒だろうがハイスクール中退だろうが、関係ない。関係があるのはただ一つ、お金に関してどれくらい頭がいいかだけだ。大事なのは教育と経験だ。賢く投資を選べるようになれば、それだけ投資家として大きな成功を手に入れられる。投資の世界では女性に対して何の制限もない。ガラスだろうが何だろうが、あなたの頭上に天井はない。

●理由4——収入に制限がないから

ガラスの天井や、依然として存在する男女の給料格差のため、女性の場合、稼げるお金の量に制限があることが多い。さまざまな調査によると、教育や経験の量が同じ場合、女性は男性が一ドル稼ぐところを約七十四セントしか稼げない。投資の世界では、稼げるお金の量に制限はない。投資家としていくら稼ぐかは、百パーセント自分でコントロールできるし、責任もすべてあなたにある。

私は自分がいくら稼げるか他人にあれこれ言われたくなかったから、収入に制限がないという投資の世界にとても魅力を感じた。

●理由5——自尊心が高まるから

個人的に言わせてもらうと、女性が投資家になった場合の利点のうち最大のものの一つはこれだと思う。女性の自尊心が自分で生活費を稼げる能力と深い関係を持っているというのは、珍しい話ではない。人生の経済的側面を誰かに依存しているという状況は、自分に価値があると感じる気持ちを減らす。お金の問題がなければそうはしない、というようなことをやってしまうこともある。

経済的に自立する方法を知ったとたんに、自尊心がぐっと高まったという女性に私はこれまでにたくさん会っている。それに、女性の自尊心が高まると、その人を取り巻く人間関係もよくなる傾向がある。自分自身についてポジティブに考えることができ、自分の本当の気持ちに合った選択をすることができるようになるので、人生全般がいい方向に向く。わずかでも何か成し遂げるたびに自信が強まり、自信が強まると自尊心も高まる。そして、高い自尊心を持っていると、より大きな成功が手に入り、その成功が最終的に最もすばらしい贈り物につながる。その贈り物とは自由だ。

●理由6――自分の時間を自分でコントロールできるから

投資をしようとする女性にとって大きな障害は時間だ。これは男性より女性の場合によく問題になる。特に、起きている間はつねに子供の世話に追われている……という母親たちの場合、時間がなくて当然だ。次のように私に話す女性はたくさんいる。「仕事から帰ってきたら夕食の用意をして、子供の宿題を手伝って、食器の片づけをしなくてはいけない。みんながベッドに入り、やっと自由な時間ができたと思った時には、もう疲れ果てている！」

投資家は自分の時間を自分でコントロールする。投資はパートタイムでもフルタイムでもできる。家でも仕事場でも、どこでもできる。

投資はまた、子供と一緒にもできる。賃貸不動産や、見込みのありそうな投資用ビジネスを見に行く時、子供も一緒に連れて行くと私に話す母親もたくさんいる。投資のプロセスに子供を参加させることがとてもいいのは、それが子供に対する投資家教育になるからだ。あなたが子供の先生だ。金持ち父さんがロバートの先生だったのと同じように。

私には子供がいないが、親が子供と一緒に時間を過ごしたいという気持ちはよくわかる。子供が成長するのを見守りたい、子供がはじめて何かをした時にその場にいたい――そういう気持ちは親として持って当然だ。そのためには、人間に与えられる自由のうち最もすばらしい自由、時間の自由が必要だ。投資家になれば、時間を自分の思い通りに使える。子供と一緒に過ごそうが、夫や妻、恋人と一緒に過ごそうが、休暇を取ってどこかに出かけようが、将来見込みのありそうな投資対象を見に行こうが、あなたの好きに使える。あなたの時間を管理するのはあなたなのだから。

●まとめ

今取り上げた六つは、女性と投資が仲良く手を取り合ってやっていけるのはなぜか、それを裏付ける理由だ。統計は、女性にとって時代がどんなに大きく変わったかを示し、実社会でのファイナンシャル教育（お金に関する教育）がもはや余暇にたしなむ贅沢ではなく、なくてはならないものだということを教えてくれる。自分の将来の経済状態を誰かに依存しているのは、ラスベガスでサイコロを振るようなものだ。いつかは勝つかもしれないが、そのためのリスクが大きすぎる。ガラスの天井や収入に限りがあることに対しては、多くの女性が長い間戦い続けているが、そのどちらも投資の世界には存在しない。そんな投資の世界には、二つの大きな贈り物があなたを待っている。それは、自尊心を高く保てることと、自由に使える時間が持てることだ。あなたにもこの二つを手に入れるチャンスがある。今の時代、もはや投資は女性にとって単なる「いいアイディア」ではなく、人生の「必需品」になっている。

第六章……

「そんな時間はない」

「自分の選択に責任があるのはひとえに自分自身であり、一生を通して、自分のすべての行為、言葉、思考から生まれた結果を受け止めなければいけない」

——エリザベス・キューブラ・ロス

まずパットが口を開いた。「今の話は、まったく目からウロコだわ。経済的に夫に依存している状態がどんなものか、私にはよくわかる。お金に関わることを決める時、夫がいないと、いつも何となく悪いような気がする。それは、お金を稼いでいるのは夫なんだから、私はあまり口は出せないと感じているからよ。私が好きなように使うお金は、少しだけれど別にとっておいてあるの。

でも、今私がとてもショックで、自分のことのように胸を痛めているのは、ある親しい友達のことよ。この友達は二十二年間の結婚生活のあげく、離婚しようとしているの。そうなったら、彼女は子供の養育費以外、ほとんど何もない状態になる。今あなたが言った統計にぴったりあてはまるケースね。もうじき五十歳になる彼女は、これから何とかして生計を立てていかなければいけない。履歴書に何を書いたらいいのか、とても困っているわ。不安でたまらないのよ」パットはそう言って話を終えた。

ジャニスが少し心配そうな顔でこう言った。「一つ聞いてもいい？　私は自分でやっている今のビジネスが大好きよ。働ける限りは続けたい、あるいは、最終的にこのビジネスを売って相当な利益を得たいと思っている。私の場合、なぜ投資をする必要があるのかしら？　すでにしっかりしたプランがあるように思うけれど」

「あなたはすばらしいプランを持っているわ」私はジャニスに向かってそう言った。「私が今言っているのは、ほかに選択肢を持つことよ。あなたのプランが計画通りに進めば、それは本当にすばらしいわ。私はあなたのことをよく知っているから、あなたはきっとそれを実現させると思う。リッチダッド・カンパニーの場合、それを始めた時、私たちが経済的な独立をすでに手に入れていたことが、会社を大きく成功させるのにとても役立った。会社を始めた時、ロバートと私は生活するのに会社からの収入を必要としていなかった。パートナーのシャロンも同じだった。だから、どんなことを決める時でも、『自分たちが一番儲かるのはどの方法だろう？』と考えるのではなく、『会社にとって一番いいのはどうすることだろう？』と考えることができた。そのこと一つで、私たちの会社の成長は大きく加速された。会社にとってよりよい選択ができたからよ。

あなたと同じように自分の仕事が大好きだという女性の例を一つ話すわね。私のとても仲のいい友達のキャロルは歯科医で、自分でクリニックをやっている。最近乳がんと診断されたんだけれど、幸い早期発見だったので、今は元気にしているわ。キャロルはその大変な時期が終わった直後に私に電話をしてきて、こう言った。『これは私にとって大きな警鐘になったわ。歯科医として成功していて、収入もたくさんあり、仕事も大好き……そんなところへ突然がんの宣告よ。私はすぐに、働けなくなったらどうなるだろうと考え始めた。安定していた高収入もすぐにゼロになる。貯金は一年くらいは持つかもしれないけれど、そのあとは何もなくなる……。本当に不安だったわ。がんと戦わなければならなかっただけでなく、それに加えて、もしかしたら金銭的にどうしようもない状態になるかもしれないという問題も抱えていたんですもの』

キャロルはこの警鐘のおかげで、今はいくつか賃貸不動産を持っていて、毎月そこからかなりの収入を得るようになったし、クリニックも自分がいなくても診療が続けられるようにシステムを作り直している。自分がそうしたいと思った時に仕事をやめられるようにね。

キャロルの場合もあなたの場合と同じよ。自分自身に選択肢を与える。ただそれだけのことよ」私はそう話を締めくくった。

ジャニスは「なるほど」とうなずいていた。

●女性が一番よく使う言いわけ

「でもジャニス、あなたの質問は、何か新しいことをしよう、たとえば投資をしようという時に、女性がまず自分に聞かなければいけない、一番大事な質問だったのよ。そう、そういう意味で言ったら、女性だけじゃなくて誰にとっても大事だわ」

「私、どんな質問をしたの？」

「正直に答えなかったら、成功の可能性をだめにしてしまうような質問よ」私はそう言った。「まず一つ言わせて。私が今日ここに来たのは、あなたたちに話をして腕利きの投資家になってもらうためじゃないわ。それがあなたたちにとってとてもいいことだと思っていてもね……。私たちが今日ここに集まったのは、おいしいランチを食べながら、近況を報告し合い、昔話に花を咲かせて楽しい時を過ごすためでしょう？」

「そんなことはいいのよ」とパットが言った。「こういう話の方がおもしろいわ」

「それならよかった。だって、私、この何年かの間に自分が学んだことを、自分が大事に思っている人たちにも知ってほしくて、その気持ちを抑えきれないことがよくあるのよ。で、一度しゃべり始めると止まらなくなるの。だから、もし私がお説教じみた口調になっていたら、ごめんなさい。

私がこれまでにしてきたこと、学んできたことは、頭がよかったからとか、大学を出ていたからとか、特殊技能があったからとか、ほかの人より物事を知っていたからとか、そんな理由でできたり学べたりしたわけじゃないわ。それに、何かすばらしいアイディアが浮かんだからできたわけでもない。今言ったようなことはどれもまったく関係ないのよ。私が学んだことはすべて、たくさんの偉大な『先生たち』から学んだことなの。その先生の多くは、自分が先生だということすら知らないけれど。私の先生は、ビジネスをやっている人や、投資家、本や記事を書いている人たち、それに両親や友達よ。投資のことや、自分がしていることについて話す中で、私があなたたちに伝えようとしていることは、こういった人たちの知識や経験を合わせたものなのよ。

本当に私は、あなたたちに何かをやらせるために話をしに来たわけじゃないのよ。ちょっと熱が入りすぎるのは、投資という名のこのゲームに参加したことで、人生がいい方向に向き始めた女性をたくさん知っているからよ。さあさあ、私が熱弁をふるうより、今はせっかくの再会を楽しみましょう。もっとこの話がしたければ、またほかの時にすればいいわ」

●大事な質問

「ちょっと待って」ジャニスが口をはさんだ。「あなたは私が大事な質問をしたと言ったわね。それが何だったのか、聞きたいわ」

私はパットとレスリーの方を見た。「あなたたちも聞きたい？　あとでジャニスと話すこともできるけれど」

「いいえ、今話してちょうだい」レスリーがそう言い切った。「私もぜひ聞きたいわ。今の話にはただ驚くばかりよ。だって、本当に正直に言って、こういったことについて私はずっと答えを探していたんですもの」

パットが次のように付け加えた。「あなたの話には私も興味があるわ。耳が痛い話もあるけれど……。先を続けてちょうだい」

「わかったわ」と私は始めた。「ジャニスはとても大事な質問をした。でも、その質問について話をする前に、ちょっと下準備をさせて。みんなに一つ聞くわよ。みんなで毎週三日、朝から晩までエクササイズをしてやせましょうと提案したら、何て言う？」

「私は忙しすぎるわ。そんなにしょっちゅう自分の会社を放っておけないもの」まずジャニスがそう答えた。

「ええ、私も週に三日休みをとるなんてできないわ。時間が長すぎる」次にレスリーがそう言った。

「私も時間があればね。ぜひ参加したいわ。この頃本当に太っちゃったもの」最後にパットがそう言った。

「時間よね。一番問題なのは時間、そうよね？」私はそう聞いた。三人はうなずいた。「私たちはみんな忙しすぎる。時間がないのよ。たとえそれが自分にとっていいことだとわかっていても、そんなに多くの時間を割かなければいけないことは無理なのよ」

「で、何が言いたいの？」レスリーが聞いた。

私は話を続けた。「私たちは何かをしたくない時、よく言いわけを使う。『理由』ということにしてね。理由はどれも理屈に合っていて、なるほどと思えるけれど、実は『そうするつもりはない』とか『したくない』と言いたいところを別の言い方をしているだけなのよ。で、この言いわけとして、あるいは理由として、今一番よく使われるのは何だと思う？」

「時間がない！」レスリーがそう言った。

「その通りよ。そして、確かに私たちは時間がないことが多い。みんなとても忙しいのは本当だわ。私たちはよく『一日が二十四時間以上あればいいのに！』と言うわよね。女性の場合は本当に切実な問題よ。フルタイムの仕事を持っていて、子供や夫、あるいは恋人がいる、さらにそれに加えて毎日やるべきいろいろな活動がある……そんな女性はたくさんいるわ。だから、さらに時間をとるような活動をもう一つ加えたらどう？　なんていう話を誰かが持ってくると、もうだめ！　と爆発しそうになるのよ。

『時間がない』と言うのは、ただ『今すでにやっている活動の方があなたの勧める活動より大事だ』と言っているのと同じことなのよ。『時間がない』と言うのがいいとか悪いとか言っているんじゃないわ。あなたが自分に聞かなければいけないのは『本当に一番大事なのは何か?』ということだと言いたいのよ。すでに時間がなくてアップアップしていて、これ以上何か付け加えるなんてとても考えられないからという理由で、時間がないという言いわけを反射的に口にしてしまうことが多すぎると思うのよ」

「じゃあ、もし本当に仕事やそのほかの活動で目一杯になっていて、どうしたって時間がないという場合はどうするの?」ジャニスがそう聞いた。

「それもいい質問ね」私はそう答えた。

「質問するのは得意なんだけれど、答えるのが苦手なのよ」ジャニスはそう言って笑った。

「あなたがさっきした大事な質問への導入部として完璧だわ」私はそう応じた。「投資を始めることについて話をした時、女性から返ってくる理由、あるいは言いわけで一番多いのは、お察しの通り、時間がないということよ。じゃあ、家族と過ごす時間や仕事、ボランティア活動、スポーツ、そのほかの活動——友達との付き合いや毎日の家事はもちろんよ——をすべてをぎりぎりで詰め込んでいる状態だったら、どうやって時間を見つけたらいいのかしら?

残念なことに一日の時間を増やすことはできないわ。たくさんの女性と話してみたけれど、どうやら、時間の見つけ方の鍵は、ジャニスがさっきした大事な質問に答えることにあるようよ」

「で、その質問というのは何?」ジャニスが先を急がせた。

「あなたが聞いた大事な質問というのは『なぜ投資をする必要があるか?』ということよ」

三人の女性は狐につままれたような顔をした。

「なぜそれが一番大事な質問なの?」わけがわからないという顔でレスリーが聞いた。

●人によって違う「個人的な理由」

「なぜなら、たいていの人が、投資の第一歩はその方法を学ぶことだと思っているからよ」私はそう答えた。

「いい不動産ブローカーを見つける方法、コールオプションを買う方法、投資に向いたビジネスを見つける方法……そういったものを学ぶのはそれほどむずかしくない。いくらかの時間――またこの言葉ね――と教育が必要なだけよ。でも、投資の本当の第一歩は方法を学ぶことではなくて、なぜ投資をしたいか、あるいは、なぜ投資を必要としているか、その理由を見つけることなのよ。つまり、なぜこんな大変なことにチャレンジするのか？　いい投資家になるために時間とエネルギーを費やそうと自分が思う本当の動機は何か？　こういった質問に対する答えを見つけることが大事なのよ」

「毎日仕事に行かなくてすむだけのお金を儲けたい、ただそれだけよ」レスリーが率先してそう答えた。

「『毎日仕事に行かなくてすむだけのお金を儲けたい』って、それだけで、本を読んだり、あちこち歩き回ったり、セミナーに出席したり、投資の専門家に会って話を聞いたり、そのために休日を返上したりできる？」私はそう聞いた。

「わあ！　何だかやることがたくさんありすぎるみたい。考えるだけで疲れちゃうわ！」レスリーが答えた。

「そうだとしたら、あなたが投資をする理由は今言ったことじゃないわ。それでもやろうっていう気にならないんだったら、投資をする理由としては弱いし、『どうしてもやらなければならない理由』にはならないわ」私はそう説明した。

「じゃあ、どうしてもやらなければならない理由っていうのはどんな理由なの？　例を挙げてくれる？」パットが聞いた。

私は一瞬考えた。「いいわ。さっき私は、毎週三日、朝から晩までエクササイズをするのはどうっ て聞いたわよね？」みんな「そうだ」とうなずいた。「あの時、どうしてもそれをやらなければならない理由を持っている人はいなかった。それは確かだわ。みんな、そうできない理由、それだけの時間を費やすことを自分に約束できない理由を持っていた。そうだったわよね？」

三人はまたうなずいた。

私は話を続けた。「医者のところへ健康診断に行って、あなたはすごく珍しい病気にかかっている、もし毎週三日、朝から晩までエクササイズをしなかったら死ぬと言われたらどうかしら？　それは、どうしてもそうしなければならない理由になると思わない？」

三人は目を大きく見張った。

「確かにそうなるわ！」ジャニスが言った。「エクササイズをすることが一気に優先順位のトップに躍り出るわ」

「ほらね！」私は興奮気味にそう言った。「はじめは、エクササイズをすることはあなたの人生でまったく優先権を持っていなかった。でも、理由が見つかれば、それは優先順位のトップに躍り出る。個人的理由を見つけることが大事だと私が言う理由は、まさにそういうことなのよ」

「つまり、本当の理由を見つけなければ、それは優先事項にならなくて、たぶん結局はやらないということね」パットが言った。

「あるいは、やり続けられない。たとえ始めたとしても、そのうち興味を失ってあきらめてしまう」私はそう付け加えた。「みんな、とても大事そうに思えて何かやり始めたのに、どうしても終わらせることができなかったということがいくつもあるんじゃないかしら？　それはもしかすると、すごくいいアイディアに思えたけれど、それをする本当の理由を見つけるのに時間をまったくかけなかったために、やり遂げられなかったのかもしれない。投資の世界に足を踏み入れたかったら、山のようにたくさんのことを学ばなくてはならない。だから、『もっとお金儲けをしたい』とか『賃貸不動産を買いたい』、あるいは『引退したい』とかいった理由では充分じゃないのよ。今言ったようなことはどれも理由にはなるけれど、あとになってちょっと大変になってきて、『もうたくさんだ』と思い始めたり、なかなか思い通りの結果が得られなかったりしてやめたいと思った時、そういった理由があなたの背中を押し続けてくれるかどうか疑問だわ。あなたの個人的理由は、とても大きくて、決定的なものでなければいけない。そうすれば、一体私は何をやっているのだろう?……と疑問に思い始めた時に、その理由があなたを先に歩み続けさせてくれる」

「つまり、『投資をしなくてはいけない』とか『誰かがそれはいい考えだと言ったから』などと自分に言い聞かせるだけでは、歩み続ける力にならない、なぜなら、それではまだ、私自身に利益をもたらす決定的な理由、それをやることの本当の意味が見つかっていないから、ということなのね」レスリーがそう言った。

●本当の理由を見つけた人たち

「その通りよ。私は最近、すばらしい『本当の理由』を見つけた人の話を聞いたわ」私はそう話し始めた。「ピーターという名前の男の人の話よ。七歳の息子を一人で育てているピーターは私にこう言った。『私はエンジニアです。息子には朝、数分会うだけで、息子はそのあとクラスメートの親が運転する車で学校まで送っていってもらっていました。私はそのまま仕事に行って、運がよければ息子がベッドに入る前に家に帰ることができる……といった状態でした。経済的に自由になりたいと私が思った理由は簡単です。毎朝、自分で息子を学校まで送って行きたい、それだけでした。で、四年かかりましたが、今、私は自由です。投資からのキャッシュフローが、私の生活スタイルを維持するのに充分な額になったんです。今では毎日息子を車で学校まで送っています。ロサンゼルスの高速道路で、朝のラッシュアワーのさなかに運転席でにんまりとしているのはおそらく私くらいのものでしょう』こういうのが、本当に価値のある理由なのよ」

「その話を聞いてお隣の人のことを思い出したわ」レスリーが言った。「彼女とはけっこうよく話をするのだけれど、いつも、一人で子供を育てる親として一番もどかしく思うのはどんなことか、いろいろ話してくれる。彼女自身の両親も五歳の時に離婚していて、父親が彼女を引き取った。でも困ったことに、その父親はほとんど家にいなかった。いつも仕事をしているか、どうせ別れることになる次のガールフレンドを追いかけているか、そのどちらかだった。うちのお隣の人は、大人になるまで、親からの精神的サポートも、生活の安定もほとんどなかったと言っていたわ。基本的には、何人ものベビーシッターに育てられたようなものだったんですもの。そんな自分の経験から、大人になった彼女は、自分の子供には、誰かに愛され、守られ、毎日しっかり世話をしてもらっているとわかってほしい、ただそれだけを望んでいたのよ。今の彼女の願いは、できるだけ長い時間、子供と過ごしたい、それだけなのよ。でも、ほかの多くの女性と同じように、彼女にも大きなジレンマがある。それは、家族を養うためにフルタイムで働かなければならなくて、そのためには昼間だけでなく夜も働かなければならない時もあるということよ。だから、彼女にはきちんとした本当の理由がある。ただ、それに関してどうしたらいいか、わかっていないだけなのよ」

「私の妹も同じようなケースだわ」パットが言った。「本を開いて中身を読める年になってからずっと、妹は世界を旅することを夢見ていた。海外のいろいろな場所についての本を、いつもむさぼるように読んでいたわ。学期末のレポートはいつも、どこか遠くの見知らぬ土地がテーマだった。いつか旅したいと夢見ている世界中のいろいろな場所について、パンフレットや記事をたくさん集めていた。今でもいつも、年をとって充分楽しめなくなる前に夢を実現させたいと言っているわ。今日私たちが話している内容を聞いたら、妹はきっと興味津々になるわ」

「なぜやるかという理由は数え切れないほどあるわ。誰でも一つは持っていると思う。ただそれを見つけるのに充分な時間をとらないだけよ。残念なことに、多くの人の場合、何か警鐘となる出来事が起きて、ほっぺたを叩かれて目を覚まされるまで、自分自身の本当の理由に気が付かないのよ」

「警鐘となる出来事ってどういうこと？」ジャニスが聞いた。

「さっきした歯医者の友達の話を覚えている？　彼女自身の本当の理由は、がんの診断を受けた時に、これ以上ないほどはっきりした。彼女の場合、実際のところ、警鐘となる出来事は二つあった。一つは当然、健康のことよ。彼女はがんについて調べ始めた——原因として考えられることは何か？　完全治癒率を高めるために生活の中で何か変えられることはないか？　食事や仕事のスケジュールを変える必要があるか？　突然、彼女にとって健康が一番の関心事になったのよ。

二つ目の警鐘はお金に関することだった。もし自分が働けなくなったら収入がなくなる。彼女はそのことに気が付いたのよ。貯金はないも同然だった。働く以外に生活費を得る方法はなかった。不意打ちだったけれど、自分の経済状態を長い目で見て、自分でコントロールし始めるのに必要な一撃だったのよ」

「そういうことはよく健康に関して起こるわね。私も例を見てきているわ」ジャニスが付け加えた。「たいていの人は健康上の問題を抱えるようになるまで、健康第一なんて絶対考えない。深刻な病気にかかってはじめて感じる恐怖が警鐘になるのね。私の場合はいつも、朝目覚まし時計が鳴るたびに葛藤が始まる。ベッドから出てジムに行くか、寝返りを打って目覚まし時計に背を向けて寝なおすか……」

「私もそういうのは何度か経験したことがあるわ」レスリーが顔をしかめて言った。

「私も同罪よ。何度かどころじゃないわ」私はそう付け加えた。「ここで、『時間がない』という言いわけナンバーワンに話を戻しましょう。投資したい本当の理由を見つけたら……あるいはほかの何でもいい、何か新しいことをなぜやりたいか、その理由が本当に見つかったら、その言いわけはどこかに消えてなくなる」

「なぜかというと、やりたいと思っているそのことが人生で最優先事項になるから」パットが私の話のあとを続けた。「そして、どうしてそうなるかというと、そのことが本当に自分にどのような利益をもたらすかわかるからよ」

レスリーが話に飛び込んできた。「これって本当に、二十年前、私たちが社会人になり始めた頃と同じね。あの頃、私たちの最優先事項は仕事に就くことだった。一番の関心事はキャリアだった。それに挑戦することに胸を躍らせていた！　一番時間を使ったのもそのためだった。海岸での遊びや男の子とのデートに使う時間の合間を縫ってね……。私たちにとって、そのことが一番大事だった。で、誰もがその目的を果たした。でも、そのあと、私の場合は、人生における優先事項を自分で意識的に決めるのではなくて、人生で出会ういろいろな出来事にただ反応するだけになっていた。そのために、私の人生は最初に考えていたものからこんなにも違ってしまったんだわ。私は自分にとって優先事項だったことを本当の優先事項にしなかったのよ」

「とっても哲学的な考え方ね」ジャニスが軽く冗談を言った。「でも、まじめに言って、これは本当にとてもためになる話だわ。だんだんわかってきたけれど、私の場合は、未来に関してたった一つの選択肢しか自分に用意していない。つまりビジネスを築き上げて、それを売るという道よ。それがうまく行けば確かにすばらしい。でも、思いがけないことが起こったり、私が疲れ果ててしまったりしたらどうなるのかしら？　私には一つだけじゃなくて、複数の選択肢が確かに必要だわ。それに、特に、自分がそのためにせっせと働かなくても毎月お金が入ってくるというアイディアはすごくいいと思う。もっと詳しく教えてちょうだい。だって、そういったことについて私は本当に何も知らないんですもの。それから、私自身の本当の理由、つまり、あなたが言う『経済的に独立した状態』になるために、これから時間とエネルギーを費やそうと決心する理由についても考えるわ。私のビジネスがどうなろうと、お金の心配をしなくていいというのは、本当にすばらしい考えだわ！　とっても自由になれる気がする！」

「私が今のいろいろな話から感じていることはこうよ……」パットが付け加えた。「私はこれまで、何をするにしても、そうする自分の本当の理由は何だろうと立ち止まって考えたことがなかったと思う。する必要があるからそうする、ただそれだけだったわ。『これが私にとって優先事項だ』なんて、じっくり考えたことなんてない。なぜ自分がそうしているかなんて考えないで、ただ毎日の生活に流されている、というのが本当のところよ。あなたの言うようなことが実現できたら、自分の人生をコントロールする力を今よりずっと多く持てるのよね。それはよくわかる。すごくわくわくするわ！」

レスリーが大きな声で聞いた。「一体どうして私たちこんなにシリアスな話を始めたの？　ふう！　すてきなランチの時間をゆっくり過ごすはずが、自分たちの世界を変える話をしているなんて！　一体誰がこんな話を始めたの？」私たちはみんな一瞬黙った。それから、レスリーが話を終わらせた。「まあいいわ。誰が始めたにしろ、その人に感謝するわ。私にとってまさに必要な話だったんですもの」

私たちはおたがいに連絡を取り合うことを約束した。次の時には、もしかしたらマーサとトレーシーの話も聞けるかもしれない。このランチはすばらしい再会のひとときを私たちに与えてくれた。それぞれに努力してこの集まりに出てきたことをみんな喜んでいた。このランチを企画、準備してくれたことに対して、最後にもう一度パットに拍手を送ったあと、私たちは活気に満ちた外の通りに出て、タクシーを待った。最初のタクシーが近づいてくると、ジャニスが大声で言った。「まあ、大変！　三十分前にあのオープニングセレモニーの会場に行っていなくちゃいけなかったんだわ！　すっかり時間を忘れていた！」タクシーに飛び込みながら、ジャニスはこう続けた。「とっても楽しかったわ！　電話してね！」そう言うと、ジャニスはあわただしく立ち去った。

残された三人は顔を見合わせた。やれやれ、何も変っていないわね。

●あなた自身の理由を見つける方法

まず、気が散らない静かな場所――自分のことをしっかり見つめることができる場所――を見つけよう。次に、時間をかけて、次に挙げたステップを一つずつ踏もう。急いでやろうとしてはいけない。あなた自身の本当の理由はすぐに見つかるかもしれないが、もし、もっとゆっくり考えたいと思ったらじっくり時間をかければいい。

ステップ1

a「私が経済的に独立したいと思っている本当の理由は何か？」と自分に聞こう。

次のようなことを考えてみよう。

・もう二度と働かなくていい状態になったとしたら、何をするか？
・好きなだけ時間があったとしたら、何をするか？
・お金のことを心配しなくてすむとしたら、あなたの人生は今とどこが違ってくるだろうか？

b 頭に思い浮かんだことをすべて紙に書こう。

ステップ2

a もう一度、「私が経済的に独立したいと思っている本当の理由、心の奥底にある理由は何か？」と自分に聞き、前よりさらに深く考えよう。

b 頭に思い浮かんだことをすべて紙に書こう。

ステップ3

a もう一度、「私が経済的に独立したいと思っている本当の理由、心の奥底にあって、嘘偽りのない理由は何だろう？」と自分に聞き、さらに深く考えよう。

b 頭に思い浮かんだことをすべて紙に書こう。

本当の理由を自分に問い続けよう。そして、自問するたびに、前よりも深く心の奥底を探り、あなた自身の本当の理由がはっきりわかるまで、それを繰り返そう。

第七章……

経済的な独立とは？

「（女性に）男性を支配する力を持ってほしいとは思わないが、自分自身を支配する力を持ってほしいと思う」

――メアリー・ウルストンクラフト

「経済的な独立」とは正確には何を意味するのだろうか？　給料のいい仕事に就き、他人の世話を受けずに生きていけることを意味するのだろうか？　今後三十年か四十年、働かずに暮らしていけるだけのまとまったお金が貯まっている状態を意味するのだろうか？　いつか入ってくるはずの遺産をあてにしていても経済的に独立していると言えるのだろうか？　あるいは、離婚した夫からもらう生活費をあてにしている場合はどうなのだろう？　また、経済的自由とは「六十五歳まで働いて、それから引退する」ことだと思っている人もたくさんいる。

経済的な独立が何を意味するかについては多くの考え方がある。次に紹介するのは、これまでずっと私が使ってきた定義だが、私が三十七歳で引退することができたのはこのような解釈の仕方のおかげと言ってもいい。

定義を説明する前に、まずお勧めしたいことがある。それは、『金持ち父さん　貧乏父さん』を読むことだ。この本は私の夫ロバート・キヨサキが書いた本で、彼の二人の「父親」をめぐる本当の話に基づいて書かれている。この本の中でロバートが「貧乏父さん」と呼んでいるのは、博士課程までの高い教育を受け、ハワイ州の教育長をしていた実の父親だ。ロバートがなぜそう呼んでいるかというと、貧乏父さんはいくらお金を稼いでも、毎月末にはすっからかんになっていたからだ。一方、「金持ち父さん」は、私と友人たちとの話にすでに登場しているが、ロバートの親友の父親をモデルにしている。金持ち父さんは正式な教育はほとんど受けていなかったが、のちにハワイの不動産業界に一大帝国を築いた。『金持ち父さん　貧乏父さん』は、二人の父親がそれぞれの息子――ロバートと親友のマイク――にお金について教えたことをテーマとした、とてもシンプルで読みやすい本だ。

私はロバートが金持ち父さんについて話したり書いたりしたことから多くを学んだ。私が正しいと信じて従っている、お金や富、経済的な自由に関する考え方や概念の多くは、それらの学習の成果に基づいている。だから、私が間接的に金持ち父さんの教えをお伝えするより、『金持ち父さん　貧乏父さん』を読んでいただいた方が手っ取り早く、わかりやすいと思う。この本を読めば、お金に関する基本、しっかりした基礎を学ぶことができる。将来の自分の経済状態について真剣に考えている人には必読の書だ。

金持ち父さんに関することで私が一番驚いたのは、金持ち父さんが財産を築くためにやったことが、いわゆる「金融の専門家」から私たちが聞かされていることとまったく正反対だったことだ。それに、高度な専門知識を必要とすることでもなく、複雑でもなく、それを学ぶのに必要なのはいくらかの時間と教育と常識だけだ。

●経済的独立を獲得するための私の方法

ここで話を元に戻そう――経済的独立とは一体どういうことだろうか？

まずはっきりさせておきたいが、先ほども言ったように、これから紹介する定義と方法は、私が自分自身の経済的な独立を維持し、強化するためにこれまで使い、これからも使い続けるであろう定義と方法だ。経済的独立について、多くの人がさまざまに定義しているのは私も知っている。この言葉の定義には正解はない。それはもっと個人的なもので、これから説明するのも、投資を通じて経済的自由を獲得するまでに私が使い、今も使い続けている定義、基準にすぎないことを覚えておいてほしい。

経済的独立を獲得するために私が使っている方法は、金持ち父さんがロバートに教えたものと同じだ。繰り返しになるが、詳しい内容を知りたい人は、ぜひ『金持ち父さん　貧乏父さん』を読んでほしい。

私はキャッシュフローを生み出す資産を買ったり、作り出したりする。その後は、資産からのキャッシュフローが私の生活費をまかなってくれる。資産からの毎月のキャッシュフローが私の生活費と同じかそれ以上になったら、私は経済的に独立したことになる。つまり、私が経済的に独立しているのは、資産が私のために働き、プラスのキャッシュフローを生み出してくれるからだ。私はもうお金のために働く必要がない。

●資産とは何か？

ロバートの金持ち父さんは、いろいろなことを説明するのに、とても簡単な言葉を使う方法を心得ていた。金持ち父さんによる資産の定義で、私が使っているものを次に紹介する。

資産とは、あなたが働くのをやめても、あなたのポケットにお金を入れてくれるもの。定義はただそれだけ。実に単純だ。あなたがもし今日仕事をやめたら、つまり、給料がもらえなくなったら、どこからあなたのポケットにお金が入ってくるだろうか？　この説明と質問をはじめて聞くと、たいていの女性は「どこからも入ってこない」と答える。給料以外にお金が入ってくるあてはない。

私が話をした一人の女性は、それでも強く言い張った。「でも、私のダイヤのブレスレットは資産だわ」

私はそれに対してこう聞いた。「売るつもりなんですか？」

「とんでもない！」女性は憤慨したようにそう言った。

「それでは、そのブレスレットは今日、あなたのポケットにお金を入れてくれますか？」

「いいえ」女性は静かにそう答えた。

「では簡単なことです。金持ち父さんの定義によれば、それは資産ではありません。それを売って、あなたのポケットにお金が入ってはじめて、それは資産として認められます」

資産はプラスのキャッシュフローのある賃貸不動産でもいいし、あなたが投資したビジネスで、毎年プラスのキャッシュフローをもたらしてくれるものでもいい。また、配当を払ってくれる株もそうだ。決め手は、同じ投資でも、定期的にお金をもたらしてくれるかどうか、プラスのキャッシュフローがあるかどうかだ。

一方、負債というのは、金持ち父さんによると、あなたのポケットからお金をとっていくものだ。だから、もしあなたが働くのをやめたら、あなたの持っている自動車はたぶん負債になる。なぜなら、ローン返済、ガソリン代、維持費などの形で毎月あなたのポケットからお金をとっていくからだ。あなたの家も、ローン返済、固定資産税、保険料、維持費などの形で毎月あなたのポケットからお金を取っていく。それらはすべてマイナスのキャッシュフローだ。

金持ち父さんによると、人がお金のことで困ったり、どうしても豊かな暮らしができない大きな理由は、資産だと思い込まされてきて、本人もそう信じて所有しているものが実は負債だからだ。私が金持ち父さんから学んだ教えのうち、とても大事な教えの一つは、資産と負債の違いを知ることだった。

先ほど挙げた私の方法の第一歩が、資産を買ったり作り出したりすることである理由はここにある。そして、資産とは、金持ち父さんの定義によると「プラスのキャッシュフローをもたらすもの」だ。

●キャッシュフローとは何か?

資産を獲得する時、私が注目する重要事項は二つだ。その一つで、最も大事な注目点はキャッシュフローだ。

ある投資にいくらかのお金をつぎ込んだとしよう。投資の対象は株式でも不動産でも、ビジネスでも何でもいい。あなたは投資したお金に対する見返り(あなたに対する支払い)として、毎月(四半期ごととか、毎年ということもある）お金を受け取る。

株式の世界で言うなら、あなたが買った株式からの配当は一種のキャッシュフローだ。

ビジネスの世界での例を見てみよう。友人が新しくグルメ食品ビジネスを始めることになり、あなたはそれに二万五千ドル投資したとする。（断っておくが、何も友達のビジネスに投資することを勧めているわけではない。そうするのがいいか悪いかはまた別の話だ。）毎月、そのビジネスがあげた利益の一部として、四百ドルの小切手を受け取るとする。この場合、毎月あなたが受け取るこの四百ドルがキャッシュフローだ。

不動産の世界の例はこうだ。たとえば、賃貸用の二世帯集合住宅に十万ドルの頭金を支払ったとする。毎月末、家賃を集金し、建物の維持にかかる費用を差し引き、ローンの返済をしたあと手元に残る純益が三百ドルあったとすると、この三百ドルがキャッシュフローだ。このお金はあなたのポケットに流れ込む。

●キャピタルゲインとキャッシュフロー

たいていの人はキャッシュフローかキャピタルゲイン（資産売却益）のいずれかを得ることを目的として投資をする。

キャピタルゲインは一回限りの収益だ。一方、キャッシュフローは継続する収益だ。たとえば、十万ドルで家を買い、十三万ドルで売ったとする。不動産屋への手数料と手続きにかかる費用を払ったあとの純益が二万ドルだったとすると、この二万ドルがキャピタルゲインになる。

一株二十ドルで買った株式を二十五ドルで売り、そこから得た利益もキャピタルゲインだ。

キャピタルゲインを得るためには、投資の対象、つまり資産を売らなければいけない。そして、さらにキャピタルゲインを得たい、つまりより多くの利益を得たいと思ったら、別の投資対象（資産）を買い、それを売らなければいけない。

一方キャッシュフローはあなたが資産を所有している限り（そして、それをうまく運用している限り）、入ってくる。資産を売ってしまったらキャッシュフローは入ってこなくなる。投資対象を売って得た利益は、キャピタルゲインになる。

●キャッシュフローはどうやって計算するか?

株式の配当とビジネス(単に投資をしているだけで、運営に実際には関わっていないビジネス)からのキャッシュフローを計算するのは比較的簡単だ。配当を払ってくれる株式を買った場合、その配当がキャッシュフローになる。実際のところ、計算の必要はまったくない。でも、キャッシュフローのほかに、もう一つ別のとても重要な計算式がある。投資収益率と呼ばれるこの数字についてはもう少しあとで取り上げる。

単に投資をしているだけのビジネスからのキャッシュフローも、株式の配当の場合とあまり変わりがない。いくらかの資金をビジネスに投資し、そのビジネスから毎月、あるいは四半期ごとにお金を受け取る。つまり、あなたのお金を使ったことに対する使用料だ。一般的に、あなたが受け取るこのキャッシュフローは、ビジネスがあげた収益から支払われる。

今の説明があまりぴんとこなかった人もいるかもしれないが、本当のところはもっと簡単だ。預金の仕組みとほぼ同じだと考えていい。預金に対してあなたが受け取る利子はキャッシュフローと考えられる。預金の場合に問題なのは、年間一パーセントや二パーセントという今のアメリカでの利率では、キャッシュフローはほとんどゼロに等しいことだ。投資家として、あなたは自分のお金にもっと一生懸命働いてほしいと思っている。一パーセントや二パーセントの利益しか生まないお金はとても「怠け者」だ。

一世帯用住宅だろうが、アパート一棟、オフィスビル、あるいはショッピングセンターだろうが、不動産への投資の場合でも計算のやり方は同じだ。その計算式は次のようになる。

家賃収入−費用−ローン返済額=キャッシュフロー

この計算式で一番大事なことは、キャッシュフローをマイナスではなくプラスにすることだ。

●キャッシュフローが経済的な独立にとって大事なのはなぜか?

私にとって、経済的な独立が意味するところはただ一つ、自由だ。

今の私は自分がやりたいことを何でも自由にやれる。のんびりと暮らすことも、ビジネス面で新たな冒険に挑戦することもできる。また、自分が選んだ人と一緒にいる自由、自分で好きなように予定を立てられる自由も持っている。私の時間は百パーセント私のものだ。

「自由」とは、より多くの選択肢を持っていることを意味する。飛行機のエコノミークラスとファーストクラスという二つの選択肢があったら、あなたはどちらを選ぶだろう? 多くの人はこの選択の自由を持っていない。普通は、そこまでの余裕はないからという理由でエコノミークラスを使う。では、おいしくて安いメキシカン・タコスの店で食事をするのと、五つ星のグルメレストランで食事をする選択肢が与えられていたら、あなたはどちらを選ぶだろう? これはその時の気分にもよるだろう。(私だったら、たぶんタコスの店を選ぶ。) ここで私が言いたいのは、経済的自由があれば、選択肢を持てるということだ。多くの人にとっては選択肢は一つしかない――安上がりに食事をするという選択肢だけだ。

では、このこととキャッシュフローとはどういう関係を持っているのだろうか?

私自身が「働かなくてはいけない」状態でいる限り、私は自由ではない。(私はいずれにしても「働くことを選ぶ」かもしれないが、これは「働かなくてはいけない」というのとはまったく違う。) つまり、生活費を稼ぐために毎日何かをしなくてはいけないとしたら、私は自由ではない。

プラスのキャッシュフローに関して私が一番気に入っているのは、私が働く働かないにかかわらず、そのお金が毎月入ってくることだ。私は何棟かアパートを持っているが、それらは毎月お金を生んでくれて、そのお金は私のポケットに自然に入ってくる。こういった事業用不動産はかなりの収益を生み、私はそれを毎月自動的に受け取る。夫のロバートの場合は、すでに出版された本からの印税が、毎月彼に収入をもたらす。本を書くのは一回限りの作業で、ロバートはもうそれに関して仕事をしなくていい。もしその本に価値があり、読んだ人がほかの人に勧めてくれてたくさんの人が読むようになれば、継続的にキャッシュフローが入ってくる。その収入は、ロバートが今働いても働かなくても同じように入ってくる。

一番の目標は、生活費として出ていく額を上回るキャッシュフローを生み出すことだ。私は、自分が働かなくてもそのようなキャッシュフローを生み出してくれるものを買ったり、作り出したりしたい。それが資産と呼ばれるものだ。

私は自分がお金のために働くのではなく、資産を自分のために働かせたい。

先ほど取り上げたキャピタルゲインが、私にとっては最大の目的ではなく、二次的な利益である理由はここにある。キャピタルゲインを得るためには資産を売らなくてはいけない。そうして得たお金はいずれなくなる、つまり生活費などとして出ていってしまう。すると、また別の資産を探し、それを買って、売らなければならなくなる。そして、そうやって得たお金もまた生活費に使われ、このサイクルが繰り返される。これでは私は永遠に自由になれない。

「私は死ぬまで困らないだけのお金を貯めるつもりだ」と言う人もいる。それはそれでいい。ただ、次のようなことを考えてみてほしい。それだけのお金を貯めるために、一体いつまで働くことになるのだろうか？　引退したあと、貯金の利率はどうなっているだろうか？　お金を使い果たしてしまわないようにと、細かい支出にまで気を使わなくてはいけなくなるのではないだろうか？　貯金を長持ちさせるために生活のレベルを落とすことになるのではないだろうか？……考えなければならないことはほかにもたくさんある。

ロバートと私は一つのはっきりした目標を持っていた。それは、毎月、生活費をまかなえるだけのキャッシュフローを生み出す資産を買うか、あるいは作り出すことだ。一九九四年、私たちはただその目標を達しただけで、「引退」することができるようになった。

この方式のすばらしいところは、経済的に自由になるために必要なお金がそれほど多くないという点だ。一九九四年、投資からロバートと私が得ていた収入は毎月一万ドルほどだった。当時の毎月の生活費は三千ドルほどだったから、その時点で私たちは経済的に自由になった。毎月生活費を支払っておつりがくるだけの収入があったからだ。

もちろん、私たちはそこでストップするつもりはなかった。その後も資産を買ったり、作り出すことを続けた。その結果、キャッシュフローも増え続け、生活費を増やすことができ、生活レベルも上がった。

●投資収益率とは何か?

先ほど、投資先を探す時、私は二つの点に注目すると書いた。その一つ目はキャッシュフローだ。二つ目の注目点は、キャッシュフローと密接な関係を持っていて、投資収益率（ＲＯＩ）と呼ばれるものだ。

投資収益率というのは文字通り、投資した額に対する収益率だ。つまり、投資したお金があなたに支払ってくれる、つまり戻してくれるお金がどれくらいかを示す割合だ。言い換えれば、投資したお金がどれくらい一生懸命あなたのために働いていているかを示す数字だ。

投資収益率の計算方法はいくつかある。それは何を計算に含めるかによって異なる。私が投資収益率という言葉を使う時、それは一般に「キャッシュ・オン・キャッシュ・リターン」と呼ばれるものを示している。私が関心があるのはただ一つ、どれだけの現金が私のポケットに流れ込んでくるかだ。

投資収益率を計算する時に、不動産の減価償却を考慮に入れる方法もあるし、受け取るキャッシュフローがすぐに再投資されると想定して、それを考慮した上で計算する方法もある。何を測りたいのかによって方法は異なり、どの方法も正しいと言えるが、私はできるだけ単純にしておきたい。私にとってはキャッシュフローがすべてだ。

●キャッシュ・オン・キャッシュ・リターンはどうやって計算するか？

計算方法はとても簡単だ。これはパーセンテージで示され、普通は一年単位で計算する。その計算式は次のようになる。

年間のキャッシュフロー総額÷投資した現金＝投資に対するキャッシュ・オン・キャッシュ・リターン

たとえば、賃貸不動産を買うとしよう。値段は十万ドルで、その二十パーセントの二万ドルを頭金として現金で支払うとする。そして、毎月プラスのキャッシュフローが二百ドルあるとすると、年間のキャッシュフローは二千四百ドルだ。この二千四百ドル（年間のキャッシュフロー総額）を二万ドル（その不動産を買うために投資した現金の額）で割ってパーセンテージを求めると、十二パーセントになる。これがキャッシュ・オン・キャッシュ方式で計算した投資収益率だ。

株式を購入する場合を考えよう。配当を支払ってくれる株式を二千五百ドルで買ったとする。そこから年間に受け取る配当が百ドルだったら、百ドルを二千五百ドルで割った四パーセントがキャッシュ・オン・キャッシュ投資収益率となる。

ここで、最近のアメリカにおける預金の利率を見てみよう。二パーセントで計算すると、預金千ドルに対して、銀行が一年に支払ってくれるのは二十ドルだ。

先ほども言ったように、この計算方法は簡単だ。二つだけわかればいい——現金をいくら投資しているか？　その投資から現金をいくら受け取っているか？

キャッシュフローに焦点を合わせる最大の理由は、お金をあなたのために一生懸命に働かせて、あなたがお金のために一生懸命働く必要をなくすことを目指しているからだ。キャッシュ・オン・キャッシュ方式で計算した投資収益率は、あなたのお金がどれくらい一生懸命あなたのために働いているかを正確に測ってくれて、複数の投資をしている場合は、それらの業績の比較を可能にしてくれる。たとえば投資収益率が二パーセントだとしたら、そこに投資したお金はあまり一生懸命働いていないことを意味する。一方、五十パーセントなら、その投資は間違いなくあなたのチームの優秀なメンバーだ。

●言いわけはまだある

私が経済的な自由を獲得するまでにたどった道は、ロケット工学のように複雑なものではない。実際のところ、その方法はとても単純だ。だが、必ずしも簡単とは言えない。それをマスターするには時間と教育が必要だ。一朝一夕で達成できるものではない。でも、これは保証してもいい――キャッシュフローが流れ込んでくるようになると、このゲームはとても楽しくなる。そして、そこまで旅してきたあなたの努力は必ず報われる。

この方法がそんなに単純だとしたら、人生の経済的側面を自分でコントロールするために行動を起こすことをためらう女性がこれほどたくさんいるのはなぜだろう?

その最大の理由、何かすることを拒否するのに女性たちが一番よく使う「言いわけ」は、すでにこの章で取り上げた。女性たちはこう言う(あるいはこう信じている)――「そんな時間はない」と。自分にとって大事なことのためなら、いつだって時間を作れるはずだ。ここまで読んできた人は、そのことが前よりよくわかってきたと思う。

問題は時間があるかないかではない。限られた自分の時間を使って、今やっていることのほかに何かやる道を選ぶかどうかだ(地球上に住む私たちは、その自転に伴って猛烈なスピードで移動しているわけだが、それで「忙しい」という人はいない)。今、「そんな時間はない」と心でつぶやいている人は(たぶんたくさんいると思うが)、経済的独立を獲得することが優先事項になっていない、つまりそうするための自分自身の「本当の理由」をまだ見つけていないのだ。女性が経済的幸福度を高めることを優先事項にしたら、もう誰もそれをとめられない。私は自分の経験からはっきりそう言える。それに、実際、それを始めている女性はどんどん増えている！

では、時間のほかに私たち女性を押しとどめているものは何だろう？　多くの女性から私が聞かされる第二の理由は、ばかげているどころか、まったくのナンセンスとしか言いようがない。それは言いわけにもならないし、事実無根で、ばかばかしくて話にならない。女性がよく使うこの二番目の言いわけとは……。

第八章……

「私はそんなに頭がよくないからだめ！」

「大事なのは、女性が自分自身にいかなる制限も加えないことだと思う」

——マルチナ・ナブラチロワ

ニューヨークでみんなとランチをしてから一週間ほどたった時、人と会う約束の場所に車で向かっていると携帯電話のベルが鳴った。

「もしもし、キム、私レスリーよ。今ちょっと話せる？」

「いいわよ」

「ランチの席でみんなで話したこと、投資や経済的に独立するといったことについて、あれからずっと考えているんだけれど、何だかすごくいいことのように思えてきたの。これこそが私が求めているものだという気がするわ。でも、そう思うたびに、いつも同じ問題にぶつかるのよ」

「どんな問題？」

レスリーが説明した。「私は物心がついてからずっと、芸術の世界に興味を持ってきた。色や形や様式、技法……そういったものに関しては頭が働くけれど、体系的な考え方や分析的な思考ができないのよ。要するに、数字や数学に関することはまったくだめってこと。投資をしようと思っても、単純に言って私にはそれだけの頭がないのよ。自分がそんなに頭がいいとは思えない。何かしようと考え始めても、そのたびに頭の中がぼんやりしてくるだけなの。ウォールストリート・ジャーナルも買ってみたけれど、まるで中国語を読んでいるみたいだったわ！　生まれつきこういったことが得意で、数字がよくわかるという人がいるんだと思う。でも、私はそういう種類の人間じゃないのよ」

自分の思うようにいかなくてレスリーが欲求不満をつのらせていることは声の調子からわかった。そこで、私は慎重に対応した。「まず一つ聞かせてちょうだい。あなたはなぜ投資を始めたいか、あなた自身の理由を見つけたの？」

「理由はものすごくはっきりしているわ」レスリーが答えた。「私はただ絵を描きたいの。芸術こそが私の生きがいですもの。問題は、毎月の請求書の支払いをするために画廊で働かなくてはならなくて、それがあまりに忙しいものだから絵を描く時間がないことよ。絵の具とイーゼルを持って、どこかすてきな場所、ほかにはない独特の趣をもった場所に出かけて、毎日絵を描いて過ごしたい。夢を言わせてもらえるなら、ヨーロッパに行って絵を描きたいわ。それに、偉大な画家たちの作品も見てみたい。ヨーロッパには私がぜひ受講したいと思っているすばらしい芸術講座がたくさんあるのよ。あと一日しか生きられないとしたら何をするかと聞かれたら、私はぜったい絵を描く。そうよ、私の理由ははっきりしているわ」

「おめでとう。もうあなたのプロセスは始まっているわ」

「何のプロセス？」レスリーはまだ少しいらいらした声で聞いた。

「金持ちになることや経済的に自由になることは、一夜にして達成できるゴールではないわ。何か新しいことを学ぶ時はいつでも、誰でも、ある学習曲線をたどって学ばなければならない。そのプロセスはあまり快適ではないかもしれない。特に最初の頃はね。なぜなら、ほとんど知らない新しい世界に足を踏み入れることになるからよ」

「それってきっと、はじめて車の運転を覚えた時と同じね。アクセルを強く踏みすぎたり、ブレーキを急にかけすぎてフロントガラスに頭を突っ込みそうになって、本当に自分がばかみたいに感じたわ。はじめて公道に出た時には、もう少しで車をぶつけそうになったのよ！」

「私が言っているのはまさにそのことよ。今ではもう、何も考えずにアクセルやブレーキを操作できる。ハンドルだってそうでしょう？　もうほとんど自動的に反応している。何かを学び始めた時の学習曲線はとても急な上昇カーブを描いている。でもいったん身につけると、それは第二の本能になって、すべて自動的にできるようになるのよ」私はそう言ってレスリーを励ました。

「つまり、これも一つのプロセスで、そこには学ぶべきことがたくさんあるってことなのね」レスリーは続けた。「でも、私は自分にそれをやるだけの頭があるかどうかわからない。投資って、すごく男のゲームのような気がする。たぶん、男の人の方が私よりずっと数字に強いんだわ。自分が男のゲームに参加して競争できるとは思えない」

私はこう言った。「まず言っておくけれど、確かにあなたの言う通り、男の人は数字に強いわ。もっと正確に言うなら、上から九五—六〇—九〇なんていう女性のサイズに関してはね」

レスリーは笑った。

「でも、まじめな話、なぜあなたは投資が男のゲームだと思うの？」

レスリーはこう答えた。「そうね……女性の投資家でニュースで取り上げられる人はあまりいないでしょう？　優秀な投資家はみんな男性のような気がする。私が個人的に知っている人で、お金や投資に関することでお手本になってくれる女性はいないわ。投資に関しては女性より男性の方が理解力があるんじゃないかしら？」

「一つ聞かせてくれる？」私は静かに言った。「男性は女性より政府のために働く人たちを選ぶのが得意だったの？　だから昔は選挙権が男性だけに与えられていたの？　あるいは、男性の方が女性より学生として優秀だったから、女性は大学から締め出されていたの？　男性の方が女性より犯罪の証拠や証言を評価したり、聞いたりするのが得意だったから、長い間陪審員に選ばれるのが男性だけだったの？」

「もちろんそんなことはないわ！」レスリーが叫んだ。

「何かが人よりうまくできるということと、それを人より長くやっているということとの間には大きな違いがある。そのことはわかっておいてね」私はそう念を押した。

「あなたが自分は投資ができるほど頭がよくないと思っていることに関してだけれど、あなたが知るべきキーポイントは三つだけよ。それを知ったら、そんな考えは永遠にどこかに行ってしまうわよ。私もそうだったんですもの」

「わかったわ。聞かせて。そのキーポイントって何？」

私たちはそのまま電話で話し続けた。この時に私がレスリーにしたのは次のような内容の話だった。

●キーポイント1　教育

残念だが、現実的に言って、これまで女性は、お金に関する適切な情報が充分に与えられてこなかった。実際のところ、これまでお金に関して女性に教えられてきたことは、ほとんど屈辱的、子供だましと言えるほどのものだった。小切手帳の記録のつけ方、車の保険の買い方、生活費の切り詰め方、買い物でわずかなお金を節約する方法……。正直に言って、私たち女性はもう少し頭がいいと私は思う。


確かに、日常的なお金の管理はきちんとしておかなければいけないし、基本を知ることも絶対必要だ。そういったことはすべてとても大事だ。でも、私がここで言いたいのは、今の時代はそれだけでは足りないということだ。これまで教えられてきたようなことは、土台を築く第一歩に過ぎない。基本をマスターしたら、次はあなた自身のゴールの達成に向けて、積極的に行動を起こす番だ。

「いや、うちではお金のことは全部妻がやっている」などと自慢げに言う男性がまだいたら、私は叫び声をあげてしまうだろう。そういうことを言う人の家では十中八九、奥さんは「お金のことを全部やって」などいない。やっているのは、請求書の支払いをすることと、小切手帳の記録をつけて残高を確認することだけだ。奥さんに詳しく聞いてみたら、投資に関して何か決めたり、高価なものを買う時にはすべて夫に判断を任せているると答えるにちがいない。株式や不動産を売ったり買ったりするのは夫。そのほかも、全部ではないにしろ、お金にかかわる大事なことを決めるのはたいてい夫だ。

そして、夫が先に亡くなり、お金を自分で管理しなければならなくなると、遺された妻は何をどうしていいかまったくわからない。前にも統計として挙げたが、ここに驚くべき事実がある。アメリカで経済的に苦しい生活をしている女性の八十パーセントは、夫が存命中にはお金に困っていなかった。忘れないでおこう。私たち女性の九十パーセントは、死ぬまでに必ずいつかはお金のことについて自分で責任を持たなければならなくなる。夫が亡くなると、お金の管理の経験も、そのための教育もない妻たちは、間違った決定を下すか、ファイナンシャル・プランナーや証券マン、不動産屋、資産運用コンサルタントなどといった「助っ人」に助けを求める。そういう人たちはこんなふうに言う。「お任せください。資金運用のお手伝いをさせていただきます。あなたにぴったりの投資をご用意します。そうすればもう、あなたはお金のことを考える必要がなくなります」ちょっと待って！　本人のあなた自身が自分のお金について何も考えていないのに、他人がそれについて考えてくれると、本気でそう信じているの？

次に、セントルイスに住むドーンという女性の話を引用するが、こんなこともあるかと思うとぞっとする。

私は五十八歳です。夫が突然亡くなりました。家にどれくらいお金があるのか、またそれがどこにあるのかさえ私にはまったくわかりません。夫は一人でお金を管理していて、私に絶対にお金の心配をさせないことを自慢にしていました。つまり、私たちはお金の話を一度もしたことがないんです。

夫が逝ってしまった今、私は立ち上がりたいのに転んでばかりいて、どうすることもできない一歳の子供のように感じています。これまでの長い年月、私はまったく何も教えてもらっていません。夫の葬式が始まる直前、私は女友達のところへ行ってこう聞きました。「お葬式の代金はどうやって支払ったらいいの？」本当にどうしていいか全然わからないんです。

自分の経済状態を自分でコントロールする力を手に入れたい、そして、ドーンのような状況にはなりたくないと真剣に思っている人は、肝に銘じておこう。そのために必要なのは、時間と教育、そして少し多めに間違いを犯すことだ。これはプロセスだ。一朝一夕では実現できない。でも、決して「最大の間違い」は犯さないでほしい。最大の間違いとは、男性の方が自分よりよく知っていると思うことだ。お金の専門家を自称する物知り顔の男の人がいても、その人があなた自身とあなたのお金にとって一番いいことをすべてを知っていると思ってはいけない。もしあなたが「こういう人はみんな私よりよく知っているんだわ」と思っていたら、世の中にうようよしている自称「助っ人」たちの餌食になるのがおちだ。自分のお金をコントロールする力は永遠に手に入らない。

まず最初のステップは教育を受け始めることだ。では、「教育を受ける」というのは、正確にはどんなことを意味しているのだろう？　情報はあふれるほどある。一体どこから始めたらいいのだろう？

具体的にどのようにして始めるかは人によって異なる。自分にできそうな投資にはどんなものがあるか、いろいろな種類の投資について学ぶところから始めるのも一つの方法だ。それによって、自分が特に魅力を感じる投資の種類がわかってくるだろう。私の場合、それは不動産投資だ。私の友人の会計士の場合はストックオプション、別の友人の起業家は新しく起こされたばかりの会社に投資するのが大好きだ。教育を受けるプロセスを通じて、あなたも自分に一番合った投資が何かわかってくるだろう。

必要な教育を受ける助けとなる方法をいくつか次に挙げておく。

❶本を読む

新米投資家から経験豊かな投資家まで、いろいろなタイプの投資家に向けて、お金や投資についての本が山のように出版されている。本書の巻末に、金持ち父さんシリーズの書籍のリストを載せておいたので参考にしてほしい。

❷カセットテープやCDを聞く

車の中に、教材として使えそうなカセットテープやCDを常備しておこう。通勤や買い物の途中で渋滞につかまったら、その時間を利用してそれらを聴こう。テープやCDは、お金の管理の仕方や投資に関するものでもいいし、自己啓発に関するものでもいい。目的が何であれ、あなたの姿勢や心構えは成功に大きく役立つ。ヘンリー・フォードが言っているように、「自分にできると思っていても、できないと思っていても、いずれにしてもあなたは正しい」。結局は思っているようになるのだから!

❸セミナー、ワークショップなどに参加する

公的機関主催の無料で提供されているものでもいいし、お金を払って出席する講座でもいい。成人向けのコミュニティー・カレッジや各種教育を行っている会社、地域の団体や組織、投資グループなどがよくセミナーやワークショップを開催している。中には、特に女性を対象としたものもある。

❹金融関連の新聞や雑誌を読む

投資情報がたくさん載っている新聞というと、アメリカではウォールストリート・ジャーナル、インベスターズ・ビジネス・デイリー、バロンズの三紙だ。こういった新聞やそのほかの雑誌を読んでみよう。はじめは専門用語が全部はわからないかもしれないが、がんばってひたすら読み続けよう。そうしているうちに、知識がどんどん増えていく。ウォールストリート・ジャーナル社は“Guide To Understanding Money and Investing”というすばらしい本も出している。この本を読めば、同紙の記事の読み方、解釈の仕方が学べ

る。

❺ビジネスに関する地元の新聞や雑誌を定期購読する

こういった出版物には、あなたの住む地域で今何が起こっているか、最新情報が満載されている。継続して読んでいるうちに、いろいろな種類の投資に関係がある記事、投資に影響を及ぼす記事がたくさん隠されていることがじきにわかってくる。

❻投資用の不動産、株式、ビジネスを扱っているブローカー（仲介業者）と話をする

適切なブローカーが見つかったら、たくさん質問をしよう。使いようによっては彼らは情報の宝庫となる。ただ、あなたに何かを売るのが彼らの目的だということを忘れず、いつも気をつけていよう。私の経験から言って、ブローカーで大きな成功を納めている人は、自分が持っている情報や受けた教育を喜んで他人と分かち合おうという姿勢を持っている人だ。

うまくブローカーと付き合うための三つのポイント

- 世の中にはいいブローカーと同じ数だけ、あるいはそれ以上の悪いブローカーがいることを忘れないようにしよう。信用がおけて知識の豊富なブローカーを見つけるためには、知り合いから推薦してもらうのがいい。
- 特に不動産ブローカーの場合は、投資用物件を扱う業者を選ぼう。居住用の物件を扱う業者の場合は、購入者が住むための物件を売りたいと思っているだけなので、投資用物件を買うのには役に立たない。この二種類のブローカーは違う言葉を話す違う種類の人間だと思っていい。
- できるだけ、自分で実際に投資をしているブローカーを使おう。多くのブローカーはただの営業マンで、

投資家ではない。自分自身が投資家でもあるブローカーは、そうでないブローカーよりも、よりよくあなたの希望や要求を理解してくれる。

❼ほかの投資家たちと話をする

あなたが興味を持っている投資対象にすでに投資をしている人たちを見つけて話をしよう。話をしてみるとわかるが、ブローカーの場合と同じで、自分の知識を喜んで他人と分かち合おうという姿勢の投資家の方が、そうでない投資家より成功している。

❽女性のための投資クラブに入会する

ベターインベスティング社のケン・ジャンクによると、現在、アメリカで「株式投資クラブ」に参加している人の過半数を女性が占めている。「一九六〇年、投資クラブへの参加者は九十パーセントが男性、残りの十パーセントが女性だった。今日では六十パーセントが女性だ」私個人としては、投資のための教育を主な目的とするクラブをお勧めする。お金を出し合って投資することを目的としたクラブは、あまりお勧めしない。共同出資に関するあいまいな規則のせいで友情がこわれた例を私はいくつか知っている。女性のための投資クラブについて調べるには、地元の新聞や雑誌を使うといい。そうすれば会合も地元で行われるはずだ。インターネットを使って近所にそういうクラブがないかサーチしてみるのもいい。ビジネスにたずさわる女性の交流をはかる会合などに参加して、そこで知り合った人から投資クラブを推薦してもらうのも一つの手だ。

❾自分で投資クラブを始める

入会基準は厳しくしよう。自分の将来の経済状態について本当に真剣に考えている人、それぞれのゴールを達成するためにおたがいに助け合い、励まし合うことのできる人だけを受け入れよう。

投資クラブで何をやるか?

・みんなで本を読んでそれについて話し合う、「勉強会」のような形で始めてもいい。あるいは、カセットテープやビデオテープ、DVDなどを教材にしてもいい。(本書の巻末に「金持ち父さん」の製品リストがあるので、新しく作った投資クラブで、また既存のクラブでも教材として利用してもらいたい。)

・投資家として成功している人、経験や知識をたくさんもっているブローカー(製品を売るためではなく、教育のために来てくれる人)、賃貸物件の管理をしている人、セールスの専門家(ものの売り方を知っていることは、どんなことでも何事か成し遂げるためにとても助けになる)、そのほか、投資の知識を高めてくれそうな人を招いて講演してもらおう。

・投資の分析のしかたを学ぶ。具体的な投資用不動産物件、株式、投資用のビジネスなどの資料を持ち寄り、メンバーで一緒に分析し、それを材料に勉強しよう。まず経験豊富な投資家や専門家を見つけて、投資の分析方法を基本から教えてもらうといい。分析した投資の数が多くなればなるほど、いい投資と悪い投資を見分ける能力が高まる。

⑩地元の「キャッシュフロークラブ」に入会する

現在キャッシュフロークラブは世界中に二千近くある。あなたの住んでいるところから一番近いクラブがどこか、インターネットで探してみよう。キャッシュフロークラブのリストは私たちのウェブサイト www.richdad.com(日本語サイトは www.richdad-jp.com)にある。キャッシュフロークラブはそれぞれ異なる活動をしているが、だいたいは、定期的にキャッシュフローゲームをやったり、それぞれの投資目標を達成するために助け合ったり、外から人を招いて講演をしてもらったりしている。一番大事な活動は、自分の将来の経済状態を最善のものにするにはどうしたらよいか、共に学ぶことだ。

⓫インターネットを使う

インターネットを使って、自分が選んだ投資についてあらゆる種類の情報を集めよう。インターネットは、参考資料を短時間に集めたり、志を同じくする人が集まる集会や会議、各種問い合わせ先などの情報を探すには最良の情報源だ。チャットルームやディスカッションフォーラムのある投資サイトもたくさんある。

⓬車で町を回ってみる

自分が住んでいる地域の不動産市場やビジネスの世界でどんなことが起きているか、身体で感じるために町を車で回ってみよう。投資をするには、それに合った特別な場所や市場を見つける必要があると考えている人が多いが、実際は、自分が住んでいるところのすぐそばにすばらしい投資のチャンスがころがっていることが多い。投資対象との距離が物理的に近ければ近いほど、あなたの成功の確率は上がる。二千マイルも離れた市場よりも、すぐ近くにある市場の方が、その動きを感じとるのはずっと楽だ。

⓭テレビで金融情報番組を見る

新聞や雑誌の場合と同じように、はじめは見てもすべては理解できないかもしれないが、多くのことを学べるのは確かだし、投資の世界の語彙は否応なしに耳に入ってくる。そういった言葉は耳に入る回数が多くなればなるほど、意味もわかってくる。

⓮投資関係のニュースレター（顧客向け情報誌）を定期購読する

ニュースレターには、種類の異なるさまざまな投資市場の動向や、地域的なものから世界的なものまで含んだ経済のトレンド、将来どんなところに注目したらいいかについての洞察などが手短にまとめられていて、短時間で情報が得られる。

⓯ともかく質問する

ぜひ覚えておいてほしいが、「ともかく質問する」というこの学習方法は女性にとても有利だ。つまり、女性はそもそも投資教育をほとんど受けていないから、知ったかぶりをする必要がない。そして、人間は質問をすればするほど賢くなる。

それに、いろいろな人に質問しているうちに、よき師としてあなたを指導し、手本となってくれる人が新たに見つかるかもしれない。

どんなことに関しても言えることだが、教育には終わりがない。あなたが投資を大きく成長させたい、投資対象をどんどん広げていきたいと思っている限り、つねに、一歩先に次の学習レベルが待っている。私も、市場が変化し、投資の規模が大きくなるのに伴って、知識をどんどんアップデートし、広げていかなければならないとつねに感じている。

●キーポイント2　プロセス vs 結果

私はいつも、投資はプロセスだと自分に言い聞かせるようにしている。そこには秘密の処方箋はない。飲んだら手っ取り早く金持ちになれる薬などないのだ。一晩寝て起きたら金持ちになっていた……というわけにはいかない。それに近いことを請け合う人も世の中にはいるかもしれないが、そういうやり方で長期的な成功を手に入れた人を、私は見たことがない。

これはダイエットと同じようなものだ。体重を減らし、それを維持したかったら、通るべきプロセスがある。定期的にエクササイズをし、食事の内容も変えなければいけない。そして、ある期間がたってはじめてその成果が現れる。一朝一夕で成し遂げられることではない。確かに、脂肪吸引でもすれば別だが、それでも、その状態を維持するには生活習慣を改めなくてはいけない。

投資家になるプロセスは学習のプロセスだ。現場で経験を積み、間違いを犯し、そこから学び、さらに多くの経験を積んでいく。そして、このプロセスの中で、知識や自信、能力が増していく――当然ながら、銀行口座の残高も！　ここで一番大事なのは、最終的なゴールよりもプロセスの方が大事だということだ。なぜなら、このプロセスの中で自分がどういう人間になっていくか、つまり、学習と間違いと経験の積み重ねの結果として作られていく新しい自分にこそ、本当の価値があるからだ。「旅はそれ自体がご褒美だ」という意味のことわざが中国にあるが、まったくその通りだ。

一九八五年、ロバートと私は「どん底の一年」を過ごしたが、確かにあれは私たちの人生で最悪の年だった。私の自尊心はみごとに打ち砕かれ、つねに自分に腹を立てていた。「そんなことはできない」「失敗するに決まっている」「救いようがない」……心の中で自分に言い聞かせる言葉も、否定的なものばかりだった。正直言って、もう二度と目を覚まさないでいられたらどんなに楽だろうと思いながら、夜、ベッドに入ったことが何度もある。あれは確かに私の人生で最低の時期だった。

それから何年もたった今、振り返ってみると、あの時、ロバートと私の二人がともにプロセスを通過しつつあったことがよくわかる。大げさにみじめなふりをしていたわけでも何でもない。実際みじめだった。それでも、あのプロセスを経たこと、つまりどん底まで落ち、そこから這い上がったことは、私たち二人にとって、人生で最高の出来事の一つだった。大変な状態の真っ只中にあった時は、それを乗り切る力が自分にあるのかどうか、本当にわからなかった。でも、二人で一緒にあのプロセスを通過し、それぞれにやるべきこと、あるいは二人でやるべきことをやり、トンネルの向こう側へうまく抜け出た時、その悪夢は二人の人間性を高めるすばらしい経験となった。信じられないほど大変だったあの時期は、結果として私たち二人をより強い人間、より賢い人間にしてくれた。またそれと同時に、夫婦としての絆も強くしてくれた。あのプロセスを通して生まれ変わった新しい自分、それは私とロバートにとってこの上もなく貴重なものだった。プロセスを終えた時、私たちに与えられた最大の「ご褒美」はそのことだった。

あなたもこのプロセスを始めたら、かならず途中で間違いを犯す。ものすごく大きな間違いを犯すこともあるだろう。大きな困難に立ち向かわなければならなくなったり、怖くてたまらない瞬間もあるかもしれない。また、先がどうなるかはっきりわからないまま決断を下さなければならない時もあるかもしれない。でも、チャレンジを避けていたら人間は成長しない。何も学ばない。チャレンジしてこそ、人間的に成長し、より大きな人間になれる。成功するかしないかは二の次だ。そのプロセスを通して得られた「知的・感情的資本」にはお金に換えられない大きな価値がある。

第九章……

短期間で頭を鍛える

「もし人生をやり直せるとしたら、私は同じ間違いを犯すだろう。ただ、もっと早い時期に」

——タルラ・バンクヘッド

レスリーは何かピンと来たようだった。「私の頭がよくないからじゃないのね。こういったことを一度も教えられたことがないからなんだわ。そんなふうに考えるなんて、誰も教えてくれなかった。これって乗馬を習うのと同じね。一から始めて、文字通り一歩ずつ前に進んでいく……」

「その通りよ」

「でも、これは言っておかなくちゃいけないと思うんだけれど……」レスリーが続けた。「これまでに何度か金融情報番組にチャンネルを合わせたことはあるわ。でも、そこで使われている用語や語彙がまったく理解できなくて、すっかり圧倒されて頭が混乱してしまうのよ。使われている単語の半分の意味を知らなかったら、話についていくのはむずかしいわ」

●キーポイント3　業界用語

「いいことを持ち出してくれたわね」私はそう言った。「それが私が話そうとしていた三つ目のキーポイントよ。それは業界用語などと呼ばれる専門用語で、お金や投資に関する語彙の中にはとても多いのよ」

私は話を続けた。「投資に関することがわかりにくい大きな原因は、本当の専門家や専門家になりかけの人、また、専門家ではないけれどそう呼ばれている人、そしてまったく専門家でない人まで、それに関わる人たちが使っている言葉にあると思う。みんな、私たちを混乱させるためにわざとそういう言葉を使っているんじゃないかと思うこともあるわ。自分を賢く見せるため、あるいは私たちを混乱させ、うまく丸め込んで何か買わせるためにね。でも、私たちは相手が何を言っているかわからないと認めたくない。私もそうだったわ。誰かと話をしていて、相手がわからない言葉を次々使ってきても、それを説明してくれと頼まずに、わかったようなふりをする。ばかだと思われたくないからよ。私も同じことをしてきたわ」

「認めるのはとてもいやだけれど、二ヵ月前に私もまったく同じような経験をしたわ」レスリーが笑いながら言った。「新しいイタリアン・レストランの開店記念パーティーに行った時のことよ。オーナーがうちの画廊のお客さんだったの。私がたまたま会話に加わったグループは株式市場について話をしていた。上場したばかりの新しい会社のことでみんな興奮していて、『友達の友達がその会社に関係している、これはきっと次のマイクロソフトになる』などと話をしていたけれど、それこそ業界用語の連発よ！　みんなやたらむずかしそうな言葉を使っていて、私にはちんぷんかんぷんだった。株価費用率とか、その株式がネステック取引所で取引されているとか言っていたのは覚えているけれど……。みんな本当によくわかっているような話しぶりだったし、すごく興奮していた。話の内容はわからなかったけれど、私まで、この会社の株式について、その場にいた数人以外は誰も知らない秘密の情報を分かち合っているような気持ちにさせられた。だから、次の日、その株を少し買ってみた。それが二ヵ月前で、今日の株価は私が買った時の半分よ。最近は、この会社の将来の見通しはあまりかんばしくないなんていう話が耳に入ってくるわ」

私は笑った。「あなたが耳にしたのは株価収益率だと思うわ。株価と前年の会社の収益を比較したものよ。で、ネステックじゃなくてナスダック取引所というのは、インターネット上の株式取引市場で、物理的な取引所があるわけではないのよ。でも、その株にシンデレラ物語を期待したことに引け目を感じる必要はないわ。誰だっておとぎ話を信じたいと思っているものよ」私はそう言って、レスリーを慰めた。

「この話を聞いたら少し気分がよくなるかもしれないわね。私なんか、おとぎ話を信じるどころか、金の卵を産む本物のガチョウを見つけたと信じて株を買ったことがあるのよ！　上場されていない会社に出資するファンドにお金を出した時の話だけれど。私は自分が聞かされた、将来こうなる、ああなるという話を全部信じたかった。うますぎるとは思ったけれど、『これだけ儲かる』という話を信じたかった。とっても興奮したわ。これこそ秘薬だ！　キリストの聖杯だ！　ってね。でも、相手が使っている言葉や言い回しの意味はまったくわからなかったから、私には真実と嘘を見分けることができなかった。みんな、何もかもわかっていて話しているように聞こえた。だから言われるままに全部買って、気が付いた時には、その会社は当局の捜査を受けていて、オーナーは刑務所に送られそうになっていた。でも、メディアでいろいろな悪い噂が取りざたされるようになっても、私は新聞の見出しは嘘だ、約束はきっと果たされると信じていた。結局は報道の方が正しかったことがわかり、私は投資していたお金をすべて失った。要するにこういうことよ——私はあの世界の言葉が話せなかった。でもおとぎ話が現実になってほしいと思っていたから、その言葉をあえて学ぼうとはしなかった」

　レスリーは大きく一つため息をついた。「損をしたのは残念だったわね。でも、誰もがいつでも正しいことをするとは限らないとわかって、確かに少し気分が楽になったわ。それに、ああいった金融用語を聞かされて、圧倒されてすっかり混乱してしまうのが私だけではないことがわかって安心したわ」

「次の話もきっとあなたの気に入ると思うわ。ある朝、全国放送されているテレビの金融情報番組にロバートが呼ばれて、ニューヨークでインタビューを受けた時の話よ。聞き手は、PERだの抵抗線だの、ありとあらゆる種類の業界用語を使って質問をしてきた。ロバートはその話の途中で、相手の男性を黙らせて、こう言った。『私は言葉はできるだけ簡単にするようにしています』そのあと、ロバートは日常生活で使われる言葉を使ってインタビューを終わらせた。番組を終えて私たちが外に出ると、一人の若い男の人が近づいてきた。スーツの上にコートをはおり、きちんとした身なりをした三十代後半のその男性は、自分はウォール街で働いていると自己紹介してから、ロバートの手を握ってこう言った。『今、あなたのインタビューを見ていました。ぜひお礼を言わせてください。誰にでもわかるように、簡単な言葉で話してくださってありがとうございました』業界で働く人からそんなふうに言われるなんて、とても光栄だと私は思ったわ」

「わあ、その話を聞いてとっても安心したわ！」レスリーがそう言った。「私のように、理解できないのは自分だけだと思っていて、そのせいで、自分は投資の世界に入れるほど頭がよくないのだと思い込んでいる女性はたくさんいると思うわ。投資の道が教育のプロセスであること、先に進みながらひたすら学び続けることが大事だということが、よくわかってきたわ」

レスリーは最後にこう言った。「いろいろ話を聞かせてくれてありがとう！　おかげでいろいろなことがはっきりしてきたわ。今度ニューヨークにはいつ来るの？」

「二カ月くらいあとよ」

「もしあなたに時間があったら会いましょう。ランチをおごるわ！」

●同じところを何度も読み始めたら要注意

私の友人に、人間が物事を学ぶ方法について何年も研究している人がいる。私は彼女からとても貴重な「道具」を教えてもらった。ある日友人が私にこう聞いた。「何か読んでいて、同じ段落を繰り返し読んでいることに気が付いたことない？」

「あるわ。よくやってる。あれはなぜなのかしら？」彼女の研究によると、何かを読んでいる時、意味の理解できない単語があると、集中力が途切れて内容についていけなくなり、無意識のうちにその文章、あるいは段落を繰り返し読んでしまうという話だった。意味がわからない単語があると、読んでいるもの全体の理解度が落ちる。そこで、私はこう聞いた。「それを防ぐにはどうしたらいいの？」

「簡単よ。わからない言葉があったら辞書を調べて、意味がわかってから先に進めばいいのよ。そうすれば理解度は飛躍的に上がるわ」

この話を聞いて以来、何か読む時はできるだけ辞書を手元において、わからない言葉が出てきたらすぐに調べるようにしている。同じ部分を何度も読んでいる自分に気が付いた時は、意味がわからないまま、あるいは意味を誤解している言葉を無視して、読み進んでしまった証拠だ。

投資の世界には業界用語がはびこっている。一つの文の中にわからない言葉が四つも出てくることもまれではない。そんな時、私は、そういう言葉は大して重要ではないと勝手に決めて、無視して先に進みたくなるが、その誘惑を何とか抑えて、辞書で意味を調べる。それも、定義をただ読むのではなく、言葉の意味がはっきりとわかるようにする。時には、先生から「この言葉を使って文章を作りなさい」と言われた小学校時代に戻って、文章を作ってみることもある。このやり方はとても効果的だ。はじめはちょっと時間がかかる場合もあるが、読んでいる内容の理解度がぐっと高まるし、語彙を増やすことができる。

本書の巻末には、金融や投資の世界でよく使われる言葉をいくつか取り上げ、その定義を載せた。ただし、この世界であなたが出会うすべての言葉が含まれているわけではないので、同じく巻末にリストのある金持ち父さんシリーズの書籍や、そのほかの投資や金融に関する本をぜひあなたの本棚に仲間入りさせてほしい。そうすればきっと、業界用語が飛び交っても、もっとよくわかるようになるだろう。

●理解度が高まれば結果もよくなる

何年も前のことだが、投資物件を扱う不動産ブローカーと、総戸数二十四戸のアパートについて話をしていた時、ブローカーがやたら専門用語を使い始めた。「ローン資産価値比率は八十パーセント、表面利回りは九パーセント、内部収益率は十九パーセント……」（これらの専門用語はすべて巻末の用語集にある。）ブローカーは延々と話し続けた。そこで私は質問した。「表面利回りとは、正確にはどういう意味ですか？」

するとブローカーはこう答えた。「ともかく、この数字が高ければ高いほどお買い得ということです」

「でも、それは実際にどうやって計算するんですか？　計算式はどうなっているんですか？　その数字は何を測るためのものなんですか？」

ブローカーは「この人は何を言っているんだ？」という顔で私を見てこう言った。「実際のところ、この数字はそれほど重要ではありません。重要なのは、この物件がどんなにお買い得かということです」

本当のところは、彼自身、自分が何を言っているのかまったくわかっていなかったのだ。ただ「言葉」を使っていただけで、その言葉が本当に意味するところはまったくわかっていなかった。それに、次のような話を聞いたらあなたはもっとうれしくなるかもしれない――この不動産ブローカーは自分が使った専門用語のせいで自分の首を絞めていたばかりでなく、この物件に関して彼がはじきだした数字もまったく的外れで、実際はお買い得ではなかった！

●三つの簡単なルール

専門用語に関して、私が経験から学び、従っている三つのルールがある。

1．毎日語彙を増やす

使われている言葉がわからなくても、気後れしないようにしよう。大事なのはその時、怠け心を起こさないことだ。誰かと話をしていて、なじみのない言葉が出てきたら、それを使った人に意味を聞くか、紙に書いておいてあとで意味を調べるようにしよう。何か読んだり、テレビを見たりしていて、知らない専門用語が出てきたら、辞書で調べよう。

2．質問をする

つねに好奇心を持とう。そのことについてたとえ何か知っていたとしても、質問し続けよう。そうすれば、必ず新しいことが学べる。専門家、あるいはそれに近い人たちに質問すると、次の二つのことが起こる。

①相手との親近感が増す。なぜなら、質問することで、相手が話題にしていることにあなたが本当に興味を持っていることが伝わるからだ。

②より多くのことが学べる。

3．そうできる時はいつでも「ばかに見える」ようにする

「わかりません」と言うことを怖がらないようにしよう。そんな人はいないと思うが、学習を遅らせたかったら、一番手っ取り早い方法はすべての答えを知っているふりをすることだ。つまり、誰かが話をしている時、本当は何のことかよくわかっていなくてもわかっているふりをすることだ。ばかに見えるのがいやだと思っていると、かえってばかになる。

今の時代の女性にとって、有利な点の一つだと、私が心から思っていることがある。それは、私たちのほとんどが、これまでお金や投資の世界で教育を受けていないことだ。だから、私たちは「わかりません」ということを怖がらない。知っていることを期待されてこなかったのだから、知らなくて当然だ。質問するのだって怖くない。たとえ見かけが「スーパーウーマン」の十倍も強いように見えたとしても、実際はすべての答えを知っているわけではない――私たちはそのことを認めるのを恐れない。

いわゆる専門用語や、人に引け目を感じさせたりいっそうわからなくさせたりする、面倒な言葉や言い回しに、あなたの行く手を阻ませないようにしよう。そんなのはただの言葉にすぎない。どんな言葉でも、辞書を見れば定義が見つかる。意味のわからない新しい金融用語を聞かされたら、自分には手に負えないなどと思わずに大喜びしよう。なぜなら、新しい言葉を一つ覚えるたびに、あなたはより賢く、よりすぐれた投資家になっていくのだから。

第十章……

「怖くて動けない」

「立ち止まり、恐怖に真っ向から立ち向かわなければならないような経験をするたびに、あなたは力と勇気と自信を獲得する。人間は自分ができないと思っていることをする必要がある」

——エリノア・ルーズベルト

●恐怖について話そう

投資をすることに対して恐怖を感じる女性が多いのは事実だ。このことは無視できない。私がよく聞かれる質問、特に投資を新たに始めようとしている人から聞かれるのは、「恐怖を克服するにはどうしたらいいですか?」という質問だ。もしあなたが、はじめて投資用不動産を買う時、あるいは、はじめてどこかの会社に投資する時、怖いと思うのは自分だけだと思っているとしたら、つまり、対象が何であれ、自分がせっせと働いて稼いだお金を投資しようという時、死ぬほど怖いと感じるのは自分だけだろうと思っているとしたら、それは間違っている。安心していい。そう感じるのはあなた一人ではない。

●恐怖にもいいところがある

恐怖にもプラスの面がある。それは、生命を脅かす可能性のある状況に陥らないように警告を発することだ。たとえば、夜中に変な物音を聞いたら、恐怖を感じる。誰かが家に忍び込んできたと思ったら、すぐに必要な警戒態勢をとる。夜、街灯のない公園を一人で歩いていることに気が付いて、恐怖を感じることもある。そうしたらきっと、最も安全な道を探して、その状況から脱出しようとするだろう。また、吹雪の中を車を運転していてほとんど前が見えなくなったら、恐怖を感じて、車を道の脇に寄せ、嵐が過ぎるのを待つだろう。こう考えれば、確かに恐怖にもプラスの面がある。

恐怖は破壊的な面も持っている。生命を脅かす可能性のある状況に対して警告を発してくれる一方、それ自体が「殺し屋」になることもある。夢やチャンス、人間的な成長、情熱、人生を最大限に生きる意欲を殺す殺し屋だ。

なじみのない世界、未知の領域に足を踏み入れる時、適度に恐怖を感じるのはいいことだ。適度な恐怖は、たとえば、その賃貸物件に関する数字をもう少し細かくチェックしてみようという気持ちにさせてくれるかもしれない。あるいは、新しく株式を買った会社の業界に関するテレビの特別番組を見てみようという気持ちにさせてくれるかもしれない。適度な恐怖は、私たちを注意深くさせてくれて、時には、大きな金銭的損失を引き起こすような間違いを防いでくれる。恐怖が私たちの役に立ってくれるのはこういう時だ。

恐怖の悪い影響は、それが私たちを麻痺させる時に出てくる。恐怖で動けなくなって、私たちが何もしなくなる時だ。そうなると私たちは反射的に、ほとんど考えもせず、すべてのチャンスに「ノー」と言ってしまう。私たちに見えるのは、失敗の可能性ばかりだ。その投資がよくない投資である理由、リスクが高く、賢明な選択ではないことを裏付けるありとあらゆる理由を見つける。間違いを犯すことに対する恐怖、お金を失うことや、自分ががっかりさせられることに対する恐怖が勝利を収めてしまうのだ。

では、恐怖が行く手をはばんだ時、なぜ私たちはそれに抵抗しないのだろうか？　その理由は二つある。

●最悪のことを予想して恐怖の言いなりになる

今言ったように、恐怖の助けを借りて作用する私たちの頭の機能の一つは、生命を脅かす可能性のある状況に対して警告を発することだ。でも、人間の頭は、実際はそうではないのに、ある状況を生命の危機ととらえてしまうことがよくある。たとえば、頭はこんなふうに考える――

投資は危険だ！　お金を損する！　毎月送られてくる請求書の支払いができなくなったらどうするんだ？　ローンの返済ができなくなったら？　銀行はこの家を抵当流れにしてしまうぞ！　そうしたら私はホームレスだ！　住むところがなくなる。大変だ！　野垂れ死にしてしまう！

ふう！　まったく途方もない話だ。でも、実際のところ、人間の頭はこんなふうにして私たちを罠にかけることがある。たった一つ投資をしただけで、野垂れ死にするようなことがあるだろうか？　もちろんそんなわけはない。でも、反射的に出るこのような無意識的な反応が、時として私たちの人生を支配する。

新しい投資や、あまりなじみのない投資のチャンスを見つけた時、このような恐怖のために何もできなくなったら、まず、生命に関わる状況ではないと自分に言い聞かせよう。これは決して、生きるか死ぬかといった状況ではない。次に、その投資に対する賛成意見と反対意見を理性的に分析しよう。この投資のプラスの面は何だろう？　マイナスの面は何だろう？　どうしたらマイナス面を少なくすることができるだろう？そして、非理性的で反射的、無意識的な考え方を頭の中から押し出そう。

●恐怖を言いわけに使って楽をしたがる

恐怖があなたを支配する二つ目の理由はもっとはっきりしている。それは、恐怖心が出てくると、それに真っ向から立ち向かうのを避ける方が、単純に言って簡単だからだ。未知のもの、私たちに挑戦してくるもの、あるいはプレッシャーをかけてくるものと向き合うと、私たちは居心地悪く感じる。そうなると、一番簡単なのは何もしないでいることだ。

たとえば、あなたは人前で話した経験はないだろうか？　専門家によると、人間にとって最大の恐怖の一つは人前で話すことだ。もしあなたがそれに対して恐怖を感じていたら、一番簡単なのは、恐怖を感じないですむように人前で話さないことだ。

恐怖に真っ向から立ち向かい、原稿を作り、練習し、話し方教室に参加し、さらに練習し、最後にステージに上がって実際にやってみる……これは何もしないでいるよりずっと大変だ。でも、このプロセスを経ることであなたは成長する。避けていたのでは、小さくなるばかりだ。

あなたの人生にも、そうするのは怖くて気が進まないが、思い切ってやり通したら、そのために人生がもっと豊かに、楽しくなるだろうと思うことが何かないだろうか?(もしかしたらそれは、はじめて何かに投資すること、あるいはすでに投資をしている人にとっては新たな投資をすることかもしれない。)恐怖はあなたを先に進める推進力にもなるし、何もしないでいる言いわけにもなる。恐怖を感じた時、それに真っ向から立ち向かう道を選ぶこともできるし、それを避けて逃げ出し、今自分のいるところから動かないでいることもできる。だが、現実的に言って、私たちはずっと変わらないでいることはできない。成長するか、そうでなければしぼんでいくだけだ。猛烈な勢いで変化し、止まることを知らない今の世界においては、何かを「やる」「やらない」の選択は私たちの人生に必ず影響を与える。つまり、人生を大きくするか、小さくするか、そのいずれかだ。その中間の道があるとは私は思わない。

●恐怖は資産

恐怖は私たちにとって最大の資産になり得る。恐怖を感じてはいるが、命に関わることについての警告ではないことがはっきりしている場合、それは、あなた自身を成長させ、限界を広げるためのチャンスが与えられていることを意味する。多くの場合、このような困難なプロセスを経てこそ人間は一番成長する。それを乗り越えた時の気分は最高だ。プロセスを始める前の自分とは違う人間になっているのだから!

恐怖は人間が成長するためのものだと考えるようにしよう。毛嫌いせずに真っ向から立ち向かおう。そこには次の成長段階が待っていて、手を伸ばせばそれはきっと手に入る。

私の人生はラルフ・ウォルド・エマーソンの次のような言葉で大きく変わった。
「日々、何らかの恐怖を克服していかない人間は、人生の神秘を知ることはない」

●二種類の痛み

年をとり始めた人たちが「せめて……していれば……」「……しておけばよかった」などと言っているのを聞くと、私は本当に悲しくなる。そういうことを言う人は、人生でもっと多くのことができるはずだとわかっているのに、自分で自分を押しとどめてしまった人だ。たいていの場合、そうしなかった理由は恐怖だ。失敗することに対する恐怖だったり、もっといいものがあとになって見つかるかもしれないという恐怖だったり、あるいは、損をしたり、恥ずかしい思いをしたりすることに対する恐怖だったりする。つまり、どんな種類の恐怖であれ、恐怖の方が、もっとエネルギーと喜びに満ち、自己実現を可能にする人生を手に入れるチャンスよりも大きかったということだ。自己啓発セミナーや講演で有名なアンソニー・ロビンズはある時、聴衆に向かってこう言った。「痛みには二つある。失敗の痛みと、後悔の痛みだ」

私は毎日失敗の痛みを味わう方の道を選ぶ。私にとっては、やったりやらなかったりしたことに対して自分が自分に与える罰として最悪なのは後悔の痛みだ。私は自分が怖気づくとすぐにわかる。怖くて逃げ出した時もわかる。尻込みしてやらなかった時は、与えられた選択肢から、私は勇者の道ではなく臆病者の道を選んだのだ。

私には自分が尻込みしている時、それを指摘してくれる人は必要ない。自分でよくわかるからだ。後悔の痛みが一番強く感じられるのは、そのことを振り返る時だ。

女性の中には、仕事の道をあきらめたことが後悔の種となっている人もいる。あるいは、仕事のために家族を犠牲にしたことを後悔している人もいる。もう一つ、昔からよくある後悔は、「楽だから」あるいは「快適だから」という理由で、うまくいっていない異性関係や結婚生活に留まり続けたことに対する後悔だ。

私が誰にも感じてほしくないと思う後悔の一つは、お金の面で自分にとって何がいいか、ろくに考えもせず、ただ他人に任せ、彼らがあなたにとって一番いいと思うことを勝手にやらせた結果に対する後悔だ。

人生に大きな変化をもたらすのには勇気がいる。それには未知のものに立ち向かうための勇気が必要だ。でも、ありがたいことに、臆病者ではなく勇者になる道を選べば、私たちは必ず勝つ。なぜなら、そうすることで私たちは自分の限界を押し広げるからだ。だからそこには後悔はあり得ない。

●勇気の瞬間

あなたも少女時代、勇気を持って何かに立ち向かった経験があるに違いない。あるいは、誰かが勇気を持って何かに立ち向かっているのを見たことがあるかもしれない。最近、私は、七歳の少女の姿を見て自分の少女時代のことをいろいろ思い出した。

その少女は近所の公共プールで、はじめて高い飛び込み台の上から飛び込もうとしていた。私が見ている前で、少女は手すりをしっかりとつかんではしごを登り、最後の段から飛び込み台に足をかけ、その上に立った。そして、その位置から飛び込み板の端をじっと見つめた。ほかには何も目に入っていなかった。永遠と思えるほど長い時間、そこに立ち、じっと見つめていた。それから、少しずつ前に進み始めた。まだ手すりをしっかり握ったままだ。そのうち手すりが途切れ、少女と飛び込み板と、おそらく何百メートルも先にあるように見えているだろう下の水面だけが残された。

少女はとてもためらいがちに飛び込み板の端まで歩いていった。足が少し震えていた。それから本当の試練の時が来た――はるか下の水面に向かって、恐ろしい大跳躍をするか、回れ右をしてはしごまで歩いて戻り、下に降りて、「私にはできないわ」と言うか、そのどちらを選ぶ時だ。

また数分の間、少女はそこに立ったままでいた。それから、すべての勇気を振り絞り、大きく息を吸い込むと、目を閉じたまま、板の先から未知の世界へと飛び込んだ。

少女の身体が水面を打つと同時に大きな水しぶきが上がった。水面に頭を出した少女は目を輝かせ、大きな笑みを浮かべていた。「やったぁ!」少女は大きな声で叫んだ。大喜びしていた。死ぬほど怖かったけれど、やり遂げたのだ! 少女が次にやりたいと思ったことは何だったか、あなたにはわかるだろうか? それは、はしごをまた登り、高い飛び込み台から飛び込むことだった。そして、少女はそれを何度も繰り返した……。

あの七歳の少女と私たちの間に大した違いはない。状況は違うかもしれない。でも、飛び込むか飛び込まないか決める直前の恐怖の強さは、飛び込む先がプールであれ、投資などの新しい試みであれ、ほとんど同じだ。

●恐怖を克服するにはどうしたらいいか?

投資を始める場合、私たちはたいてい未知の領域に足を踏み入れる。多くの人にとってはそれまで一度もやったことのないことだ。経験などないし、もちろんすべての答えを知っているはずもない。最初から何もかも知っている投資家など私はお目にかかったことがない。だから、学習曲線のカーブはとても急だ。間違いを犯す可能性も高い。さらに、私たちは本当のお金を使ってゲームをする。そのおかげでいつも、本来は無味乾燥の「方程式」にちょっとしたドラマが生まれる。

恐怖はいろいろな形で現れる。お金を失うことに対する恐怖もあるし、間違いを犯すことに対する恐怖もある(後者の場合は、本当はまったく恐れる必要はない。なぜなら、間違いを犯すのはあたりまえだからだ。実際、心配しようがしまいが、みんな必ず間違いを犯す)。あなたも耳にしたことがあるかもしれないが、アメリカ女性にとって最大の恐怖の一つは、全財産を失い、買い物袋に持ち物を全部詰め込んで通りをうろつくホームレスになることだと言われている。確かに恐怖がそのような形をとることもあるだろう。(前に挙げた高齢層の女性の経済状態に関する統計を思い出せば、もっともなことかもしれない。)

まずは、どんな形のものであれ恐怖が顔を見せたら、その存在を認めよう。恐怖の存在を認めたら、次にそれを減らす方法の一つは、もちろん教育と経験を積むことだ。特定の投資について学び、よく知れば知るほど、より自信を持って決断が下せるようになる。所有する投資の量が多くなればなるほど、自信も知識も増える。だから、投資をするたびに、恐怖が及ぼす影響はどんどん小さくなる。

●人生を変えたトレーニング

たいていの人は、身も凍るような恐怖とまではいかないにしても、時として恐怖を感じることがあるだろう。では、それを克服するにはどうしたらいいだろう？

ずいぶん前のことになるが、私は野外でのサバイバルトレーニングに参加したことがある。それは恐怖をコントロールすることをテーマとしたコースだった。その中の訓練の一つは、電柱によく似た木の柱のてっぺんまで登り、何にもつかまらずにその上に立ち、そこから飛んで、そばにぶらさがっているブランコの横棒につかまることだった。私はすぐに、何と言っても一番怖いのは、すべてを信じて、思い切ってブランコに向かって飛ぶ瞬間だろうと思った。でも、実際はそうではなかった。柱につけられた小さな足場につかまり、次にそこに足を乗せて登り始めた私は「そんなにむずかしくないじゃない」と思った。しばらくして最後の足場に到達した。つまり、そこから先、私が手でつかまることができるのは、柱のてっぺんの直径十二インチ（約三十センチ）ほどの平らな断面だけになった。恐怖が忍び寄ってきた。私は最後の足場の上に足を残したまま、両手を柱のてっぺんについた。この訓練で一番怖かったのは、次に手をどこにもつかずに足場から足を離し、柱のてっぺんに登る段階だった。私は凍りついた。その姿勢のましばらく動けなかった。永遠と思える時が過ぎた。とうとうインストラクターが下から声をかけてきた。「どうしたんです？」

私はインストラクターにこう聞いた。「どうやって恐怖を克服したらいいんですか？」

インストラクターが答えた。「恐怖をなくすのではなくて、恐怖を感じた時にそれをコントロールする方法を学ぶことが大事なんです。何も考えずに次の段階に進みなさい」

正直に言って、この時、一方の足を柱のてっぺんに持ち上げ、次に、残った足も足場から離してその隣にそろえるためには、ありったけの勇気を奮い起こさなければならなかった。私は腕を水平に伸ばしてバランスを取りながら、その小さな台の上に立った。両方の足を乗せるともうそこはほとんど一杯だった。「やったわ！」と私は思った。すると、二番目の恐怖がわきあがってきた。さあ、今度はそこから飛ばなくてはいけない。目指すは、およそ六フィート（約二メートル）先にぶらさがっているブランコの横棒につかまること！　私はインストラクターの言葉をひたすら繰り返し、自分に言い聞かせた。恐怖をコントロールすることが大事だ。何も考えずに次の段階へ進め！

心の中でそう叫びながら柱のてっぺんから空中に飛び出し、ブランコにつかまった。ブランコはそのまま下に降りていったが、その間私の身体は、恐怖に震えながら柱を登り始めた時より激しく震えていた。下に降りた私のところにインストラクターがやってきてこう聞いた。「学ぶべき教えがわかりましたか？」その教えは、私の全身の細胞の隅々まで行きわたっていた。

●最初に投資した時の恐怖

最初に賃貸物件を買った時、不動産の所有権移転業務を扱う会社の一室で書類を目の前にして椅子に座っていた私は、恐怖に震えるどころか、恐ろしくて死にそうだった。

一九八九年、ロバートはあのサバイバルトレーニングのインストラクターさながらに、私にこう言った。

「キム、きみはそろそろ投資を始めるべきだよ」

「投資を始める？　それ、どういう意味で言っているの？」私はまったくわけがわからず、そう聞いた。

ロバートは投資と不動産についての金持ち父さんの教えをいくつか簡単に説明したあと、こう言った。

「さあ、自分でやってみて、投資がどんなものか見極められるかどうかはきみ次第だよ」

「まあ、なんてこと！　ロバートは私にまたあの柱をよじ登れと言っているんだわ！」私はそう思った。ともかくも、こうして私の投資教育が始まった。

ロバートは私に近所を調べてみてはどうかと提案した。私はそのアドバイスに従った。当時私たちはオレゴン州ポートランドの近くのイーストモアランドという地域に住んでいて、家から二つ三つ通りを越えたところにウェストモアランドという場所があった。庭とポーチのついたかわいらしい家がずらりと並んだ、とても環境のいい住宅街だった。中心には公園があり、古風な構えの店やレストランが昔ながらの町の風情をかもしだしていた。

そのあといろいろあったが、手短に言うと、結局私はその地域で売りに出ていた、古風で趣きのある家を見つけた。寝室が二つ、浴室が一つで、きれいな裏庭と別棟のガレージがついていた。さらに、家の正面にはペンキで着色された、とてもかわいらしい金属製の蝶の飾りまでついていた。申し分なし！　値段は四万五千ドルで、頭金として支払わなければならないのは五千ドルだった。計算してみると、月に五十ドルから百ドルのプラスのキャッシュフローがありそうだった。キャッシュフローとは、家賃をもらって、そこからいろいろな支払い（税金、保険、水道代など）をして、さらにローン返済額を差し引いた残り、私のポケットに入ってくるお金だ。

投資用不動産を買ったのはこの時がはじめてだったので、私は本当に自分が何をやっているかよくわかっていなかった。だから、何度もすべてをチェックした。屋根や配管の具合、建物の構造、税金、保険など、考えられる限りのことを何度もチェックした。賃貸物件を管理する業者とも何人か話をして、いくらくらいで貸せるか確かめた。私は完璧を期したつもりだった。

それでも、最終的に書類にサインし、五千ドルを支払う段になると、怖くて手がぶるぶる震えて、サインをするのもままならないほどだった。私はその物件に関してやるべき宿題はすべて終わらせた。何から何まで調べ上げた。数字はどれも念には念を入れて確かめた。それなのにあんなに怖かったのはなぜだろう？

私はただ「何も考えずに次の段階へ進め」と自分に言い聞かせた。

もう一度断っておくが、私にとってはこれが最初の投資用不動産だった。だから、すべてを考慮したつもりの自分の判断が正しいかどうか、どうしても自信が持てなかった。ベストは尽くした。「でも、もし私が間違っていたらどうする？　もし数字の計算にどこか間違いがあったら？　もし毎月お金が入ってくるのではなく、出ていくことになったら？　もし配管や屋根に大きな欠陥があったら？　もしあの五千ドルをまるまる損してしまったら？」契約書を目の前にして座り、これから渡そうとしている五千ドルの小切手をじっと見つめている私の頭の中を、そんな疑問が次々と駆け巡った。

「もしかしたら、この取引は見送って、さっさとこの場から立ち去った方がいいのかもしれない」私はそう思った。「それができれば一番楽だわ。たぶん、実際に何か買う前に、私はもっと不動産について学ぶ必要があるのよ。そもそも、もしこの物件がそんなにいい買い物だったら、なぜみんな買いたがらないの？」どの思いも、この取引から手を引くもっともな理由に思えた。手を引くと決めたとしても、それに賛成してくれる人はいくらでも見つかるような気がした。

でも、次に自分に向かってこう言った。「キム、この物件についてあなたはできる限りの調査はしたわ。今あなたが知っていることを基にして考えたら、理にかなっていると思えるんでしょう？　今この取引を最後までやり通さなかったら、たぶんいつになっても不動産投資なんてしないわよ。やるなら今よ！　思い切って飛んで、ブランコにつかまるのよ！」その掛け声と共に、私は契約書にサインし、頭金支払いのための小切手を渡して、最初の投資物件を手に入れた。とても誇らしい気持ちだった。

この時買った物件に関して私は間違いを犯したか？　と聞かれれば、確かに間違いはあった。その間違いのせいでお金を損したか？　この質問に対する答えも「イエス」だ。私が計算した通りの数字が出たか？　この質問に対する答えは「ノー」だ。でも、あの投資は確かに、私がこれまでやった中で一番大きな意味のある投資だった。何と言っても、私にとってはじめての投資だったのだから。あの投資は私をスタート台から飛び込ませてくれた。最初の扉を開けてくれて、そのあとに続く投資へと私を導いてくれた。

では、次に不動産を買う時はどうだっただろう？　契約書に最後にサインする時、恐怖と不安にかられただろうか？　その次の時は？　答えは「イエス」だ。いつだって怖かった。実際に、契約をまとめる段になって不安でたまらなくて、泣いてしまったこともある。買おうとしている物件が今にも崩れ落ちそうな建物に思えてしかたがなかったからだ。でもこの時も何とか乗り越えた。そして、新しい投資をするたびに、少しずつ学んでいった。少しずつ賢くなり、知識が増えていった。これは本当に一つの「プロセス」だ。私たちは一歩ずつ前進してこのプロセスを通過する。

第二十章で、私の恐怖心を九十五パーセントまで消してくれた投資の例と、それがなぜ恐怖を消してくれたか、その理由をお話しするつもりだ。あの時学んだことは、私が人生で学んだ最良の教えの一つだ。

●一人の女性投資家の話

次に、はじめて投資用の不動産を買った時、恐怖に真っ向から立ち向かった、ある女性の話を紹介する。この話はとてもためになり、やる気を起こさせてくれると思う。恐怖を乗り切ったおかげで、この女性は今、投資家としてとても成功していて、自分でも満足している。

・ビダの話――

私と夫は典型的なスモールビジネスオーナーでした。ものすごいスピードで走ってはいましたが、どこにも近づいていませんでした。実際のところ、毎月遅れをとるばかりでした。

当時私は四十七歳で、家から離れて大学に通う子供が二人、一緒に住んでいる子供が三人いました。投資について学び、知識を身につけて、有望そうな不動産物件を探すために必要な時間を見つけるのはとても大変でしたが、私は何とかして時間を作りました。なぜなら、自分と家族にとってそれがどんなに大事なことかわかっていたからです。夫はとても協力的だったので、私たちは一緒に楽しみながら勉強しました。私は不動産を中心に、夫は株式やオプションなど、そのほかの投資を主に勉強すると二人で決めました。

はじめての投資用物件はアパート一棟でしたが、その契約の日が近づいた時、私はものすごく大きな責任を感じました。契約を成立させるには貯金を全部使わなければなりませんでした。怖くてたまりませんでした。その時が刻一刻と近づくにつれ、考えを変えて、もうやめてしまおうと何度も思いました。もし私のまわりの何人かのとても大事な人たちのサポートがなかったら、きっと自分で自分を納得させて、途中でやめていたと思います。

私は自分に次のように言い聞かせなければなりませんでした——この二年間、ファイナンシャル教育のためにこんなにもたくさんのお金と時間を投資してきた。私は自分が今何をしているかはっきりわかっている……。何度もそう自分に言い聞かせて、「おまえには自分が何をしているかわかっていない。こんなことでうまくいくわけがない。おまえは家のお金を全部どぶに捨てようとしているんだ」などと叫び続ける頭の中の小さな声を消そうとしました。

今はあの頃のことを笑って話せます。そうできるのはとてもうれしいことです。結局、契約は最後までこぎつけました。その時買ったアパートの部屋は今全部埋まっていて、かなりの額のキャッシュフローを生み出してくれています。それ以降もずっと学び、投資用物件を買い続けていますが、これからもそうするつもりです。経験を積むたびに私は賢くなり、自信もついてきました。それに、投資することがどんどん楽しくなっています。

第十一章……あなたの裕福度はどれくらいか？

「自分自身の財布を持たない限り、女性たちはいつまでたっても自立できない」

――エリザベス・キャンディー・スタントン

ある朝、Eメールをチェックしてみると、しばらく見なかった差出人の名前がそこにあった。メールの内容はこうだった。

「キム、こんにちは！　私よ、ジャニスよ！　突然に決まったんだけれど、明日一日だけフェニックスに行くの。さっとランチを一緒にできないかしら？　では、また！　ジャニス」

私はすぐ返事を書いた。

「ジャニス、こんにちは！　明日は大丈夫よ。この間会ってからどうしていたか、聞きたいわ。では、明日！　キム」

そのあと二人で時間と場所を決めた。最後のジャニスのメールからは興奮が伝わってくるようだった。

「キム、私、ニューヨークでみんなで話したことについて、あれ以来ずっと考えているの。いろいろなことがわかり始めてきたわ。特に私は毎日、自分の会社で一日中働いているでしょう？　ああいった話がまたできるのを楽しみにしているわ。では明日！　ジャニス」

ジャニスはずっとその話をしたくてたまらなかったに違いない。そのことは、次の日、約束のレストランに到着するとすぐにわかった。なぜなら、ジャニスがすでにそこに座っていたからだ。ジャニスが時間通りに来たのは、私が覚えている限りはじめてだった。時間通りどころか、約束の時間より早く到着していた！　私がテーブルに近づく間に、ジャニスは携帯電話の相手に向かって別れの挨拶をすませた。

ジャニスが飛び跳ねるようにして立ち上がり、私たちはしっかり抱き合った。「あなた、とっても元気そう！」ジャニスは笑いながらそう言った。

「連絡をくれてありがとう。うれしかったわ」私はそう言った。「あなたももちろん、いつも通りとってもすてきよ」

ランチのひとときはあっと言う間に過ぎた。私たちは二時間近く、息もつかずに話をした。何か食べたのは覚えているが、この時の二人にとって一番大事だったのは食べ物ではなかった。

「さあ、あれから何があったのか、話してちょうだい」私はまずそう言った。

●「お金に動かされている！」

「みんなで会ってからずっと、私はいろいろ考えた。もちろんまだ全部わかったわけではないけれど、もしお金の心配がなかったら自分の人生がどんなふうになっているか、それが少し見えてきたわ。何か決める時、私自身やビジネスにとって一番いいことは何かと考えるのではなく、ただもっと儲かるようにとだけ考えて決定を下していることがどんなに多いか、これまで考えたこともなかったのよ」ジャニスはそう正直に打ち明けた。

「たとえば、先週もこんな選択を迫られたわ。二つのイベントが同じ日に重なって、どちらか選ばなくてはならなくなったの。一つは小売業界のトップの人たちが出席する集まりで、人間関係を築いたり、いろいろなことを学ぶチャンスだった。私が本当に出席したかったのはこちらのイベントよ。もう一つのイベントは、小さなトレードショーのようなもので、実際に商品を売ることができた」

「あなたがどうしたのか教えて」私は興味津々で聞いた。

「決定を下すまでの私のプロセスには、長期的に見てビジネスにとって一番いいのは何かという考えはまったく出てこなかった」ジャニスは少し悔しそうにそう言った。「どちらの方が今、より多くのお金をもたらしてくれるか、決め手はそれだけだった。だから私はトレードショーの方に行った」

「それで？」と私は先をうながした。

ジャニスが話を続けた。「そのトレードショーは結局は時間のむだだったわ。ほとんど何も売れなかったし、来ていた人は私がターゲットとする客ではなかった。ちっとも楽しくなかった。代わりに、その日一日、充実した日程の会合の方に出ることもできたのに……。あとで聞いたのだけれど、集まりには、主催者の予告にはなかったゲスト出席者がいて、その二人は私にとってこの業界のヒーローのような人だったの。あっちに行っていれば、二人に会えていろいろ質問もできたのよ。出席した友達はみんなとてもよかったと言っていた。私も出席していれば、会社の将来の成長のためにとても役に立つことがたくさん学べたのに……。でも実際は、目先のお金の方をとってしまったのよ」

「とてもいい勉強になったわね」私はそう意見を言った。

「さっきも言ったように、目先のお金のことばかり考えて選択するのをやめたら、自分の人生がどんなふうに変わるか、それを考えるいいチャンスだった。もし基本的な生活費がカバーできるとわかっていて、自分のビジネスから得られるお金に依存する必要がなかったら、ビジネスと自分の人生にとって長期的に見て一番いいことを選択していけるから、ビジネス自体がもっとずっと楽しくなるだろうということが、少しずつわかりかけてきたわ。

昨日も、私はある女性から誘われた朝食を断った。その人は、二年後くらいに私がやりたいと思っていることをやっている人よ。彼女に会う代わりに私が何をしたと思う？　先月の売り上げが落ちたからと、セールス部門で中心的な役割をしている三人とミーティングをしていたのよ」ジャニスは続けた。「こういう営業会議が大事なのはわかっている。私がばかだったのは、そのミーティングは午後でもよかったし、それどころか次の日の朝でもよかったのよ。あの女性と二人きりでゆっくり話す機会はもう二度とないかもしれない。ビジネスに本当にはずみをつけてくれたかもしれないのに……。まったくばかげた話だわ」

「で、これからどうするつもりなの?」

「そうね……あなたが経済的独立と呼んでいるゴールに向けてスタートを切り、がんばりたいと思うのはなぜか、私にとっての『本当の理由』は見つかったような気がする。私はビジネスを楽しいものにしたい。何かを学び、成長していく場にしたい。また、一緒に働く人たちがそれぞれに何か学び、成長し、私が自分の夢やゴールを追い求めるのと同じように、彼らも自分自身の夢やゴールを追い求め、実現できるような場所にしたい。夢を追うのはとても胸がわくわくするし、満ち足りた気持ちになるもの!」そう言うジャニスの目はきらきらと輝いていた。

「それは、確かに『どうしてもそうしたい理由』だわ」私はそう認めた。

ジャニスと私は話し続けた。

私はジャニスに、レスリーと電話でした話の内容を伝えた。レスリーが、専門家と呼ばれる人たちによって使われている言葉が主な原因で、自分は頭のよさが足りないと思っていたという話だ。そして、お金や投資、金融に関する語彙、つまりお金の世界の専門用語を学ぶ重要性について話をした。

「それが鍵だわ」ジャニスが同意した。「あのちんぷんかんぷんな言葉を聞かされると、私はそれだけでもう逃げ出したくなる。そして、その話題自体に対する興味も失ってしまう」

私たちはランチの間、ほとんど世間話はせずに、経済的独立とは何か、キャッシュフローに一番焦点をあてるのはなぜか、といったことについて話し合った。

●次のステップ

「じゃあ、ここから私はどこに行けばいいの？　次のステップは何？」ジャニスは答えを早く聞きたがった。「さっき言ったことを覚えている？　経済的独立の一番の目的は、自分が仕事をしなくても、生活費として出て行くお金よりも多いキャッシュフローが入ってくるようにすることよ」

「ええ、覚えているわ。とてもいい考えだと思う。それに、あなたは、経済的に自由になるのに、ものすごくたくさんのお金は必要ないって言ったでしょう？　それもとてもいいと思うわ。私はいつも、たくさんお金がなければそういう状態にはなれないと思っていたんですもの」

「その通りよ。私がロバートの金持ち父さんから学び、使い続けている方式によると、経済的に独立するために必要なものは人によって違う。あなたが経済的に独立するために必要とするキャッシュフローの量と、あなたの隣の家の人、あるいは仲のいい友達が必要とする量とは違うのよ」

私はジャニスに、ロバートと私が一九九四年に経済的に自由な状態になった時のことを話した。「私たちが経済的に自由になるには五年の年月が必要だった。一九八九年に、私がはじめて投資用の不動産を買った時のことを話したでしょう？　覚えている？　寝室二つ、浴室一つの小さな家よ。その後、キャッシュフローを得ることを目的に、主に不動産に投資し続けた結果、五年後には、一カ月におよそ一万ドルが私たちのポケットに流れ込むようになった。これはものすごく多いとは言えないけれど、当時の私たちの生活費はわずか三千ドルだったから充分だった。私たちはその三千ドルを支払うのにお金のために働かなくてもよくなった。もうお金の方が私たちのために働いていてくれていて、私たちは働かなくても一万ドルの現金が毎月ポケットに入るようになっていたのよ」

ジャニスが口をはさんだ。「じゃあ、私の次のステップは、生活費を支払うのにどれくらいキャッシュフローが必要か計算することね。毎月かかる費用を計算する必要があるんだわ」

「そう、その通りよ！　もしよければ、今ここでもできるわ」

「やりましょう！」ジャニスはそう言って、こぶしでテーブルをドンと叩いた。

●裕福度を測る

「いいわ。じゃあ、あなたがどれくらい裕福か、見てみましょう」私はそう言った。

「裕福というのは、正確にはどういう意味？」ジャニスが聞いた。

「とてもいい質問ね。裕福という言葉にはたくさんの定義があるわ。私が使っている定義は何年も前に教えてもらったものよ。この定義を考えたのは、すばらしい発明家で、哲学者、人道主義者でもあったバックミンスター・フラーという人よ。フラーは裕福度を、『その人がこれから先、生き延びることのできる日数』と定義しているわ。

これをお金の世界の言葉で言い換えると、『仕事をしないで何日生き延びることができるか？』ということよ。ここで大事なのは『仕事をしないで』という点よ。あなたが今日仕事をやめたとして、つまり、仕事からの収入がなくなったとして、自分が今もっているお金でどれくらいの期間、生活できるかしら？」

「それは一体どうやって計算するの？」

「実際はとても簡単よ。まず生活費を全部合わせてみて。その合計が、あなたが一カ月『生き延びる』ための費用よ。給料、あるいは自分のビジネスからの収入がなくなったとして、あなたは生きていくのに毎月いくらのお金が必要かしら？」

「生活するためのぎりぎりの費用を計算しろということ？　だって、たとえば私はよく外食するけれど、それはやめることができるわ。それから、買い物もずっと少なくしても大丈夫だし」ジャニスはそう説明した。

「あなたがその話を持ち出してくれてよかったわ。それってとても大事な違いなのよ。この計算式はあなたの今の生活水準を基本にしている。もっと家賃の安い小さな家に引っ越せとか、車を売ってバスに乗れとか言っているわけじゃないの。私は『収入に見合った生活をする』という考え方には賛成しない。生活水準を下げて人生を楽しめなくなるんだったら、経済的な独立をする意味がないわ。経済的な自由は、あなたが望む生活水準で暮らしてはじめて意味があるのよ。あなたは今はこの生活水準で生きている、だから裕福度を測るために使う生活費もそれを基にしたものでいいのよ。生活水準はこの先、いつだって上げられるんだし……それどころか、生活水準を上げるのは大歓迎よ」

●あなたはどれくらい裕福か?——ステップ1

ジャニスはうれしそうにうなずいた。「わかったわ。今の私の生活費を合計するとしたら、こんな感じね」ジャニスはその場で次のようなリストを書き上げた。

住宅ローン返済	二五〇〇ドル
固定資産税	三〇〇ドル
火災保険	一五〇ドル
家にかかる費用	三五〇ドル
(光熱費、電話代、テレビ受信料など)	
自動車ローン返済	五五〇ドル
ガソリン	一五〇ドル
外食、娯楽費	五〇〇ドル
各種買い物(衣類、日用雑貨など)	五〇〇ドル
雑誌、新聞、書籍	五〇ドル
旅行、休暇	二五〇ドル

●ジャニスを見習って、あなたもここで生活費のリストを作ってみよう。生活費として考えられるものには次のようなものがある。

住宅ローン返済 ＿＿＿＿＿＿円
固定資産税 ＿＿＿＿＿＿
火災保険 ＿＿＿＿＿＿
家にかかる費用（光熱費、電話代、テレビ受信料など） ＿＿＿＿＿＿
家賃 ＿＿＿＿＿＿
自動車ローン返済 ＿＿＿＿＿＿
自動車維持費 ＿＿＿＿＿＿
ガソリン代 ＿＿＿＿＿＿
交通費（電車、バス、タクシー代など） ＿＿＿＿＿＿
食費（家での食事） ＿＿＿＿＿＿
食費（外食） ＿＿＿＿＿＿
娯楽（観劇、コンサート、スポーツなど） ＿＿＿＿＿＿
各種買い物（衣類、日用品、書籍、洗面・化粧用品など） ＿＿＿＿＿＿
雑誌、新聞の購読費 ＿＿＿＿＿＿
旅行、休暇 ＿＿＿＿＿＿
子供（ベビーシッター、学費、衣類、その他雑貨、スポーツ・習い事） ＿＿＿＿＿＿
医療保険料 ＿＿＿＿＿＿
ジムやフィットネスクラブの費用 ＿＿＿＿＿＿
ペットにかかる費用（食費、医療、ペットホテル） ＿＿＿＿＿＿
庭の維持費 ＿＿＿＿＿＿
自家用車以外の乗り物（ボート、オートバイ、キャンピングカーなど） ＿＿＿＿＿＿
教育的な活動 ＿＿＿＿＿＿
駐車代 ＿＿＿＿＿＿
そのほかの費用 ＿＿＿＿＿＿

ジャニスのリストをざっと見たあと、私はこう聞いた。「で、あなたの毎月の生活費はいくらになった？」

「四千九百ドルよ」

「すべての数字を正直に申告した？」私は念を押した。

「そうね……」ジャニスはちょっとためらった。「もしかすると着るものと外食にもう少したくさん使っているかもしれないわ。数字をもう少し増やさなくてはいけないかも知れないわね。それから、『予備』とか『雑費』という項目を付け加えるといいかもしれない。ほら、予定外の支出とかあるでしょう？」

「それはいい考えね」私は笑いながらそう言った。「数字を出す時に自分に対して正直であればあるほど、目標を達成できる可能性が増えるのよ」

私はさらに続けた。「ロバートと私にお金がなかった時、一番つらかったのは、一カ月に二回、経理を任せている人に会わなければいけなかったことよ。毎回、彼女と一緒に机に向かい、自分たちのところに入ってくるお金がどんなに少なく、出て行くお金がどんなに多いか、またどんなに多くの負債を抱えているか……そういった現実を真正面から見据えるのは楽しいことではなかった。でも、自分たちがどんな状態か正直に認めたおかげで、はっきりした目標を定め、債権者や、先に待っているさまざまな状況をうまく処理することができるようになった。それは確かよ。もし自分たちの経済的な状況について、現実を認めず、自分に嘘をついていたとしたら、私たちは今もあの負債を抱えたままだったかもしれないわ」

「あなたの言いたいこと、よくわかるわ」

ジャニスは二つ三つ数字を直し、「私の毎月の生活費は五千三百ドルよ」と宣言するように言った。

「よくやったわね」そう言って私はジャニスをねぎらった。「あなたがどれくらい裕福か知るための第一のステップはこれで終わりよ。次のステップに進む用意はできている？」

「もちろんよ」ジャニスがそう答えた。

●あなたはどれくらい裕福か?——ステップ2

「次のステップは、あなたが今どれくらいお金を持っているかを計算することよ。給料やそのほかの収入は含めないでね。つまり、今日仕事をやめたとして、いくらお金があるかということよ。預貯金口座に入っているお金や、すぐに売って現金化できる株式、それからもちろん、資産から生み出されるキャッシュフローも含めるのよ」

「宝石とか、祖母からもらった銀製品なんかはどう? 含めていいの?」

「私はそういうものは含めない。その理由は二つあるわ」私は説明を始めた。「まず、それが売れるかどうかわからないからよ。売れたとしても、私が見込んだ値段よりはずっと安くなるでしょうね。二つ目の理由は、この計算はあなたの今の生活水準を維持することを前提としていることよ。もし売れるものをどんどん売り始めたら、生活水準を下げることになるわ」

「なるほどそうね」とジャニスは認めた。「わかったわ。リストを作るわ。たいして時間はかからないし」

あれこれ検討した結果、ジャニスが最後に作ったリストは次のようなものだった。

預貯金	一八〇〇〇ドル
株式	六〇〇〇ドル

「これが私のリストよ。すぐできるのはわかっていたわ。要するに、私が使えるお金は全部で二万四千ドルってことね」

●あなたはどれくらい裕福か?——ステップ3

「これでいいわ。今度はあなたの持っているお金、二万四千ドルを、単純に毎月の生活費五千三百ドルで割ってみて。答えはどうなる?」

ジャニスはカバンの中に手を突っ込んで計算機を取り出した。

「二万四千割る五千三百……答えは四・五よ」ジャニスはちょっと当惑した表情でそう言った。「これ、どういう意味?」

「あなたは四・五カ月分裕福だという意味よ。あなたは今日仕事をやめたら、四・五カ月分の生活費をカバーするだけのお金を持っている」

ジャニスの肩ががっくりと落ちるのがわかった。ジャニスは「信じられない」といった顔で私の方を見て言った。「これってあまり長くないわね。こんなふうに考えてみたことはなかったわ」

「長いのがいいとか、短いのが悪いとか、そういうことではないのよ」私はそう指摘した。「これは単に、あなたのスタート地点を示すためのものよ。今の時代、仕事をやめた場合の裕福度がゼロ、あるいはマイナスという人も多いわ」

「要するに、この計算式は、貯めてきたお金を毎月の生活費で割る、そういうことね?」ジャニスが聞いた。

「ええ、簡単でしょう? このパズルを完成するためにはまだ足りないピースがあるけれど、それはもうじきわかるわ」私はそう言った。「ここではとりあえず、そういうことだと思っていいわ。生活費が二千五百ドルで貯金が五千ドルある人の場合は、五千割る二千五百は二で、その人は今の生活スタイルを続けるための費用を二カ月払い続けることができるということよ。

じゃ次に、足りないピースの話をしましょう。完全な形の計算式はこうなるわ」私は紙ナプキンの上に次のように書いた。


(貯金(すぐに使える現金)+働かなくても入ってくる収入)÷毎月の生活費=あなたの裕福度

「で、私には、働かなくても入ってくるお金が明らかにない、それが足りないピースということ?」ジャニスが言った。「となると、ゴールはどこにあるの? 裕福度の数字を、この先、生き続けるだろうと思う月数と等しくすることなの? それはとても大きな数字になるわ!」

●裕福度を無限大にする

「確かにそれではものすごく大きな数字になるわ」私はジャニスの言葉に同意した。「でも、あなたはすばらしい質問をしてくれたわ。経済的に独立すると、あなたの裕福度は無限大になるのよ」

「無限大?」ジャニスはよくわからないという表情で聞いた。

「考えてみて」と私は話を始めた。「経済的に自由で独立した状態になれば、毎月の生活費をカバーできるだけのお金が投資から入ってくるから、あなたは二度と働かなくてもいいのよ。それでいて、お金が足りなくなることは絶対にないから、裕福度は無限大というわけよ」

「確かに、これから死ぬまでに生活費として百万ドル必要だと思ったら、それだけのお金を貯めるために私は必死で働かなければならないでしょうね。時間もとてもかかる。それでも貯められないかもしれないわ。それに、たとえ貯められたとしても、その百万ドルもいずれは使ってしまい、そうなったら私はとても困った状況に陥る……」ジャニスがそう言った。

「私が言っているのはまさにそのことよ」

「つまり、必要なキャッシュフローの量を決めるのは、私の生活費ということね。で、今、私は自分の生活費はわかったから、投資から毎月得なければいけない金額の目標を決められるということね!」ジャニスは納得がいったようだった。

「そういうことよ!」私はにこりとした。「それがキャッシュフローと呼ばれるものよ。現金《キャッシュ》が流れ《フロー》込んでくるのよ。投資から入ってくるこのキャッシュフローは不労所得と呼ばれているわ。『不労』というのは、あなたがそのために働いていないという意味よ」

　ジャニスは興奮した声でこう言った。「で、キャッシュフローに関する私の目標は、働かずに毎月五千三百ドルの現金を流れ込ませることね！」

「そう、毎月五千三百ドル……あるいはそれ以上よ」

「あるいはそれ以上……その通りだわ！」ジャニスはうれしそうに同意した。

「で、次の問題は、それをどうやって可能にするかよ」

「今、まさにそれを聞こうと思っていたのよ！」ジャニスは笑いながらそう言った。「でも、実際のところ、あなたは自分の投資方法について私たちに話してくれた時に、そのやり方をもう説明してくれているわ。あなたは『資産を買うか、作り出す』と言った。資産というのは私のポケットにお金を入れてくれる投資。だから、私の次のステップは、私のポケットにお金を入れてくれる投資について学び、それを見つけて買うことなんだわ！」ジャニスは勝ち誇ったように言った。

　ジャニスは話を続けた。「別れる前に、もう一つだけ聞いておきたいことがあるの。私は余分なお金はまったく持っていない。貯金がいくらあるか、あなたも数字を見たでしょう？　お金を儲けるにはお金が必要なんじゃないの？　投資の世界でゲームを始めるにはたくさんのお金がいるんじゃないの？」

「すごくいい質問だわ！」私はそう答えた。「でも、私たち二人とも、もう行かなくちゃいけない時間よ。この話の続きは今週中に電話でしましょう」

　レストランから出る時、私はジャニスにこう言った。「お金についてのあなたの最後の質問に関して、あと一つだけ言わせてちょうだい。それは、お金がないというのは、投資をしようという人にとって最大の利点になり得るということよ。さあ、残りはまた近いうちに話しましょう。さようなら！」

第十二章……「そんなお金はない」

「お金では幸せは買えない。だが、お金は、あなたが不幸である間、何不自由ない生活をさせてくれる」

――クレア・ブース・ルース

その時、私はニューヨークへ行く予定を立てていた。そして、ふと、「次にニューヨークに行く時には連絡する」とレスリーに約束していたことを思い出した。

携帯に電話すると、「ハロー?」とレスリーが答えた。

「こんにちは、レスリー! 私、キムよ。今ちょっと話せる?」

「もちろんよ!」

「あのね、二週間後にニューヨークに行くの。会えるかしら?」

「ランチを一緒にできるならいつでもOKよ!」レスリーは笑った。

私もにこりとした。「私たちはいつもランチね。二、三日前ジャニスがこっちに来たので会ったのよ。もちろんランチをしたわ」

私たちはそれからもう少しおしゃべりをして、会う日時を決めた。「場所はあなたが決めてくれる?」私はそう提案した。

「お気に入りの場所があるのよ。大丈夫かどうか調べて、それからまた連絡するわ」レスリーがそう答え、私たちは電話を切った。

●セントラルパークでのランチ

さすが芸術家はこういうところをランチの場所として選ぶのだな……。約束の場所に向かって歩きながら私はそう思った。レスリーが「お気に入りのところ」と言っていたのが正確にどこなのかわかっていなかった私は、携帯を取り出してレスリーに電話した。「もしもし、レスリー？ 今、橋を渡っているところよ。次は右に行くの、それとも左？」

「右よ。そのまままっすぐ来れば見えるわ。絶対見過ごさないから。すばらしい日だと思わない？」

私は歩きながら思わず一人でにこりとした。確かに空には雲ひとつなく、暖かで、薄いジャケットをはおっただけで充分だった。角を曲がるとレスリーが言った通り、すぐに見つかった。レスリーはセントラルパークの真ん中の芝生のエリアに敷かれた真っ赤な毛布の中心に座り、ピクニック用の大きなバスケットの横でにこにこしていた。

私はレスリーの方に向かって早足で歩きながら、手を振った。それから、レスリーのそばに、背中をこちらに向けてもう一人女性が座っているのに気が付き、驚いた。レスリーが手を振り返してきた時も、その女性は動かなかった。

近づくと、その女性が誰かすぐにわかった。「トレーシー！ あなた、一体こんなところで何をしているの？」私はそう叫びながら、トレーシーと抱き合った。

「この間の集まりに出られなかったことがとても残念だったの。だから、あなたがこっちに来ると聞いたレスリーが電話をくれて、一緒に会おうと誘ってくれたのよ。再会のチャンスを二度までも逃す気はなかったわ。この間どんなに楽しかったか、レスリーからさんざん聞かされたあとではなおさらよ！」

それからしばらく、私たちは音信不通だった間の出来事を報告し合い、レスリーが用意してくれたすばらしいピクニック用ランチを楽しんだ。トレーシーは私とレスリーに、シカゴでの仕事でどんなに疲れ果てているか訴えた。「私の人生は人生と言えないわ」トレーシーは後悔しているようだった。「これ以上は無理というくらい一生懸命働いているのに、それに対する見返りがない気がするの。給料は上がっても、先に進んでいる気がしない。夫も私と同じくらいせっせと働いている。子供は二人で、ハイスクールと小学校に通っているわ。すべてを何とかうまくこなすために精一杯がんばっているけれど、正直言って、前に進んでいるように思えない。ただ遅れないようにするためだけに、全速力で走り続けているような気がする。何かを変える時が来ていると思うの。私にはその準備が充分できているわ」

「最近、本当に不安な思いをさせられたのよ」とトレーシーは続けた。「二カ月ほど前、夫の会社が買収されて、夫がクビになる可能性が出てきたの。新しく持ち主になった会社が、前からの従業員の多くを自分のところの従業員にすげかえ始めたからよ。幸いなことに夫はクビにはならなかったけれど、そんなことになっていたら、うちの収入が大幅に減るところだったわ。でも、このことで、自分たちが金銭的にどんなに不安定な状態にあるかよくわかったの」

レスリーが話に飛び込んできた。「お金についてや、経済的に自由になることについてみんなで話したことを少しトレーシーにも話したのよ。そうしたら、すごく思い当たるところがあったみたい」

「もうわかったと思うけれど、絶好のタイミングだったわ」とトレーシーが認めた。

女友達だけでするランチはいつもそうだが、私たちはランチの間ずっとしゃべり続けた。トレーシーは仕事と家庭を両立させることがどんなにむずかしいか話してくれた。私はそんなトレーシーに向かって、ちょっとおどけた調子で、「結婚生活と仕事を両立させるにはどうしたらいいかとアドバイスを求める男性の話は、まだ聞いたことがないわ」と言った。女権拡張運動の活動家で雑誌『ミズ』の創刊者でもあるグロリア・スタイナムの言葉の引用だった。

私たちはみんな笑った。それから、その言葉が現実をどんなにうまく言い得ているかに気付き、しばらくしんとした。

トレーシーが口を開いた。『時間がない』という思いが私の人生の大きな部分を支配しているように思えるのは、きっとそのせいだわ。誰かが何か提案してきても、たとえ一分でも私の貴重な時間をとられると思うと、自動的にこの言葉が口から出てしまう。自分でもわかったけれど、あなた方がお金と投資について話をしたとレスリーから聞かされて、まず頭に浮かんだのもそのことだった。でも、今はもう自分ではどうしようもなくなっていて、何か劇的な変化が必要なんだと思う。私が今日ここに来たのは、一つにはそのこともあったのよ」

●よくある質問

トレーシーの「本当の理由」は、すでにはっきりした形をとり始めていた。私たちはわずかな時間で多くのことについて話し合った。その途中で、トレーシーが大きな疑問を提起した。それは、投資に関してとてもよく聞かれる質問だ。「でも、投資を始めるにはお金が必要でしょう？　お金を儲けるためにはまずお金が必要じゃない？」トレーシーはそう聞いた。

それを聞いて私はにんまりとした。「ジャニスにも電話で参加してもらった方がよさそうね。だって、この間、一緒にレストランを出る時に、まったく同じ質問をしていたんですもの。あの時は詳しく話す時間がなかったのよ」

トレーシーが少し声を大きくして言った。「こんなこと認めるのは本当に恥ずかしいけれど、これまでずっと、あれこれとやってみては失敗ばかりで、私たち夫婦は結局ほとんどお金を貯められなかった。確定拠出型年金401（k）と投資信託が二つばかり、それと子供の教育資金としてわずかの蓄えがあるだけよ。それ以外、稼いだお金はほとんど全部、時にはそれ以上に使ってしまう……」

「安心していいわよ。あなたは私よりずっとましよ」レスリーが正直に打ち明けた。

「で、お金を儲けるためにはお金が必要じゃないの？」トレーシーがまた聞いた。

「一つだけ言わせてちょうだい。ランチのあとジャニスと別れる時も、宿題にと思って、このことを伝えたのよ」私はそう前置きしてから、話を始めた。「投資を始めた時、私にとって一番よかったことはお金がなかったことよ」

二人は「わけがわからない」といった表情で私の方を見た。

「どうして？」レスリーが聞いた。「私もトレーシーと同じ考えよ。投資するにはお金が必要だと思うわ」

「でも、探し始める前からお金が必要かしら？」私はそう反論した。

「あなたが何を言いたいんだかわからないわ」トレーシーが言った。

私はこう答えた。「あなたたち、これまでに、お金ができたらこうする、暇な時間ができたらああする、なんて言ったことない？　どちらもよく使うせりふじゃない？」

トレーシーが答えた。「ええ。確かに言ったことがあるわ。特に、時間ができたら……というのはよく言うわね。でも、だからどうだって言うの？」

「暇な時間が見つかったことがある？」私はもう一押しした。

二、三秒考えてからトレーシーが正直に認めた。「ほとんどないわ」

レスリーが話に飛び込んできた。「私は『いくらかでもお金ができたらすぐに……』と結構よく言うわ。で、どうなるかわかる？　お金ができたらやる、と私が言ったことは、結局実現しない。なぜかと言うと、いつでもお金がどこかほかのところに行ってしまうからよ。まるで『お金ができたら……』と言うこと自体が、それが実現しないことを保証しているみたいよ」

「そこが肝心なところなのよ」私はそう言った。「誰かが『お金ができたらすぐ始める』と言うのを聞くと、私はほぼ確実に、この人は絶対に始めないだろうと思う。『お金ができたらすぐに』と考えるだけで、何もしないことが正当化される。だって、お金ができるまでは『できない』わけなんだから、しなくていいんですもの。これは何もやらないでいることに対する、とても立派な言いわけになるわ」

「じゃ、投資できるお金をほとんど持っていなかったら、どうしたらいいの？」トレーシーが少しじれったそうに聞いた。

「投資のためにはじめてお金を必要とした時、私の考え方を大きく変えた話があるんだけれど、その話をしてもいい？」私はそう聞いた。

トレーシーとレスリーは大きくうなずいた。

●お金がなくても投資はできる

「ロバートと私がオレゴン州に住んでいて、私が投資家として第一歩を踏み出そうとしていた時、私たちには蓄えがまったくなかった。実際のところ、ほんのわずかなお金しか持っていなかった。毎月送られてくる請求書の支払いをするのが精一杯で、それだけでも大仕事だった。ある日の午後、私たちは仕事で五週間オーストラリアを旅し、家に帰ってきた。文字通り家に足を踏み入れた瞬間、電話のベルが鳴った。まだスーツケースを手に持ったままだった。いつも頼んでいる不動産ブローカーからの電話で、彼は、たった今、売りに出た総戸数十二戸のアパート一棟を、一時間以内に見に行ってくれと言った。一番に私たちに電話をしたが、もし私たちから一時間以内に返事がなければ、顧客リストの次の投資家にチャンスを与えるという話だった。二十四時間がかりの旅を終えたばかりで、私たちは疲れ切っていた。ロバートが『ぼくが見に行ってくる』と言った。車に乗り込むロバートに向かって私が言った言葉は今もよく覚えているわ。自分たちのひどい経済状態を知っていた私はこう言った。『買わないでよ！』

で、もちろん、ロバートはすごく興奮した様子で帰ってきて、にこにこしながら開口一番『買ったよ！』と言った。

私はあきれて一瞬口をぽかんと開けた。『何ですって？　そんなお金、ないじゃない！』私は反射的にそう言った。

するとロバートはこう言った。『まあね。もしお金が見つからなければ、買わないことにすればいい。ともかく、どうやったらお金が見つかるか考えよう。ぼくは買付申込みをして、売主がそれでOKだと言った。つまり、建物についていろいろ調べるために――金銭的な見通しも含めてね――二週間与えられたということだ。調査の結果が気に入らなければ、取引をやめることができる。これはお金を集める時間が二週間与えられたということでもあるんだ』

正直に言って、私はちょっと心配になったどころの騒ぎではなかったわ。

まず私たちは、物件のお金の面での状況がどうなっているか、不動産ブローカーから情報をもらった。それからカナダにいる友人で、不動産投資家としてとても成功しているドゥルーに電話をした。ドゥルーが興味を持ってくれたので、ブローカーから得た情報をファックスで送った。売値は三十三万ドルで、頭金として五万ドル必要だった。ファックスをして一時間もたたないうちに、ドゥルーが電話をしてきて、こう言った。『この物件はとても気に入った。いい買い物だと思う。話に乗るよ。半分出そう』つまり、二万五千ドル出してくれて、私たちと所有権を半分ずつ持ち合うということだった。これで、私たちが集めなければならないのは、残りの二万五千ドルだけになった。

『それはすごい！』ロバートはドゥルーにそう言った。『もっと詳しい情報を集めて、また明日電話するよ』ドゥルーが電話をかけてきた時、私たちは車に乗っていた。ドゥルーが話に乗ると言った時、突然、私は不思議な感情に襲われた。今までにない奇妙な感情で、それと同時にとても爽快な感じだった。私はロバートの方を向いて、こう言った。『もし不動産投資に人生をかけているドゥルーが、そんなにいい取引だと思うのなら、これはきっと本当にいい話なんだわ』

ロバートは私に同意した。そこで私はにこりとして言った。『私たちだけでこの取引をまとめましょう。百パーセント所有権を持つのよ』

ロバートが急ブレーキをかけ、道路のわきに車を止めた。『いいかい』ロバートは少しじれったそうに、私に言い聞かせるように言った。『ドゥルーは喜んで半分出そうと言っているんだよ。そうすれば残りは二万五千ドルだ。もしぼくたちだけで買うとしたら、また一から出直しだよ』そのあとしばらく二人とも黙っていたが、頭の中ではたくさんの声がしていた。私たちは顔を見合わせた。それから、ロバートが言った。『よし、そうしよう』

こんなことをするなんて大ばかだと思う人はたくさんいると思うわ。私たちだって、何度もそう思った。何と言っても、確実な助けを断ってしまったんですものね。結局何も見つけられず、あきらめることにもなりかねなかった。最終的に全部手に入るか、まったく手に入らないか、二つに一つだった。

私たちはスタート地点に戻り、五万ドルを探し始めた。銀行を手当たり次第に回ったけれど、どこでも融資はできないと言われた。知り合いにも声をかけ、それ相当の利子をつけるからお金を貸してくれないかと頼んでもみたけれど、だめだった。次に、私たちは手元にある資金を徹底的に見直し、いくらかのお金を集めた。その頃やっていたビジネスについてよく考えると、いくつか新しいアイディアが浮かび、アパートの売買契約日までの短期間に、余分な売上げを生み出すことができた。そして、結局、私たちは二万五千ドルをかき集めた。これでやっとドゥルーが話に乗ると言った時点まで追いついた。私はそう思った。

私たちはさらに資金を探した。買付申込みの有効期限はあと三日だった。最後の望みをかけ、いつも使っている銀行に聞いてみることにした。最初にあちこちの銀行にあたってみた時には、意識的にこの銀行は避けた。それは、この銀行に預けていたのは個人の口座と会社の口座を合わせても三千五百ドルくらいだったので、いい返事はもらえないだろうと思ったからだ。

ロバートと私は銀行に行って、支店長のジェイムズに会いたいと言った。小さな銀行で、支店長も私たちと同様、この地域に移り住んできたばかりだった。机をはさんでジェイムズの前に座った私たちは、この不動産について説明し始めた。細かい数字を見せ、物件からのキャッシュフローでローンを返済する方法も説明した。ジェイムズは黙って私たちの方を見つめ、それからこう言った。『うちにいらっしゃるなんて、お二人はずいぶん勇気がおありですね。あなた方がうちの銀行にいくら預けているかは私も知っていますし、それに、うちの顧客になってからまだ二ヵ月しかたっていませんしね』私たちは断られるのを覚悟した。

ジェイムズは続けた。『私が少しでも時間を割いてこの貸付について検討するとしたら――まあ、あくまで仮定の話ですけれどね――まず最初に必要なのは、お二人にこの書類にサインしていただくことです。ま、サインするだけはしてみてはどうですか？』ジェイムズはそう提案した。

ジェイムズができるかぎり礼を尽くし、次にほぼ確実に私たちを襲うだろう拒絶の痛みをやわらげようとしていることがよくわかった。

私たちはサインをして、書類をジェイムズに戻した。ジェイムズはそれを受け取り、ファイルホルダーの中に入れた。それから、茶目っけたっぷりににっこりと笑いながら私たちの方を見上げ、こう言った。『おめでとうございます。あなた方はたった今、貸付を受けられることになりました』

私たちはびっくりして、一瞬ぼおっとしていた。『本当ですか？　融資してくださるんですか？』私はそう聞いた。

『この物件には投資するだけの価値があると思います』ジェイムズはそう言った。『それに、まだ二、三回しかお会いしていませんが、お二人がビジネスに対してとても熱心なことはよくわかりました。私はお二人が投資に対しても同じような姿勢をとられると信じています。がんばってください』

ジェイムズのその言葉を最後に、私たちは銀行をあとにした。それから、まだ半信半疑のまま不動産ブローカーに電話をし、取引をまとめた。所有権は百パーセント私たちのものだった！

あの銀行の支店長が私たちへの融資を決めたのには、論理的根拠はあまりなかった。彼が私たちに賭けてみようと決めるなんて、私たちも考えていなかった。時としてお金は一番予期していないところから出てくる。魔法のように、不思議な力で引き起こされることってあるのよね。でも、ここで私が一番言いたいのは、実際にアパートの建物を見に行って、買付申込みをして最終期限を与えられなかったら、私たちは決してお金を見つけられなかっただろうし、不動産を手に入れることもできなかっただろうということよ」私はそう言って話を終えた。

●まず投資を見つける

「あなたの言っていることは、何だか、私がそうすべきだと思っていたこととまったく正反対のように聞こえるわ」レスリーがそう言った。「あなたは、まずお金ではなく投資の対象を見つけろと言っているのよね?」

「その通りよ。たいていの人は『まずお金を作って、それから投資を買う』と言うけれど、私が習ってきたことはそうじゃない。まず投資先を見つけて、それからお金を作るというやり方よ」

「先を続けてくれる?」レスリーが少しためらいがちに言った。

私は話を続けた。「簡単よ。まず投資先を見つける。あなたにとって、投資を現実的なものにするのよ。胸がわくわくしてくるようにするの。たとえば、寝室三つ、浴室二つの賃貸物件だったら、見に行って、実際に建物に触れ、中を歩いてみるのよ。キャッシュフローも計算して、自分がそれを所有した状態を想像してみて。それについて人と話をするのもいいわ。それにつれて、その投資はもうただのアイディアや理屈ではなくて、現実のものになる。そうなると、頭にエンジンがかかって、融資先を探すのに、自分でも驚くほど独創的な考え方ができるようになるのよ。ビジネスに投資する場合でも、あなたの胸をわくわくさせてくれる、ほかのどんなものに投資する場合でも同じよ。たいていの場合、私の胸を一番わくわくさせてくれるのは、投資が私に払ってくれるキャッシュフローよ」

「つまり、まずお金じゃなくて、投資の対象を見つける……」レスリーが繰り返した。「それなら、今すぐ始められるってことね。正直言って、お金をどうやって見つけたらいいか頭を悩ませて、ちょっとやる気をなくしかけていたのよ。だって、私に考えられることといったら、今よりもっと一生懸命働くことくらいだったんですもの。考えるだけで疲れてしまったわ。だから、本格的に投資の対象を探す努力はまったくしていなかったのよ」

トレーシーが私に向かってこう言った。「つまりあなたは、いい投資先を見つければ、お金は魔法のように出てくるって言いたいの？」

「ただ座って何もしないで待っていただけでは出てこないわ。行動を起こさなくてはだめよ。外に出て見つけるのよ。投資先が見つかり、手に入れるプロセスを始めると、あなたには二つ、有利な点ができる。一つは、投資の対象が具体的になれば、融資をしてくれそうな人や投資家になってくれそうな人に説明をしたり、プレゼンテーションをする材料ができるから、あなたが行動を起こす大きな動機ができる。二つ目の有利な点は、たいていの場合、投資先が具体的に決まると、必要な資金の全額、あるいは一部を集めなければならない期限が出てくる。締切りがあるわけだからもうぐずぐずはしていられない。あなたが話をする相手、つまり融資してくれそうな人や投資家になってくれそうな人の数が多ければ多いほど、あなたはより大きなエネルギーを生み出す。そして、あなたが生み出すエネルギーが大きければ大きいほど、多くのチャンスが生まれてくる。エネルギーはエネルギーを引きつける。魔法が生まれるのはこの時よ。あの銀行の支店長が私たちに貸付をしてくれた時のようにね」

「いつもお金が見つかるの？　これまで資金繰りがつかなかったことはなかったの？」

「もちろん必ず見つかるという保証はないわ。でも、こうすれば、少なくともあなたはゲームに参加する。少なくともトライする。そうするのがいやだったら、『そんなお金はない』と言い続け、ゲームが始まる前に退場してしまうこともできるわ。ゲームに参加して資金を探し始めた場合、あなたがその投資を手に入れられる確率は五十パーセントから百パーセントと言っていいと思う。でも、最初から『私には買えない』と決めていたら、その確率はゼロよ」

●お金がないのはプラスの要因

トレーシーがまた質問をした。「投資対象をまず探せという話はわかったわ。でも、お金がないことがなぜプラスの要因になるのか、まだよくわからない。あなたもお金を探すのにかなり苦労したみたいじゃない？」

「いい指摘だわ」私はそう答えた。「確かに苦労したわ。あの時だけじゃなくて、次の時も、その次の時もそうだった。実際のところ、私たちが投資をする時はほとんどいつも、必要なお金が手元にあってすぐ使える状態ではなかった。そもそも投資を始めたのは、二人ともあまりお金がなかったからだったし、今だって、私たちのお金はつねにどこかに投資してあるから、現金は手元にないわ」

「で、お金がないことがプラスの要因になるという理由は……」トレーシーが答えをうながした。

「その理由は、お金がないと、否が応でも考えるようになるからよ。お金がないと、創造的にならざるを得ない。おかげで、今の私は、投資のための資金繰りの戦略として、自分のお金を使う方法以外にいくつもの方法を持っている。こうなって一番よかったのは、もうお金がないことを言いわけにして、いい投資を見つけるチャンスを逃すことがないという点よ。そうせざるを得ない状態に追い込まれた時、人間はびっくりするほどいろいろなことができるようになるものよ」私はそう言った。

「金持ち父さんがロバートに教えたことの中で、一番大事な教えの一つは、『私には買えない』と絶対に言うなということよ。『私にはできない』と言うと、頭が自動的に回路を遮断してしまう。金持ち父さんは『私には買えない』という代わりに、『どうしたら買えるようになるか？』と自問した。自分にそう聞くと、頭のアンテナが働き始め、答えを探し出すのよ」

●お金をどうやって見つけるか？

たいていの人が融資を受けるために、つまり、足りないお金を集めるためにまずするのは、一般の銀行に行くことだ。そして最初に訪ねた銀行に断られると、「貸付が受けられない」と言って、そこでやめてしまう。ここでもまた「……できない」という言葉が登場する。そういう人たちには、最初に訪ねた銀行が、たまたま、その人が投資をしようとしていた特定の不動産やビジネスに投資をしない銀行だっただけだ、ということがわかっていない。銀行によって、喜んでお金を貸してくれる投資の種類が違うし、一般の銀行のほかにも投資のためのお金を集める方法はたくさんある。次にそのほんの一部を紹介する。

投資の経験を積むにつれて、資金集めの方法がもっとたくさん見つかるだろう。

1．売り手から借りる

賃貸不動産を購入する場合、売り手が銀行の代わりをしてくれることがある。つまり、売り手が貸主となって、貸付額、年利、貸付期限などを取り決めたローン契約を買い手と結ぶ。

2．キャッシュフローで返済する

たとえば、ビジネスを買った場合、売り手や、あなたにお金を貸してくれた人、投資してくれた人たちに、ビジネスが生み出すキャッシュフローで返済する約束をした場合がこれにあたる。

3．銀行以外の金融機関から借りる

お金を貸してくれるところはいろいろある。あなたの投資戦略のチームのメンバーに、貸付希望者と金融機関を仲介するモーゲージブローカーやビジネスブローカーを含めておくと、融資してくれるところを探す時に重宝する。アメリカには専門の業者がいて、こういったブローカーは、どの金融機関がどんな投資に貸付をするかよく知っている。金融機関がブローカーに手数料を払うので、あなたは何も払わなくていい。

4．ローンを引き継ぐ

買おうとしている不動産にすでにローンがついている場合、貸付を受けるために必要な条件を満たすためにちょっと努力するだけで、そのローンを引き継ぐことができることがある。もちろん、年利や貸付条件などを含む既存のローンの細かい条件も引き継がなければいけない。

5．投資家を探す

世の中には、お金はあるが投資先を見つけて運用することに興味のない人、そのための時間や経験のない人がたくさんいる。もしあなたが計画している投資が——不動産、ビジネス、タックス・リーエン証券、貴金属など、投資の種類は何でも——出資をしてくれた投資家に確かな見返りをもたらすことを証明できれば、資金を出してくれる個人投資家が見つかるかもしれない。

6．家族や友人から借りる

投資をしてくれるように家族や親戚、友人に頼むのも一つの方法だ。あなたが提供するのは時間とエネルギー、彼らはお金を出す。この場合、二つ注意点がある。

①お金を出してくれる家族や親戚、友人を、自分を愛し、窮地に陥ったら助けてくれる人たちと考えるのではなく、きちんと投資家として扱おう。一方、投資家になろうという人は、どの投資もビジネスとして扱わなければいけない。あなたはお金を出してくれる投資家たちに、投資元本の回収や、元本に対する収益の受け取りについて、よく説明して、納得してもらわなければいけない。相手が家族や親戚、友人であっても、きちんとした契約書を取り交わそう。

②家族や友人との間には、感情的なことが関わる人間関係があるから、そういう人たちから借りる方法は、私は個人的にはあまり勧めない。うまくいくかどうかわからない投資のために、強い友情の絆を失う危険を冒すだけの価値はないと思う。妻の妹にお金を貸したのはいいが、七カ月後そのお金がどうしても必要になり、新たにお金を貸してくれる人を探して義理の妹が走り回ることになり、おかげで家族同士でいがみ合うようになった例を私は見たことがある。そんなことで人間関係をだめにするのはもったいない。どんな投資も、人間関係に縛られず、独立したビジネスとして扱おう。実際、その通りなのだから……。

●お金はいつでも見つかる

私はトレーシーとレスリーにこう言った。「つい最近、先週のことだけれど、いつも頼んでいる不動産ブローカーが投資用物件の話を持ってきた。何度か値段の交渉をした結果、私の買付申込みに売主が同意した。このブローカーは、頭金を払うお金を集めるために私が駆け回るのを見ていた。結局私は三つの異なる資金源を使った。お金を用意できないのでは……とブローカーが少し不安になっているのは、見ていてわかった。物件の契約が終わったその日、私はブローカーに向かってこう言った。『すばらしい物件を紹介してくれてありがとう。また何かあったらすぐに電話をちょうだい。明日でもかまわないわ』

ブローカーは私を見て、こう言った。『明日ですって？　でも、お金がもうないんじゃないですか？　探せる限りのお金はこの取引に全部使ってしまったんじゃないんですか？』

私はにこりとして、自信たっぷりに答えた。『いい話だったら、いつでもお金は見つけられるわ』」

私の話を聞いてトレーシーがこう言った。「つまり、まず最初にお金に焦点を合わせるべきではないということね。そんなことをしていたら、おそらく決してスタートを切れない。お金ではなくて、まず投資の対象を見つけることに焦点を合わせる。そして、投資先を見つけたら、次にお金を見つけることに焦点を合わせるのね。その考え、気に入ったわ!」

「あなたの言う通りよ」私はそう答えた。「次に、ロバートと私が何年も使い続けているちょっとしたコツを二人に伝授するわ。投資を始めるにあたって大事な最後のポイントよ。それは、今あなた方がやっていることに大きな変化を加えずに、どうやったら毎日お金を蓄えることができるかという話よ。でも、その前に、ちょっとそのチーズのお皿を回してくれる?」

第十三章……

さらにお金について

「いい目標とは、努力を要するエクササイズのようなものだ。それはあなたを限界に挑戦させる」

――メアリー・ケイ・アッシュ

「で、コツって何？」トレーシーが聞いた。

「まず、もう一つ話をさせて。覚えてる？　前に、ロバートと私がオレゴンに移った時、貯金もなくて、毎月送られてくる請求書の支払いもままならないほどだったって話したわよね？」

二人はうなずいた。

「あの時私たちは、何かこれまでとは違うことをする必要がある、そうしなければいつもお金がなくて苦労し続ける、そう気が付いたのよ。当時、私たちの収入はほんのわずかだったけれど、将来、少しでもましな経済状態になるには、今、将来に向けて何か行動を起こさなくてはいけないと決めたの」

「で、何をしたの？」レスリーが聞いた。

「まず最初にしたのは、帳簿係を雇うことよ」

「なぜ、帳簿係なんて雇ったの？」レスリーが矢継ぎ早に聞いた。「ほとんどお金を持っていなかったんでしょう？　だったら帳簿係なんて必要なかったんじゃない？」

「自分の経済状態について、自分自身に嘘をつくのがどんなに簡単か知っている？」私はそう聞いた。「当時私は、私たちが今抱えているお金の問題は自然に解決する、奇跡のようにただ消えてなくなると思っていたのよ。もともと楽観主義者だから、自分たちが追い込まれている金銭的ジレンマに正面から立ち向かうなんて、絶対にいやだった。そのことを考えなければ自然に消えてなくなる。そうひたすら唱えるだけだった」

レスリーが笑った。「あなた、人の心が読めるの？　今、私はそれとまったく同じことをやっているわ！」

「真実に真正面から立ち向かうより、その方がずっと楽よね？」私はそう言った。「だから、帳簿係を雇って一カ月に二回ミーティングをするのは、私にとって最高にむずかしいことだった。帳簿係のベティーは二週間おきに、お先真っ暗な現実を私の鼻先に突きつけた。まるで、きらいなインゲン豆を食べるまで、子供をテーブルから離れさせない母親みたいだった。ベティーは請求書の一枚一枚、手元にある——『ない』と言った方が正確だけれど——お金の最後の一ドルまで細かくチェックして、はっきり説明がつくまで私を帰さなかった。このミーティングは決して楽しいものではなかった。私はいつもいやでたまらなかった」

「この話に何か明るいオチはあるの？」トレーシーがからかうように言った。

私は笑った。「これがよかったのは、おかげで自分たちが経済的にどんな状態にあるか、はっきりとわかったことよ。私はもう、すべてうまくいっている、どうにかなる、というふりをしなくなった。自分たちの収入や支出について本当のことがわかってきた。で、自分たちがどこにいるかわかってはじめて、どこに行きたいか、どうやってそこまで行くか、現実的に考えることができるようになったのよ」

私は話を続けた。「帳簿係のベティーが来る前は、私は砂に頭を突っ込んでいるダチョウみたいだった。どこから行こうとしているのか言わずに、レストランに電話をして『おたくの店にはどう行ったらいいですか？』と聞くのと変わりなかった。あなたが今どこにいるかわからなかったら、行きたいところまでの道順を教えられるわけがないでしょう？

つまり、自分の経済状態を将来どうしたいか決めたいと思ったら、まず今自分がいる場所を見極めないといけないということよ」

●自分にまず支払う

「二週間ごとにベティーと会うようになって、まずロバートと私が気が付いたのは、自分たちが将来のために何もとっておいていないということだった。稼いだお金は全部請求書の支払いに回していて、それでぎりぎりだった。そこで、私たちは、自分たちにまず支払い、そのあとでほかの人たちに支払うことに決めた。『自分にまず支払う』というのは陳腐な決まり文句の一つになっていて、その解釈は人によって違うみたいだけれど、私たちにとってそれが何を意味するか、次に話すわね。

私たちのプランは単純だったわ——家計に入ってきたお金はすべて、どこから入ってきたものでも、まず三十パーセントカットして私たちがとる。つまり百ドル入ってきたら私たちがまず三十ドルもらう、入ってきたのが一ドルだったら三十セントもらうということよ。

次に、私たちの取り分を三つの口座に振り分けた。

1. 投資用の口座（十パーセント）
2. 貯蓄用の口座（十パーセント）
3. 慈善用の口座（十パーセント）

請求書の支払いには、私たちが三十パーセントとったあとのお金を使った。自分にまず払うというのは、収入の三十パーセントを将来の経済的基盤を築くために使うことを意味していたのよ。

このプラン全体で一番大事なのは、つねにプランに忠実であることよ。今月はやめておこう、その代わり来月は自分たちの取り分を二倍にすればいい、などというのはだめ。そんなふうにすると、たいていは次の月に埋め合わせなどできない。このプロセスで大事なのは、入ってくるお金を全部、最後の一ドルにいたるまで、プラン通りに振り分けるように自分を律すること、固く自分に誓うことよ。毎月どのくらいの割合で自分に払うかは大した問題じゃないわ。大事なのは、入ってくるお金すべてに関して、プラン通りに同じことを繰り返しやるという『習慣』よ。習慣になってしまえば、自動的にそれができるようになるわ。

人によって自分に払う割合は変わっても構わないのよ。私たちが三十パーセントに決めたのは、当時の私たちの経済状態から見て、それが多少私たちに無理をさせるくらいの数字だったからよ。もっと小さな数字、これなら大丈夫という数字を選んでもいいのよ。ただ、楽すぎる数字にしてはだめ。これはよく気をつけてね。その理由は二つあるわ。

一つ目の理由は、自分に支払う割合をあまりに低く設定すると、目に見える結果が出るまでに長い時間がかかるからよ。二つ目の理由は、結果がすぐ出ないと、興味を失って、その習慣をやめてしまう可能性が高いからよ。このプロセスをやるだけの価値のあるものにするためには、多少無理をすること、何かを多少犠牲にすることが必要だと私は思っている。創造力を大いに発揮するのよ。これをやってみたら、三つの口座にどんどんお金が貯まっていくことにきっとびっくりするわよ。

あとになって、ロバートと私はとても大きなことに気が付いた。それは、この三十パーセントがまさしく私たちの未来だったということよ。思い立った時にすぐに、将来の経済状態の基盤を作る準備を始めなかったら、私たちに未来はないわ」

トレーシーがこう聞いた。「でも、あなたたちはぎりぎりの生活をしていたんでしょう？ だったら一体どうやって請求書の支払いをしたの？」

私は笑った。「帳簿係のベティーもまったく同じことを聞いたわ。そのときの状況はこんなふうだったわ」

「私はベティーにこう言った。『どんな種類のものでも、入ってくるお金はすべて三十パーセントカットして、それを三つの銀行口座に入れるようにしたいの。そのうち二つは投資と慈善のためにしか使わない。貯蓄用の口座のお金は本当の非常用よ』

するとベティーはこう言った。『そんなの無理よ！　請求書の支払いをしなくちゃいけないのよ。一体どうやって払うつもりなの？』

私はこう言った。『お金を払わなければいけない相手には毎月いくらかは払うわ。請求額より支払額が少ない場合もあるかもしれないけれど。必要ならみんなに電話して、必ず全額支払うけれど、期限を少し延ばしてもらわなければならないかもしれないと説明するわ』

ベティーはこう言った。『もっといい考えがあるわ。請求書の支払いを全部すませて、そのあと残ったものをとっておくというのはどう？』

私はこう言った。『それって、みんながそうするというやり方よね。問題は、いつだって残りがないことよ。もとのプランでいきましょう。支払わなければいけない相手の説得は私がなんとかするわ』

ベティーはうめき声をあげた」

「支払先はうるさく言ってこなかった？」レスリーが聞いた。

「それはもっともな質問だわ」私はそう答えた。「もちろん、私は請求書の支払いをしないことを勧めているわけじゃないわ。アメリカでは破産申告をする人の数がものすごく増えている。多くの場合、そういう人たちはただ、いろいろな支払いや金銭的な責任から逃れたいと思っているだけよ。私はその考え方には絶対賛成しない。私たちは、請求書はどれも全額必ず返済するようにしたし、期限は延びても全額返済するということを債権者にわかってもらうように、つねに連絡をとるようにしていた。

私がここで一番言いたいのは、金銭的な問題に取り組むにはいくつもの方法があるということよ。創造力を発揮しなくてはだめ。自分に与えられた選択肢を眺めてみて、足りなければ新たな選択肢を作り出すのよ。

『まず自分に支払う』という計画を実行するには、どうしたらいいか？　何を、どんなふうに変えたらいいか？と自分に聞いてみることが大事よ。繰り返しになるけれど、この習慣をつける目的は、ただいくらか余分なお金を貯めることではなかった。私たちの将来の経済的基盤を今築くために必要だったからそうしたのよ。で、実際に、この三つの口座の残高は、私たちの予想をはるかに超えたスピードで増えていった」

「三つの口座が何だったか、もう一度説明してくれる？」レスリーがそう言った。

私は紙の上に三つの言葉を書き、それぞれを四角で囲んだ。

投資　**慈善**　**貯蓄**

「まず、私たちは投資する必要があると決めた。だから投資用の口座を作った。次に慈善のための口座を作ったのは、何かもらうためには与えなくてはいけないという考え方を私たちが心から信じていたからよ。最後に、万が一の緊急事態や、特別なチャンスが訪れた時のための予備資金として貯蓄口座を作った」

「つまり、『まず自分に払う』という考え方は、自分のために新しい靴を買ったり、贅沢なタヒチ旅行をするお金を貯めるためのものじゃないのね。将来、経済的に自分の面倒を自分で見るためのもの。そういうわけね」レスリーは、考え深げにそう言った。

「まったくその通りよ」私はそう答えた。「あなたはすごくいいところに目をつけたわ。みんなよく勘違いをして、一生懸命に働いて貯めたお金を自分への『贈り物』に使ってしまい、結局はまたゼロに戻ってしまう。実際的な話をすると、私が最初の賃貸物件――寝室二つ、浴室一つの小さな家――の頭金として払ったお金は、私たちが『投資用の口座』からはじめて引き出したお金だったのよ」

「収入の三十パーセントをとっておいて、残りの七十パーセントだけで暮らすのって、ちょっと想像するのがむずかしいわ」レスリーが困った顔で言った。

「それが簡単なことだったら、誰でもやっていると思うわ」私はそう応じた。「創造力を発揮して！　どうやったら自分にそれができるか、考えてみて。もっといいことがあるわ。こう考えてみて――去年あなたの家に入ってきたお金の合計は大体いくらだった？　いい？　計算した？」

「いいわ」レスリーが答えた。

「今度はそれの三十パーセントがいくらになるか計算して、一年前にこのプランを実行に移していたら、今、銀行口座にどれだけ余分なお金が貯まっているか、考えてみて」

レスリーはその数字を頭に浮かべてにこりとした。

「ほらね。そのことを忘れないようにして。手放さなければいけないかもしれないことじゃなくて、これから先得られるもののことを考えるようにするのよ」私はそう提案した。

レスリーは、当惑した表情でこう聞いた。「手放す？」

「そうよ」私はにこりとした。「手放すの。たとえば、これまでいろいろなことをやってきたやり方、たぶんずっと前からそうしてきて、今ではそうしていることを意識すらしていないようなこと、あなたが前に進むのをちっとも助けてくれない、いろいろなやり方をやめるのよ」

「あなたの言いたいことがわかってきたわ」レスリーがまたにこりとした。

「あなたたち、今でもこの習慣を続けているの？　今でも三十パーセントをとっておいているの？」トレーシーがそう聞いた。

「もちろんよ。ただし、今はその割合が三十パーセントよりずっと大きくなっているわ。そのほかの唯一の違いと言えば、貯めたお金のうち一番多く使う対象が投資になってきているということくらいよ」

私たち三人はそのあともおしゃべりを続けた。レスリーが選んだ「レストラン」は三人ともとても気に入った。もちろん、彼女が準備し、毛布の上にずらりと並べた食べ物や飲み物の味も申し分なかった。私たちは最後のひとかけ、最後の一滴まで楽しんだ。すっかりリラックスして、公園に集まった人のさまざまな活動をぼんやりながめていると、レスリーの携帯電話が鳴った。

●あなたもやってみよう

1．過去12カ月の間にあなたの家に入ってきた収入の合計はいくらか？

________円

もし、過去12カ月の間、あなたの家に入ってきた収入の合計のうち30パーセントをとっておいたとしたら、今あなたはいくら余分に持っているか？

12カ月の収入×0.3＝ ________円

2．今のあなたの家の月々の収入の合計はいくらか？

________円

今の毎月の収入の合計を12倍して、これから先の１年間の収入の合計を計算しよう。

________円

そのほかに入ってきそうなお金、税金の還付金、贈り物、投資からの利益、臨時収入などの合計はいくらか？

________円

上の付加的な収入も含めて、今後１年間の収入の合計はいくらか？

________円

もし、これから12カ月間、あなたの家に入ってくる収入の合計のうち30パーセントをとっておくようにしたら、「まず自分に支払うお金」の口座にいくら貯まるか？

今後１年間の収入の合計×0.3＝ ________円

第十四章……「夫が興味を持ってくれない」

「他人を喜ばせる必要がないというのは、大きな力だ」
——エリザベス・ジェーンウェイ

「ハロー!」レスリーが元気よく答えた。

「こんにちは、レスリー。パット。パットよ!」電話をかけてきたのはパットだった。

レスリーが笑った。「パット! あなたじゃないかって、そんな気がしていたのよ。ランチが一緒にできてうれしいわ。もっとも、もうすっかり平らげてしまったけれど……。ちょっと待って」レスリーは電話のスピーカーボタンを押した。「パット、トレーシーとキムにあいさつして」

「こんにちは! トレーシーも一緒ですって? よかったわね。さあ、これまでに何を話したか、全部教えてちょうだい!」

パットの言葉を最後まで聞かずにトレーシーが話し始めた。「あなたも来られたらよかったのにね。電話してくれてありがとう。キムとレスリーから、この間みんなで会った時の話を聞いていたところよ。お金や投資についてどんな話をしたかレスリーから聞かされていて、もっと聞きたいと思っていたの。それが今日ここに来た目的の一つだったのよ。とてもいい話が聞けたわ。あなたがいないのが残念だわ!」

「私も残念よ」パットが答えた。「こっちではいろいろあって大変よ。みんなと一緒にいた方がずっと楽しいに決まっているわ」

パットは話を続けた。「プラザホテルでランチを食べながらみんなで話したことを少し夫に話したのよ。私たちの独身時代の思い出話じゃなくて、投資の話だけよ。でも夫は全然興味がないみたいなの。彼の言い草はこうよ。『ぼくたちは充分稼いでいる。危険を冒して投資をする必要はないと思う。今のままで大丈夫だ』それでその話は終わり。私もそれ以上は無理に話題にしなかった。一番大事な人生のパートナーが興味を持ってくれなかったら、新しいことを何か始めるのはむずかしいわ。その人が家の収入のすべてを稼ぎ出していたら、なおさらよ。こういう場合どうしたらいいか、わからないわ」

電話の声に耳を傾けていた私たちはしんとした。

私は心の中で思った。「これはとても大事な問題だ。パートナーが投資に興味を持っていなくて、自分だけが興味を持っている場合、どうしたらいいか？　どうやって始めたらいいか？　サポートがあった方がずっと楽なのはわかっている。でも、実際、夫や恋人からのサポートは必要なのだろうか？　投資する金額など、どのようにして二人で決めたらいいのだろうか？　これは単に投資の問題ではなく、夫婦や恋人の間の人間関係の問題だ。そうなると、人間の心がかかわるまったく別の話になってくる……」私の頭の中をいろいろな思いが駆け巡った。

目を上げると、レスリーとトレーシーが私の方をじっと見ていた。「さあ、彼女に何て言うつもり？　何か言ってあげて。彼女はどうしたらいいの？」二人の目はそう言っていた。

私は何と言っていいかわからなかった。自分がそのような状況になったことはなかった。私の場合はまったく正反対だった。私の方が夫から、もっと学べ、もっと投資しろといつもせかされていた。でも、よく考えてみると、これまでに同じようなことを聞いてきた女性はたくさんいた。だから、それが決してパット一人の問題ではないことはよくわかった。

最初に私の口をついて出たのは次のような言葉だった。「パット、私には答えられないわ。何にでも効く万能薬を持っていたらどんなにいいかと思うけれど、あなたの質問はとても微妙で、扱いに気をつけないといけないと思うわ。単にお金だけではなく、明らかに夫婦の関係にも関わることですもの。ちょっと考える時間をちょうだい。何人か話を聞いてみたい人もいるし。何かわかったら知らせるわ。それでいい？」

「そうしてくれたら助かるわ」パットがそう答えた。「ありがとう」

私たち四人は話を続け、ラッシュアワーが始まる直前になって、お開きにすることにした。パットも含め、みんなで別れの言葉を交わし、その場にいた私たちは抱き合ってなごりを惜しんだ。次にいつ会うかはわからなかったが、おたがいに連絡を取り合うことはみんな暗黙のうちに了解していた。

●めずらしいケースではない

パットの質問は私の宿題として残った。自分は投資を始めたいのに、配偶者や恋人が興味を持ってくれなかったらどうしたらいいのだろう？

このことには、女性のある特性がかかわっていると思う。それは、多くの女性は、人生に大きな変化をもたらしたり、何か重大な決断をする時、まわりの人に気を使い、彼らのことをしっかり考慮に入れるということだ。この傾向は女性の方が男性よりはるかに強い。投資を始めたいと思った時、多くの女性がすぐに、パットが提起したような問題を抱える理由はここにあると思う。女性は一般的に、自分の決定にまわりの人を関わらせたいと思う。一方、男性はもっと競争的で、独立独歩の姿勢をとる傾向にある。

私の女友達の一人は、このことをよく表す例を一つ思いついた。「プールサイドでのパーティーで子供たちを観察したことがある？」彼女はまずこう聞いてきた。「何人かの男の子に、プールサイドに並んでみんな一緒に飛び込みなさいと言ったら、どうすると思う？　男の子達は並ぶことは並ぶけれど、そのあとは一人ずつ勝手に飛び込む。みんなほかの子を負かそうとするのよ。ジャックは一番大きな水しぶきをあげて飛び込み、チャーリーは一番遠くまで飛ぶ、ピートは一番かっこよくおなかを水に打ちつける、そして、ダニーは一番長く水に潜ったままでいる……といった具合よ。今度は女の子のグループに同じように言ったらどうなるかしら？　女の子たちはきれいに並んで手を取り合い、三つ数えて一斉に飛び込むんじゃないかしら？」

私は競争に反対しているわけではない。競争は大好きだ。ここで私が言いたいのは、一般的な女性の傾向として、私たちは男性よりも、まわりにいる人たちに対する影響を考えるだけでなく、その人たちの気持ちも思いやるということだ。だから、人生のパートナーである配偶者や恋人が投資に興味がなかったらどうしたらいいか？　という質問が女性の側からよく出るのは、ごく自然なことだと言える。

この質問は私もよく聞かれる（ちなみに、もちろん男性の中にもこの質問をする人はいる）。ただ、私にはそれにどう答えたらいいかわからない。ありがたいことに、私のパートナーであるロバートは、投資に関して私をサポートしてくれるだけでなく、私が学び続け、より大きなチャレンジをしていくことを強く（本当に強く！）後押ししてくれる。ロバートは、私が自分で「行けるだろう」と思っている限界よりも先まで行くように、つねに励ましてくれる。だから、私自身はパートナーが興味を持ってくれないという問題を抱えたことがない。でも、たくさんの女性（男性も）がそういった状況に直面していることはよく知っている。

●選択肢は四つある

このジレンマを抱える女性に与えられた選択肢として私に考えられるのは次の四つだけだ。

1. 一つのチームとしてパートナーと一緒に投資する
2. パートナーにサポートしてもらいながら投資する
3. パートナーからのサポートなしに投資する
4. 投資しない

●選択肢1――一つのチームとしてパートナーと一緒に投資する

私にとってはこれが理想だ。ことわざにもよく言われるように、二人集まれば一人よりいい知恵が出る。いい投資先を探すところから始まり、条件の交渉、細かい契約条項のチェックなど、投資にはいろいろな才能がかかわってくる。夫婦が一緒にやると、思いがけない才能が発見されて、その才能を投資戦略に活かせることがよくある。それに、投資をやりながら二人とも同じことを学んでいくので、話題が増える。また、二人で決断を下したり、検討したり、学習したりして、一緒にいる時間がぐんと増える。一緒に過ごす時間が増えるのは、たいていの場合、投資を成功させるのに役立つばかりでなく、二人の人間関係にとってもプラスになる。

次に、ジャスミンからの手紙を紹介する。彼女は女性の立場から、次のように書いている。

> 夫と私は、ストレスの大きい企業で仕事の奴隷になって生きるより、もっといい生き方があるはずだと感じていました。まず一緒に本を読むところから始めましたが、これは大きな違いを生むきっかけとなりました。おかげで二人の考え方が広がり、大きなものの見方ができるようになったからです。本を読み、それについて話し合い、新しいアイディアを一緒に探す、そして、不動産投資に必要な仕事を二人の間でどう分担するか決めるといったことが、二人にとってとても楽しい活動になりました。女性として、私は自分に何らかのサポートシステムがあるとわかっていると安心します。必ずしも必要だというわけではありませんが、頼ろうと思えばいつでもサポートがあると知っていたいのです。

●選択肢2――パートナーにサポートしてもらいながら投資する

二番目にいいのはこの選択肢だ。パートナーからのサポートがあれば、孤軍奮闘しなくてすむ。パートナーはあなたの味方で、あなたに勝ってほしいと思っている（はずだ）。実際、この状態から始める投資家は多く、私もそういう話はよく聞かされる。夫が「やっていいよ！　ぼくは実際にはやらないけれど、サポートはするよ」と言ったというケースだ。

この場合、あなたがそのプロセスを進み始めると、たいてい、パートナーはそれを無視していられなくなる。特に、お金が入ってくるのを目の当たりにすると、無視し続けるのはむずかしい。受動的な傍観者ではいられなくなり、興味がわいてきて、どんどん深くかかわってくるようになる。私が講演のなかで、投資に興味のない配偶者や恋人に興味を持ってもらうにはどうしたらいいか聴衆に聞いた時、一人の女性が叫んだように、その答えは「お金を見せてあげなさい！」ということだ。

反対に、妻が興味を持っていなかったケースで、最後はとてもうまくいったという例を次に挙げよう。この例を取り上げるのは、私たちは時として、人生をともにする男性たちが、私たちに彼らの人生にもっと大きくかかわってほしいと思っていることに気が付かないからだ。

私が投資を始めた時、妻は傍観者の立場でながめているだけでした。私は一日中、時には二つの仕事をかけもちでこなし、帰宅後、急いで食事をすませてからやっと時間を見つけて、投資物件を一人で探すというような状態でした。

いくつも買付申込みを断られてから、やっと売り手と話が折り合い、三百五十ドルのキャッシュフローをもたらす物件の売買契約を急いで結びました。この最初の物件を買うまでに、何度やめてしまおうと思ったかしれません。やめずに続けることができたのは、ひとえに固い決意と意欲のおかげだったと思います。この胸躍る企てに、いつか妻も参加してくれるかもしれないというのが私にとって最大の励みでした。

そんな状態がおよそ一年ほど続きました。一日中働きづめに働いたあと、家に帰り、不動産の管理のために毎晩三十分ほど費やしました。妻がもっと積極的に手を貸してくれたら、確かにとても助かっただろうと思いますが、そのことで妻にうるさく言うのはいやでした。

そうこうしているうちに、いつしか妻も興味を持ち始めました。この投資が二人にとって大事だと私が信じていて、犠牲を払い、固い決意を持って取り組んでいるのを見てきたからでもありますが、何よりも、お金が入ってくるのがわかってきたからです！

二人の子供を育てながら、四十数戸の部屋を管理し、それに伴うさまざまな問題を処理するのは確かに大変です。妻はとてもうまくやっています。妻のことはとても誇りに思っています。なかなかあんなことはできないと思います。これは私たち二人にとって、人間的に成長するプロセスでもありました。つねに成長し学び続けることの必要性がよくわかります。二人の関係がこれほどすばらしいものになるなんて、考えてもみませんでした。二人で一緒にできたら、それが何よりです！

●選択肢3――パートナーからのサポートなしに投資する

これは楽な道ではない。まったく新しい世界に足を踏み入れるだけでなく、人生で一番大事な人からのサポートなしにそれをすることになるからだ。だから、あえて簡単だと言うつもりはないし、実際それは簡単ではない。でも、今挙げた男性の例のように、時間が経ち、ある程度成功して目に見える成果が出てくると、パートナーが振り向いてくれて、熱心なサポーターになってくれる場合もある。パートナーからサポートを受けられない人は、それ以外のまわりの人からのサポートが必要だ。理想を言えば、同じように投資をやっている人にサポートしてもらえるといい。

このようなケースでは、女性投資家のグループが大きな役目を果たすことがある。また、そのほかの既存の投資クラブや、投資に関連した団体や機関も貴重なサポート源になり得る。あなたが今このような状態にあるとしたら、同じようなゴールをめざし、同じような夢を持つ人たちでまわりを固めよう。

●選択肢4——投資しない

個人的にはこんな選択肢は含めたくないが、現実には多くの女性がこの道を選んでいる。つまり、投資をしない。ある女性は私に次のように話してくれた。「夫はまったくサポートしてくれません。だから、無理にやったら結婚生活に影響があるのではないかと心配です。夫もいつか考えを変えてくれるのではと期待しています」残念ながら、興味のない配偶者や恋人をその気にさせる特効薬、簡単な解決策はない。でも、心配することはない。世界中どこでも、たくさんの女性がそのような障害を乗り越えて成功を手にしている。

●配偶者や恋人に参加させる方法

投資に興味のない配偶者に興味を起こさせるにはどうしたらいいか？　この質問を投資家たちにしてみると、実用的かつ創造的なアプローチを使った経験談が聞けた。そのいくつかを次に紹介する。

・ミーガンの場合はこうだった——

ミーガンは投資というゲームに参加したいと思っていた。そこに迷いはなかった。その考えを二年間も温めていて、いよいよ行動に移す時が来ていた。夫のジェフと膝をつき合わせ、自分がやりたいと思っていることを説明し、参加してほしいと思っていることを伝えた。

夫はこう答えた。「ぼくにはそんな時間はない。仕事で手一杯なんだ。でも、これはきみにとってとても大事なことみたいだから、やったらいい。そして、何をしているか、ぼくに時々教えてくれ」

ミーガンは自分の情熱を夫と分かち合えないことにがっかりしたが、少なくとも自分が何をやっているか知りたいと思ってくれただけでも、多少慰めになった。

ミーガンが興味を持ったのは賃貸不動産だった。四カ月ほど、いろいろな地域を調べて回り、賃貸不動産市場について学んだ。それから、希望通りの物件が見つかった。歩道の端から建物を眺めているうち、この最初の投資用不動産に夫を関わらせるためのアイディアが浮かんだ。

次の日曜日、ミーガンはとてもおいしいと評判のレストランで朝食をとろうと夫を誘った。そのレストランは「ちょうどよいことに」検討中の物件から六ブロックくらいしか離れていなかった。ジェフはグラフィックデザイナーで、とてもクリエイティブで芸術的才能があった。ミーガンはその家の近くに来ると車の速度をゆるめ、ちょうど正面に車を止めて、夫にこう聞いた。「ジェフ、もしこれがあなたの家だったら、どんなふうに手を入れる?」

ジェフはこう答えた。「まず、庭をきれいにしなきゃいけないな。玄関まで芝生を植えて、敷石を埋めるといいかもしれない。現代風の日よけを窓につけて、暖色系のペンキで塗り直したら、家全体が暖かい感じになると思う。それに、ぼくだったら玄関のドアは絶対取り替える」

「私と一緒にそれをやってみる気はない?」ミーガンは笑顔でそう言った。

「何の話をしているんだい?」ジェフはそう言ってから、はたと思い当たった。「これがきみが買いたいと思っている物件かい?」

その日、ミーガンとジェフは一緒に不動産投資をするパートナーとなった。ミーガンはジェフが本領を発揮できるさまざまな才能を知っていて、それらを刺激することでジェフの興味をそそる方法をうまく見つけた。数字やブローカーとの交渉などの話ばかりしていたら、ジェフは気にもかけなかっただろう。でも、芸術家の目を通してその家を見た時、ジェフはそのプロジェクトに個人的な興味を持ち始めた。

同じように人生のパートナーが投資に興味を持ってくれなくて困っていた別の女性にこの話をすると、彼女はこう言った。「それ、すごくいいわ! うちの人は庭いじりが大好きなの。隣近所の庭に文句ばかり言っているのよ。ぼくならもっとこうする、ああするってね。一緒に家を買えば、その庭は彼の思い通りにできるわ!」

・エドウィンは次のように書いている――

妻と子供に投資に対する興味を持たせるために私がとった方法は単純でした。ただ自然に一緒にやるようにしただけです。うちでは家族全員でよくキャッシュフロー101をやっていたので、子供たちも最初から私たち夫婦と一緒に学んでいました。また、週末にはワゴン車に乗って、売家を探してよくあちこちドライブして回り、「お買い物ゲーム」をやりました。つまり、売家を見つけると、広さや寝室の数、値段などを推測して、そのあと、家の前などに置いてあるパンフレットをもらって、誰が一番近かったか競争したんです。私たちはゲームを発明し、参加しているみんなが楽しめるようにしたというわけです。

・レイアのとった方法はもう少し巧妙だった――

父が私に『金持ち父さんの若くして豊かに引退する方法』をくれると、私は夢中になってそれを読みました。そこに書いてあったことこそ、私が望んでいたことだったんです。私は経済的に自由になりたいと思いました。毎晩、この本の内容を簡単にして夫に解説しましたが(夫は読書好きではないんです)、ぴんとこないようでした。

困った私は友人に相談しました。私たち夫婦がその週末、六時間のドライブ旅行に行くことを知っていたこの友人は私に、CD版の『金持ち父さん 貧乏父さん』を貸してくれました。夫はもともと耳で聞いて学ぶタイプの人間でしたし、私と一緒に六時間も車に閉じ込められるとなれば、このCDを聞く以外に夫に選択の道はありませんでした。

その結果、すばらしいことが起こりました。まさしく目からウロコが落ちるようでした! 一瞬にしてすべてが意味を持つようになり、そのあと目的地に着くまで、二人でとても実りのある会話ができました。CDで学んだ考え方について話し合い、また自分たちの人生を変えるにはどうしたらいいかについても話し合いました。今、私たちは二人で投資ビジネスを始め、投資用の不動産を買ったばかりです。

・アンドレアは究極の賭けに出た——

夫はマレーシアのクアラルンプールで株式ブローカーをしていて、順風満帆で野心に燃えて仕事をしていましたが、一九九八年にアジアが金融危機に見舞われたあと、仕事を失い、純資産の半分以上を株式市場で失いました。

その後、私たちはアメリカに引っ越しました。夫はまた金融関係のサービス業に戻り、残っていた財産を株式市場に——また！——つぎ込み、私は自宅で小さなビジネスを始めました。二〇〇〇年に、私たちのポートフォリオ（所有する株式などの有価証券の合計）が一・六倍になったので、私は夫に売るように言いました。でも、もちろん「何もわかっていない妻」の言うことなど聞いてくれませんでした。夫は「ぼくたちは長期的な投資をしているんだ」などと言っていました。船の舵取りは夫に任せる「よき妻」である私は、それ以上は強く言いませんでした。二週間後、株価が暴落し、私たちが頼りとしていた蓄えは、ほとんど全部なくなってしまいました。

その後、二〇〇一年九月十一日の同時多発テロ事件が起き、夫のビジネスも私のビジネスも時代の流れに乗れなくなりました。私たちは多額の住宅ローンを抱え、貯金はゼロ、ほかに選択肢はないという状態に追い込まれてしまいました。当然ながら、うちの中の雰囲気がぴりぴりして、みんないら立っていました。子供たちにとっても、私たち夫婦にとっても、それは健全な状態とは言えませんでした。

もうどうしようもないという状態になってやっと、私は自分が感じている恐怖や怒り、憤りに真正面から取り組むことにしました。多くの女性がそうであるように、私も、自分の力を放棄し、すべて夫に任せていました。それは彼が主に家計を支えていたからです。私は夫に、一度でいいから私の言うことに耳を傾け、金銭的なことも含めて、二人の生活のあらゆる面で、対等なパートナーとして私を扱うように頼みました。それまで、お金のことを話すと、彼はいつもむきになって怒ったりしていたのですが、それもやめるように頼みました。また、私のアイディアをからかったり、いつも文句をつけるのではなくて、二人で協力して一つのチームとして働くようにしようとも提案しました。そして、いわば最後通牒を突きつけました――パートナーとして同じテーブルにつき、めちゃくちゃになってしまった家の経済状態を一緒に建て直すか、そうでなければ二人で別々の道に進むか、二つに一つだと言ったんです。それは大きな賭けでした。もし別れることになったら、家族の生活、特に子供たちの生活に対する影響がどんなに大きいか、私にはよくわかっていました。

ありがたいことに、私の賭けは成功しました。私たちはやっと、本当のチームになれました。そして、家族のために一緒に努力しました。私はもう「何もわからない妻」ではなく、二人の結婚生活の中で大事な役目を担うパートナーでした。今、状況はすっかり変わっています。ワイキキに賃貸用のマンションを八つ持っていて、それ以外に二つの不動産開発プロジェクトを成功させました。二年後には、ラットレース（いたちごっこ）から抜け出し、経済的に自由になれる見込みです。

パートナーのサポートなしに経済的自由を獲得することがむずかしいことは私も知っている。パートナーの目を覚まさせるために、離婚話まで持ち出さなくてすむように、心から願っている。

●二つのアドバイス

この問題についてたくさんの人から話を聞いたが、その中に二つ、いろいろな人から繰り返し聞かされた提案がある。その一つは、可能な限り、配偶者や恋人をプロセスに参加させるということだ。あなたが選び、買おうとしている投資対象がどんなものでも、あなたがやっていることに、学んでいることにさりげなく相手をかかわらせることが大事だ。はじめは、それに関係のありそうな新聞記事について話をするだけでもいい。あるいは、不動産投資講座などで地元の市場の動向について聞いた話を話題にするのもいい。プロセスから締め出すのではなく参加させることで、人生のパートナーの興味を刺激することに成功した人は多い。そういった夫婦の成功の鍵は、会話が減らないように、むしろそれを増やすようにすることだった。

二つ目のアドバイスは、女性がまず第一歩を踏み出すこと、つまり主導権を握ることだ。ある女性はこう言っていた。「何かを始めようと思ったら、私次第だということはわかっていました。夫は私についてくる。そう私は信じていました。結局、夫は私についてきました。私が一生懸命にやっている姿を見て、興味を引かれたんです。そしてお金が入ってくることがわかると、もうすっかり夢中になりました!」

●人間関係とお金

今まで取り上げた話はどれも、とても大事な次のような質問につながっている。これはたいていのカップルがもっと考えなければいけないことだと思う。

お金に関して、あなたと夫や恋人との関係はどうなっているか?

つまり、お金に関することについて、人生のパートナーたる配偶者や恋人と気軽に、率直に話しているか?　ということだ。また、一方だけがお金に関係する決定を下していないか?　何でもきちんと話し合い、二人で一緒に決定を下しているか?　お金のことはほとんど話題にしない、あるいはまったく話題にしないのではないか?　といった質問に置き換えてもいい。

ここでこの質問を取り上げたのは、人が話していて一番熱くなるのがお金のことと、男女の関係についてだからだ。だから、この二つが一緒になって、二人でお金の話をするとなったら、どんなことになるか想像もつかない。今、夫婦間のけんかの原因として一番多いのは何か、考えてみてほしい。その答えを聞いても驚くにはあたらない。答えは――もちろんお金だ！

●お金の話をタブーにしない

ロバートと付き合うようになってから、ごく早い時期に、彼は私にこう聞いた。「ものすごい金持ちになることについて、きみには異存があるかい？」私は変なことを聞く人だなと思った。異存がある人なんているわけないじゃない！

私はこう答えた。「もちろん異存なんてないわ。なぜそんなことを聞くの？」

するとロバートはこう言った。「これまでに出会った女性で、たくさんお金を稼ぐことに一生懸命になるのはあまり感心しないと思っていた女性がどんなに多かったか、聞いたらきみもびっくりするよ。そういう女性は金持ちになることを目標にするなんて、人間として深みがないと考えているんだ。世の中には、お金の話は大っぴらにするものではないと思っている人がたくさんいる。お金を話題にする、つまり毎日一日も欠かさず、ほとんどの人が使っているはずのものを話題にすることがタブーになっているなんて、本当に不思議だよ。ぼくにはわけがわからない。金持ち父さんが言っていたように、『お金は人生で一番大事なものではないが、一番大事なものすべてに影響を与える』。お金は、その人がどんな医療が受けられるか、子供にどんな教育を受けさせられるか、どんな食事や住む場所を与えられるかといったことに影響を与える。みんながそれを話題にしないことの方がぼくには不思議だ。ぼくは大金持ちになろうと計画している。だから、きみがそれについてどう思うか知っておきたかったんだ。あんなことを聞いたのはそれだからだよ」

この質問をきっかけに、私たちはこの話題についてもっと深く、いろいろな話をした。おたがいにどんなライフスタイルが望みかという話もしたし、生まれ育った家がお金のことを話題にする家だったかどうかという話もした。あなたは子供の時、親からお金についてどんなふうに聞かされていただろうか？　生まれ育った家庭のお金に対する姿勢が、大人になってからのその人とお金との関係に影響を与えることは多い。ロバートと私は、お金が自分にとってどんな意味を持っていたかについても話し合った。

ロバートとそういう話をしていると、夢中になって時間を忘れた。こういう話は、それまで誰ともしたことがなかった。実際のところ、二人で話したことの多くは、私がそれまで考えてもみなかったことだった。ロバートの話は新鮮で、気取ったところがなくて気持ちがよかった。それと同時に、もちろん、私の中にとても多くの問題を提起してくれた。

私がここで言いたいのは、この時ロバートと私が、お金という話題に関しておたがいにどのような立場をとっているか、それを確認し合ったということだ。この時の会話のおかげで、私たちはお金に関するあらゆることについて、率直に話し合うことができるようになった。お金の話をあいまいなものにする「神秘のベール」は、私たちの間から完全に消え去った。

●お金についてどのように話すか？

もしあなたが今、配偶者や恋人とお金について抵抗なく、包み隠さず話せるという状態でなかったら、そういった話を始めるための特別の機会を作るといいかもしれない。そんな「特別なデート」の時の話のきっかけとして、一緒に次のような質問に答えてみるのもいい。

1. 両親はお金についてどのように話してくれたか？
2. あなた自身の考えは両親の考えと違っていたか？
3. あなたにとってお金はどんな意味があるか？
4. とても金持ちな人に関して、全般的にどんな印象を持っているか？

5.「とても金持ち」というのはどれくらいの金持ちを指すか?

さまざまな理由から、お金について話すのは何だかいやだという人は多い。だから、その話題を持ち出した時に、すぐに相手に拒否反応が現れたら、もっと時間をかけて、ソフトなアプローチをとるといい。何であれ、話しにくい話題を持ち出す時はいつも同じだ。いい反応が返ってくるまで、いろいろな角度からのアプローチを試してみることが大事だ。経験から言って、最初の一歩が踏み出せれば、あとはスムーズに行く。

●パットへまた電話をかける

私はパットに電話をかけて、最後に電話がかかってきた時に充分話せなかったことを話すことにした。

私たちは、パットと夫が結婚生活の中でどのようにお金を管理しているかについて話した。このことが二人の間でほとんど話題にならないことはすぐにわかったが、私は驚かなかった。夫がお金を稼ぎ、請求書の支払いはパットが手配する。お金の管理といっても、ただそれだけだった。家や車を買ったり、休暇旅行を計画したりといった大きな出費に関しては二人で話し合うが、投資はすべて夫がやる。投資の中身は投資信託と、株式ブローカーが勧めてきた時にたまに株式を買うくらいだ。それ以外、パットの家ではお金に関する話が話題になることは決してなかった。

「これは私にとっては、ジャーナリスト冥利につきることかもしれないわね。お金に関してどう思っているか、夫の固い口を開かせるわけですもの」パットはそう言った。「なかなか技術を要すると思うけれど、手始めにやるにはやりがいがあってちょうどいいわ」

私は同じようにして第一歩を踏み出した投資家たちの話をいくつかパットにした。そういう人たちが書いたものを読んで聞かせている間、パットは黙っていた。パットの頭が猛烈な勢いで回り始めたのがわかった。

「いろいろなことを教えてくれてありがとう。話を聞いただけで、もう、問題が解決し始めたような気がするわ。私と同じような女性がいること、そして、そういう人たちが実際に行動を起こして、問題解決のために何かしたということがわかって本当によかったわ。私は罠にはまって動けなくなってしまったように感じ始めていた。でも今は、ほかに選択肢があるのがよくわかるわ。私が一番心配していたのは、このことで夫との間に深刻な溝ができはしないかということだったの。それが心配だった。でも、ほかの女性たちの話を聞いて、これは可能なんだ、解決方法はあるんだということがわかったわ。今自分のやりたいことをしてい い、夫が腰を上げるのを願いながらただ待っていなくていいんだということがわかったわ。私にとって理想的なシナリオは、夫が一緒にやってくれることよ。だって、そうすれば二人で共通の目的が持てるし、夫婦としての絆も強まると思うから。で、もし、夫が一緒にやらないと決めたとしても、私はそれで思いとどまったりしない。どうなったか、結果はあなたに知らせるわ！」パットははりきってそう言った。

パットの声はとてもいきいきしていた。「うまくいくように祈っているわ！」と私は言った。「あなたが一度こうと決めたら、欲しいものをきっと手に入れることは私もよく知っているわ。がんばってね！」

電話を切る瞬間、ふと一つの思いが頭をよぎった。もうパットのことは心配していなかった。パットはもう大丈夫だ。私が気にかかったのはパットの夫のことだった。彼の人生はこれから大きく変わるだろう……。

第十五章……

女性が優秀な投資家になれる理由

「私たち女性は、それを手に入れることさえできれば、硬貨や紙幣に自分の肖像が載るかどうかはあまり気にしない」

――アイビー・ベイカー・プリースト

これまで多くの女性は、古くからの固定観念に従って育てられてきたが、今はもうそれに別れを告げる時だ。

女性と投資は結びつかないという神話を信じるのは勝手だ。投資について本を書いていると私が言った時、何も知らないある男性が次のように言った。「女性と投資だって？ そりゃ反対語を一緒に使うのと同じだよ！ 女性と浪費ならわかるけど、女性と投資じゃ合わない」いまどき、そんなことを言う人がいるなんて、信じられるだろうか？ 私はあえて反論は唱えなかった。戦う時は、賢く、意味のある戦いを選べと私は教えられてきた。この男性は賢いというには程遠かった。

私たちは頭がよくないふりをすることもできる。「おばかさん」を装って、お金のことはとんとわからないというふりをすることもできる。また、男性に何もかも任せてその陰に隠れている女性の役を演じることもできる。あなたの前に立つ男性は上司でもいいし、夫でもいい。あるいはビジネスパートナーということもあるかもしれない。こういった女性像こそ、何百年もの間、女性が押し込められ、それを打ち破るために戦ってきた固定観念だ。

でも実は、私たちは頭がいい。本当を言って、私たち女性は自分が外に向かって認める以上にたくさんのことを知っている。そして、さらにそれに加えて、非常に思慮・分別があり、言うまでもなく、女性特有の貴重な直観力も備えている。過去において、お金や投資、金融に関することが女性の担う役割ではないとされてきたのは事実だ。でも、だからといって、これからもそうでなくてはいけないというわけではない！

時代は変わった。これからも変わり続ける。時代は常に変化する。「お金のことは苦手だ」とか「投資については何もわからない」などというのは、もう言いわけにはならない。これまでどうだったかなど関係ない。大事なのは、今日どの道を選択するかだ。

●選ぶのはあなた

私に考えられる限り、あなたに与えられた選択肢は次の二つだけだ。

1. お金や投資に関わる世界には自分の居場所はないとあきらめる。小切手帳に出入金を記録して残高を計算したり、毎月の生活費の支払いをすることで満足する。
2. 自分の人生の経済的側面を自分で管理する道を選ぶ。自分の将来の経済状態の鍵を握っているのは自分以外の誰でもないことを知る。賢く自分のお金を使う。準備を怠らない。行動を起こす。そして、実際に変化を起こさせる。

今こそ、決心してスタートを切る時だ。（この本を読んでいる読者の多くは、決心はすでにしているはずだ！）話すだけならいくらでも話せる。いつまでも考えているのもいい。頭が痛くなるまで調べまくるのもいいだろう。でも、いつかは、先に進むか進まないか、自分で意識的に決定を下さなければならない時が来る。私はそれが今だと思う。

あなたが決めなければいけないのは、金銭的に成功するために必要なことをやると心に決め、努力することを自分に約束するか、しないかだ。そうしない道を選んだ場合は、自分の経済状態がどうなるか、その責任を誰かほかの人に任せ、その結果を受け入れることに同意したのと同じだ。そうではなく、自ら進んでこの約束をするとしたら、今こそ、言いわけをすべて脇にどけて仕事にとりかかるべき時だ。実に単純だ。あなたが決めなければいけないのはそれだけなのだから。

●将来に向かって動き出す

ここまでは、投資の世界に足を踏み入れようとする多くの女性を躊躇させる反対意見や固定観念、間違った情報などを取り上げてきた。ここからは、将来に向かって動き出そう。投資家として大きな成功を収めるにはどうしたらいいだろう？　これから始めるにはどこから手をつけたらいいだろう？　あるいはすでに始めていたとしたら、もっと成功するにはどうしたらいいだろう？　この先ではそういったことについてお話ししたい。

●いい知らせ

まず、いい知らせでスタートを切ろう。そのいい知らせとは、女性はすばらしい投資家になれるということだ。これは統計が裏付けている。世界各地で私が出会った女性投資家たちもそれを証明しているし、そういう女性は今、どんどん増えている。

女性が生まれながらの投資家であることを示す統計はこれまでも何度も出ている。そのほんの一部を見てみよう。

・二〇〇〇年の全国投資家団体協会（ＮＡＩＣ）の調査によると、男性だけの投資クラブの一九五一年以降の年間利益率の平均は二十三パーセントであるのに対し、女性だけのクラブの利益率は三十二パーセントだった。

- カリフォルニア－デイビス大学のテランス・オディーン教授が行った投資行動に関する調査・研究によると、実際に女性の方が男性より高い利益率（一・四パーセント多い）を達成していた。
- NAICの一九九五年の調査で、過去十五年のうち九年は、女性だけの投資クラブの成績が男性だけの投資クラブの成績を上回っていたことがわかった。
- メリルリンチ・インベストメント・マネジャーズによって行われた調査で、男性と女性の投資行動に次のような傾向があることがわかった。

	女性	男性
マイナスを出している投資をなかなか手放さないで損を増やす	三十五パーセント	四十七パーセント
プラスを出している投資をなかなか売らない	二十八パーセント	四十三パーセント
話題になっている投資をろくに調べもせずに買う	十三パーセント	二十四パーセント
投資に関して同じ間違いを繰り返す	四十七パーセント	六十三パーセント

これらの数字から出る結論ははっきりしている——女性はお金の管理の仕方を知っている。

●女性 vs 男性

男性と女性ではどちらが投資が得意か？　この問題を取り上げた記事は数限りなくあるが、私としては、投資に関して一方の性がもう一方に勝っているという考え方自体に賛成できない。投資の世界には男女の区別はない。性別にかかわらず、すばらしい歌い手とそうではない歌い手がいるのと同じだ。男だろうが女だろうが、料理人として優秀な人もいれば、どうしようもない料理人もいる。ビジネスで大成功する人もいれば、ひどい失敗ばかりしている人もいる。同じように、投資家として成功する人も、失敗する人もいる。これは個人の問題で、投資の世界で利益を出すか、損失を出すかを決めるのはその人の知識、技術、経験だ。

●優秀な投資家をめざす女性にとって有利な八つの点

とは言っても、投資の世界に近づいてみると、確かに女性に有利な点があるように思えるのも本当だ。つまり、私たち女性が得意なことで──私たちが意識さえせずに、自然にそうしていることも含めて──優秀な投資家になるのに特に役立ちそうなことがたくさんある。すべての女性がこれらの特質を持っているとは限らないことは私にもわかってきたが、それでも、多くの女性が、いざやってみると有利な点がたくさんあることに気付くだろう。それらの特質を自分に有利に使うこと、それが私たちに与えられた仕事だ。

❶女性は「わかりません」と言うことを恐れない

投資に関して、ほとんどの女性が持っている有利な点のナンバーワンは、「わかりません」と言うことを恐れない点だ。これは二位を大きく引き離して、ダントツの一位と言っていいだろう。私たちは男性よりも質問をすることを恐れない。何かわからない時に、わからないことを自ら認めることをいとわない。すべての答えを知っていないと気がすまない人、人からばかだと思われるのが怖い人は決して何も学べないし、成長もしない。何もかも知っていると人に思われないと気がすまなくて、何かわからなくても決してそれを認めない人は、質問をしないから、今知っている以上のことを学べない。本当にばかなのは、人からばかだと思われるのを恐れる人だ。

友人のフランクは八十五歳だが、私が知る限りで最も頭が切れる投資家、実業家の一人だ。彼に関して私が本当にすばらしいと思うのは、七歳の子供の好奇心を持ち続けていることだ。フランクはすべてのことに興味を持ち、いつも質問する。ある日、私とフランクは三十代半ばの男性に紹介された。フランクはこう聞いた。「どんなお仕事をなさっているのかな?」

男性はこう答えた。「ウォール街で働いています。顧客は株式を公開したいと考えている会社です」するとフランクはこう言った。「それはおもしろそうだね! もっと話を聞かせてくれないか」この男性はその後二十分ほど、株式公開についてあらゆることをフランクに説明した。その間フランクは何も言わず、ただ興味を持って耳を傾けていた。男性と別れて歩き始めると、フランクは私の方を向いてこう言った。

「なかなかおもしろい話だったね」

このエピソードで何がすばらしいかと言うと、実はフランクは、二十歳の時からウォール街で働いている大ベテランだということだ。彼はそれこそ数え切れないほどの会社の株式の公開に関わってきて、今でもその仕事を続けている。この分野に関して、フランクは計り知れないほどの知識を持っている。それでも彼は、わざわざ時間をかけて後輩から話を聞いた。それは何か新しいことが聞けるかもしれないと思ったからだ。フランクはすばらしいお手本だ。「何でも知っている」というふりは決してしない。だからこそ、彼は多くを学び、多くを知っている。

もうおわかりだと思うが、自信を失うことなく「わかりません」と言えることが、私たち女性にとって有利な特性である理由は、それによって、実に多くの答えを学ぶチャンスが得られるからだ。その答えは、会話の途中で「そのことについてよく知らないので、説明してもらえますか?」と頼むことで得られるかもしれない。あるいは、新聞や雑誌の記事を読んだり、テレビを見たりしていて、何かおもしろそうだが完全には理解できないことにぶつかった時、すぐにインターネットで検索したり、図書館に行って調べたりすることで答えが得られることもあるだろう。

私は、「わかりません」と言えるだけの自信を持っていることこそ、女性として私たちが持っている学習のための道具のうち、一番強力な道具の一つだと心から信じている。「わからない」「知らない」と言うためには絶対に自信が必要だ。人からばかだと思われたくないからと、すべての答えを知っているふりをするのは、自信のなさ、あるいは自尊心の低さから来るのだと思う。だから、しっかり胸を張り、「わかりません！」と堂々と認めよう。そうすればどんなにたくさんのことを学べるか、それを知ったらあなたもきっと驚くだろう。

❷女性は助けを求めることをためらわない

多くの女性が持っている有利な特性の二つ目は、一つ目と連動している。それは、助けを求めることに関して、女性の方が男性より積極的だということだ。

ある日の午後、私は友人のマリーとカールの夫婦の家を訪ねた。カールはゲストルームの浴室の床に工具をぶちまけ、トイレをいじり回していた。そのそばを通った時、マリーが何の気なしにこう聞いた。「カール、配管修理の人を呼んで、どこがおかしいのか聞いたらいいんじゃない？」

「必要ないよ」カールはそう言い切った。「今すぐぼくが直すから」

一時間後、カールが浴室から出てきて、疲労と、うまくいかないことへの腹立ちとでムッとした表情でマリーにこう言った。「配管修理屋を呼んだ方がいいみたいだ。思っていたより問題が大きそうだから」

やって来た配管修理工は結局便器を全部取り替えた。それに対してカールは得意げにこう言った。「ほらね。問題は大きいとぼくが言っただろう？」あとになって、二人の友人でもあったこの修理工は、そっとマリーにだけ本当のことを言った。もともと問題があったのは小さなパーツ一つで、それは簡単に取り替えられたが、カールがあれこれいじり回したために、それだけでは直らなくなってしまったという話だった。

トイレの故障に気付いた時、マリーの頭にまず浮かんだのは修理工に電話して助けを求めることだった。これはよくある次のような話と同じだ——よく知らない町の裏通りで夫婦が道に迷った。妻の方が車を止めて誰かに道を聞こうと提案しても、夫はそれを拒否して「ここがどこか、ぼくが見つけるから。この道でいいことは確かなんだ」などと言う。投資の旅の場合も、女性は他人に道も聞くし、助けも求める。これには二つの利点がある。利点の一つは、そうすることによって新しいことが学べること、そして、二つ目は、自分で何とかしようとあれこれやってみて時間をむだにしないですむということだ。

❸女性は買い物上手

たいていの女性は買い物上手だ。それがなぜ有利な点になるのか？　それは、女性たちがお買い得品を見つける方法を知っているからだ。バーゲンのお買い得品を見つけるのも、いい投資を見つけるのも同じだ。実際の価値よりも安い値段がついているものを見つけて買う。それだけだ。

ファイナンシャル教育（お金に関する教育）のプロで、本も書いているルース・ヘイデンはこのことを実にうまく言っている。「もし私たち女性が、ノードストローム百貨店で買い物をするようにして投資を買ったら、大儲けするだろう。安い株式を見つけるのは、三足組のお徳用パンティーストッキングを見つけるようなものなのだから」

買い物上手な女性はルイ・ヴィトンのハンドバッグや、ダナ・キャランのジーンズの価値をよく知っている。製品のことをよく知っているから、それがお買い得になった時を見逃さない。投資も同じだ。特定の分野の株式、あるいは特定の地域の賃貸不動産市場をよく知っていて、いつも目を光らせていれば、お買い得品が出た時にすぐわかる。製品になじみがなくて、きちんと時間をかけてその値段をチェックしていなかったら、その製品（あるいは投資対象）の本当の価値がわかるはずがない。買い物のやり方は同じだ。いい品物がバーゲンに出されているのを見つけて買う。ただそれだけだ。

❹女性は宿題をきちんとやる

一般に女性はやるべき下準備をきちんとやり、耳寄り情報に踊らされて買ったりしない。NCWRR（全国女性と引退調査センター）によると、投資を選ぶ際の調査にかける時間は男性より女性の方が長い。だから、気まぐれで買ったり、耳寄り情報に飛びついたりしない。男性の場合、そういうことをするせいで、どんな投資を買っても実りが少ないものになりがちだ。

女性はその場の勢いで買うことはあまりなく、「いい買い物だ」と納得した時に買う。

❺女性はリスクを嫌う

四つ目の有利な点に続くのは、これもいろいろな調査・研究からわかっていることだが、女性は男性よりもリスクを嫌う傾向がある点だ。女性が投資家として成功しない理由として、自ら進んでリスクをとろうとしないことを挙げる人もいて、そういう意見は私も耳にしたことがある。では、女性がリスクをとりたがらないというのが本当だとして、それはそんなに悪いことなのだろうか？

私には自分の場合しかわからないが、リスクが高めだと感じたり、自分があまりよく知らない投資にあえて乗り出す時には、たくさんのお金をつぎ込む前に、普段より少し多めに勉強して、宿題に力を入れる。もし女性が本当にリスクをとりたがらないとしたら、それは自分が買おうとしている投資対象についてもっとよく勉強することを意味するから、結果として投資が成功する確率も上がる。前にも見たように、このことは統計が裏付けている。

女性が注意しなければいけない落とし穴は、リスク嫌いのこの傾向のせいで、分析と調査ばかりやり続けることだ。これがよく「分析麻痺」と呼ばれる状態で、こうなると結局何もせずに終わることになりかねない。リスクを自分の有利になるように利用し、そのために分析麻痺に陥らないようにしよう。

❻女性は男性よりずっと自負心が少ない

この点については男性からいろいろ反論や意見があると思うが、少なくとも投資に関しては、女性は男性より守るべき自負心が少ないと思う。私の友人の女性投資家たちはみんな、とても現実的で、地に足が着いていて、一番大事なのが投資から返ってくる利益だということを知っている。投資の成果を人に見せる時、男性は少し（あるいは大いに？）自負心につき動かされて、自分をひけらかす傾向がある。これは周知の事実と言っていいだろう。そういう時、私の女友達たちが人に見せたいと思うのは、儲けたお金そのものだけだ。つまり、「金《かね》を見せろ！」ということだ。あるいは、一九五四年、アメリカ合衆国財務省出納局長だったアイビー・ベイカー・プリーストが言ったように、「私たち女性は、それを手に入れることさえできれば、硬貨や紙幣に自分の肖像が載るかどうかはあまり気にしない」ということだ。

グローバル投資研究所のミカ・ハミルトンは次のように書いている。

株式市場で積極的に取引する方法を人々に教える会社に関わる中で、私は、さまざまな種類の投資のおかげで豊かな生活へと続く道を歩み始めた人たち、男性、女性を問わず、何千人という人たちを見てきた。私たちの会社の顧客のうち約八十パーセントは男性だ。だが、これはかなりの確信を持って言えるが、おそらく最も成功している投資家の八十パーセントは女性だろう。

このような経験から、私は、女性が男性より投資家として成功する傾向にあるのはなぜか、不思議に思い始めた。いくら考えても、その事実は無視することはできなかった。女性は確かに男性よりも投資家として成功する。

だが、それはなぜなのか？　その理由は、最終的には次の簡単な三つの言葉に集約されると思う。つまり、プライド、プライド、プライド――この三語だ。大部分の男性が共通して持っているものが一つあるとしたら、それは男としてのプライドだ。

男性は自分に代わって、この「男としてのプライド」に決定を下させる傾向がある。だから、売るべきときに売らず、この大きなチャンスを逃がしてなるものかと買い急ぐ。彼らは人からばかだと思われるのが怖くて、質問したり助けを求めることを拒否する。

つまり、男性は自分が強く見えること、賢く見えること、あるいは成功しているように見えることの方に大きな関心がある。その市場で最良の取引をするために投資するのではなく、自分をよく見せる（あるいは悪く見せない）ために投資する。

一方、女性は、学んでいることを完全に理解できるまで、もっと質問をするし、普通はまわりの人に感心してもらうことより、ゴール（この場合は利益を出すこと）の方により関心を持っている。

一般に、投資と聞くと、人はチャンスやリスクをとることを考える。だが、本当のところ、投資は人々が思っている以上に「心の知能」に関係している。心の知能とは、ある状況にぶつかった時、感情的になりすぎずに客観的に考える能力だ。一般に女性は、心の知能指数が高い。

この特質が女性をすばらしい投資家にする。女性は自分がよく見えるかどうかを基準にして投資するのではなく、プランに基づいて投資する。自分のその時の気分で買ったり、その判断があとで人から「正しい」とか「間違っている」とか評価されることを考慮して買ったりしない。

❼女性は何かを育てるのが得意

投資を始めると、女性は自分が買った投資対象を「育てよう」とする傾向がある。先日、アパートを何棟か持っている女性投資家から、そのうちの一棟に関する話を聞いた。彼女は自分がどのようにそれに手を入れて、外観や全体の雰囲気をよくしたか、とても誇らしげに話してくれた。また、部屋を借りてくれている人たちがどんなにすばらしい人たちか、そして、その一人一人ときちんと顔を合わせて話すようにしていることなども話してくれた。この女性投資家は、自分が所有する不動産とそれを借りている人たちの管理をしっかりやってきた。それらを育てたと言っていいだろう。そのお返しとして、借家人たちは友人に彼女のアパートを推薦してくれた。おかげでアパートはいつも満室で、空くのを待っている人がいる状態だったから、家賃も比較的高いまま維持できた。入居率と家賃が高いこの物件の価値は今も上がり続けている。

投資を育てるプロセスの一部として、投資をめぐる人間のネットワークとあなたとの間にいい人間関係を築くことが挙げられる。このネットワークにはいろいろな人が含まれる。そのほんの一部を挙げると、投資用ビジネスや株式、不動産などの仲介をするブローカー、融資をしてくれる人、投資家、投資に関わるクラブや組織のメンバー、借家人、将来の地域開発の内部事情に詳しい人、税金関係の専門家、手本となってあなたを導いてくれる「よき師《メンター》」などだ。こういう人たちとの結びつきが強ければ強いほど、いい情報が手に入り、将来のためのしっかりした投資の土台を築き上げるのに、計り知れないほど大きな貢献をしてくれる。

❽女性はほかの女性からうまく学べる

女性ばかりの投資クラブがどんどん増えているのはこのためだ。このようなクラブは世界中で生まれつつある。はじめて投資の世界に足を踏み入れる人、この世界についてより多くを学びたいと思っている人にとって、このようなクラブに参加するのはとてもいい方法だ。

女性はおたがいに持っているものを分かち合う。何かうまくいくやり方を発見すると、それを友達にも教えたいと思う。女性ばかりの投資クラブが男性ばかりのクラブより成績がいい理由の一つはここにあるのかもしれない。概して女性は友達にも成功してほしいと思うものだ。

これにはちょっとしたマイナス面もある。それは、女性は時として、経験のまったくないほかの女性からの情報を信じてしまうことがある点だ。つまり「友達だから」というだけの理由で、その人からのアドバイスに耳を傾けてしまう傾向がある。投資について話す時は、相手もあなたと同じような考えで、同じようなゴールを目指して投資をしていることを確かめよう。そうでないと、多くの時間をむだに過ごすことになりかねない。

一つ例を挙げよう。ある時、女友達のミシェルがフェニックスで賃貸不動産を買いたいと言ってきた。それから数日間、私たちはたくさんの物件を見た。その一つに、リゾート用の住宅開発地域の中にあって、木々に囲まれ、プールが見渡せるタウンハウスを見つけた。その地域で、立地条件は最高に近い物件だった。家賃から費用とローン返済のためのお金を引いたあと、彼女のポケットに入るのは二百五十ドルで、最初の投資としては理想的と思われた。売り手との条件交渉もまとまり、ミシェルは建物の立ち入り検査と、投資としての価値を見極めるための「適正評価手続き《デューデリジェンス》」の段階に入った。そのあと私は一ヵ月の海外旅行に出かけた。

旅行から戻った私はミシェルに電話してこう聞いた。「あなたにとって最初の賃貸不動産の契約はいつすませるの?」

少し沈黙があったあと、ミシェルが答えた。「あれはやめにしたの」

私は大きく一つ深呼吸して聞いた。何でまた……という気が少しした。「なぜやめたの? とてもよさそうな物件だったじゃない?」

ミシェルは説明を始めた。「あなたが旅行に行ってから、友達のキャンダスのところへ行って、あの物件について話したの。そうしたら彼女、とても危険な投資だと言ったのよ」

「なぜ危険だと言ったの?」

「友達が賃貸不動産を持っていて、借り手が見つからなくてお金を損したんですって。だから、自分だったら買わないと言うのよ」

前より長い沈黙のあと、私はこれはどうしても聞かなくてはと思って聞いた。「友達のキャンダスは賃貸不動産を持ったことがあるの?」

「いいえ」

「じゃあ、なぜあなたは、それについて何も知らない人からのアドバイスなんかに耳を傾けたの?」私の声は少し大きくなっていた。「それって、おいしいステーキを食べさせる店を教えてくれと、菜食主義の人に聞くようなものじゃない？　アドバイスがほしいと思ったら、そのことについて本当によく知っている人から聞くようにしなくてはだめよ。あなたがやろうとしていることをすでに実践している人に聞くのよ！」

確かに女性はほかの女性から学ぶ。ただ、学ぶ前に、相手があなたのやりたいと思っていることをすでにやったことがあるか、あるいは今やっている人であるかどうか、しっかり確かめるようにしよう。

私が女性のための投資クラブがいいと思うのはそれだからだ。こういったクラブのメンバーの大部分は、似たような考え方をしていて、投資から利益を得るという共通のゴールを目指している。投資クラブにはだいたい大きく分けて次の二つのタイプがある——教育を目的とするものと投資の共同購入を目的とするものだ。前にも言ったように、私がみんなに強く勧めたいのは、純粋に教育を目的としたクラブ、女性たちが共に学び成長していくためのクラブだ。そういうクラブでは、メンバーたちが、自分の持っている投資、あるいはこれから自分が手に入れようとしている投資について、おたがいの情報を交換し合い、それと同時に、これまで学んできたことも分かち合う。

メンバーがお金を出し合って、共同で投資をするシステムをとっているクラブに関しては、私は少し不安を感じる。なぜかというと、メンバー同士が細かい取り決めに同意していて、しかもその取り決めがきちんと文書になっていない限り、誰かが不満を持ったり、腹を立てたりする可能性がとても高いからだ。私は実際の投資と教育をはっきり分けておく方が好きだ。

●あなたも投資家になれる！

どのようにして投資するか、その方法には秘伝も何もない。投資の方法を学び実践するのは、投資家になるプロセスの中では楽な段階だ。大部分の女性にとって一番問題となるのは、「私にはできない」「どうしたらいいかわからない」という気持ちから、「私は投資家になれる。それだけではない、優秀な投資家にもなれるのだ！」という気持ちに切り替えることだ。

経験者として、ちょっとした秘密をみなさんにお教えしよう。その秘密とは、投資という名のゲームは、参加してみるととても楽しい！　ということだ。私はよく女性投資家から、ほかの人の励みになりそうな、熱のこもった言葉を聞かされるが、その中のいくつかを次に紹介する。


「何をあんなに怖がっていたのかわからない。今は楽しくてたまらない！」

「なぜもっと早く始めなかったのか、自分でもわからない！」

「お金を儲けるのって、本当に楽しいわ！」

「次に何か買うのが待ちどおしくて仕方ない！」

「とってもたくさんのことを学んでいるわ！」


さあ、わかってもらえただろうか？　女性は優秀な投資家になれる！　生まれつきそうなっているのだ。今、投資家になる女性の数はどんどん増えている。彼女たちは、女性がただ投資が得意なだけでなく、それ以上の力を持っていることを日々証明している。彼女たちを見ていれば、投資が楽しいものであることがわかる。お金を儲けるのは楽しいし、学び、成長することも楽しい。それに、自分を大切にする気持ちを新たに発見するのもすばらしいことだ。中でも一番大事なのは、自分が自分の人生をコントロールできると知ることだ。それを知るのはとても楽しい。それに、自分で自分の人生をコントロールできれば、より多くの選択肢やチャンスが出てくる。あなたにもぜひ、このような力と自由を手に入れてもらいたい。

第十六章……「スタート準備OK!」

「思考は力だ。人は考えることによって自分の世界を作ることも壊すこともできる」

——スーザン・テイラー

ハワイでの学生時代のグループの中で私がまだ連絡をとれないでいたのはマーサだけだった。私は彼女とも連絡を取り合って、どうしているか話を聞きたいと思った。

「はい、マーサです」電話をすると、マーサがすぐに電話に出た。

「こんにちは、マーサ。キムよ。思い出のハワイ時代からの声よ」

「連絡してくれてありがとう! パットが企画した同窓会に出られなくてとても残念だったわ。パットとレスリーとは話をしたけれど、このところずっと忙しくて。公園でのランチの時にも電話したかったのだけれど、何か用事ができてかけられなかったの」マーサはそう弁解した。

「気にしないで」と私は答えた。「どんなことがあったか、今話を聞く時間ある?」

「ええ。今なら大丈夫よ」マーサはほんの少したためらってからそう答えた。

「あなたとはずっと話をしていないから、ちょっと声を聞いて、どうしていたか話を聞きたかったの。もう長いこと話していないでしょう?」私はそう始めた。

マーサは何も答えなかった。「マーサ? 聞こえる?」私はそう聞いた。

「わかったわ。話すわ」マーサは心を決めたように言った。「実はみんなと会うのがとても気が進まなかったのよ。というのは、今、いろいろなことがあまりうまくいっていないからよ。正直言って、今の私の生活は、みんなでハワイにいた頃に私が思い描いていた生活とはまったく違っている。パットからあなた方の話は聞いたけれど、正直なところ、私は今の自分が恥ずかしいのよ。私が一流の海洋学者になりたいと思っていたこと、覚えている?」

「ええ、よく覚えているわ」

「そう……その道に進んでから二年ほどたったところで、父から電話があって、家族でやっていたビジネスに私の手助けが必要だと言ってきたの。父の右腕となって働いていた従業員が辞めて困っていたのよ。新しい人を経営陣に迎え入れるまでの数カ月だけと言っていた。私はそこで育ったから、そのビジネスのことはよくわかっていたけれど、一般のビジネスの世界にはあまり興味がなかった。でも、半ば義務感から、数カ月だけ父を助けようと、ハワイでの仕事を辞めて家に戻ったのよ。それからどうなったのか、私にもよくわからないけれど、数カ月がいつの間にか一年になり、三年になり……今でも私はここにいるというわけ。父はそのビジネスを七年ほど前に売ったけれど、それほど多くのお金は手に入らなかった。父と母はしばらくは快適な生活を送っていたけれど、まもなく父が病気になり、二人の貯金の大部分は医療費にあてられた。その後父は亡くなった。私は今、二つの仕事をかけもちしているけれど、何とか生活するのがやっとよ」

「お母さまがご病気だってパットが言っていたけれど。大丈夫?」

「ええ、今はね。でも、父が亡くなったあと、残されたお金では充分ではなかったから、私のところに移ってきたのよ。私は一人っ子だから。仕事をかけもちしているのはそのためよ。二人が食べていかなければならないんですもの。母は年とともに健康上の問題を抱えるようになっているわ。保険はあるけれど、必要な経費がすべてカバーされるようには全然なっていないみたい。だから、この数年はとても大変だったわ。

今一番驚いているのは、はじめの頃、自分がここでの生活にとても満足していたことよ。サンディエゴに戻ってからしばらくはすべてが楽だった。家賃を払うためにあくせく働く必要もなかったし、家のビジネスから給料ももらえた。車もあって、私が住んでいたアパートは海岸のすぐ近くだったから、好きな時にサーフィンもできた。何もかもが快適だったのよ。たぶん、だから何となくここに留まってしまったんだと思うわ」

マーサは話を続けた。「でも、この『楽な生活』に大きな問題が二つあることに私は気が付いた。一つは、もし海洋学者の道を歩き続けていたらどうなっていただろうといつも思い続けていたことよ。正直に言って、その点に関しては少し後悔している。二つ目の問題は、楽だったはずのその生活が今は厳しいものになってしまったことよ。私はいつもその日暮らしをしていた。時間があればサーフィンをして、稼いだお金はすべて遊びやパーティーに使い果たしていた。でも、今はもうそんな時代は終わった。将来のことを考えなければいけなくなったのに、今のところ、見通しはかなり厳しいわ。

だから、ごめんなさい。そういうわけで、みんなと会うのは気が進まなかったのよ。今とても苦労していて、私と一緒にいてもみんな楽しくないと思ったから……」

「あなたの気持ち、わかるわ。でも、私たちの友情はそんなに浅いものじゃないから大丈夫よ」私はそう言ってマーサを励ました。

「ありがとう。私にはこれからどうしたらいいか、まったくわからないのよ」

マーサはとても困っているようだった。そこで、私は試しに聞いてみることにした。「一つ聞かせて。あなたは今の状況から抜け出るために、これまでとは違ったことをやってみる気がある？」

「もちろんよ。何かを変えなくてはだめですもの。このままでいることはできないわ。トンネルの向こう側に光がまったく見えないんですもの」

「本を送ったら、読んでくれる？」

「もちろん読むわ」

「じゃあ、送るわ。読んだら電話をちょうだい。その本について話しましょう」私はさらに付け加えた。「あなたの捜し求めている答えが見つかるとは言わないけれど、それを読んで興味を持ったら、少なくとも何かを始めるきっかけにはなるわ」

「読むわ」マーサはきっぱりと言った。「届いたらすぐに読み始めるわ」

そのあと、私たちは電話を切った。私はすぐに『金持ち父さん　貧乏父さん』を一冊マーサに送り、彼女からの連絡を待った。

●「準備は万端！」

一カ月ほどたった頃、私はマーサから連絡がないことに気が付いた。こちらから電話することも考えたが、マーサが本当に自分の人生を変えようと思っているなら、最初の第一歩を自分で踏み出す必要があると思ってやめた。その一歩を私が代わりに踏み出してあげることはできない。

そう思っていたちょうどその時、携帯電話のベルが鳴った。レスリーからだった。レスリーはとても興奮した声でこう叫んだ。「ＯＫ。準備は万端よ！」

「何の準備？」

「一生お金のことで苦労をしないように、しっかりした経済的基盤を作るために必要なことを学び、やるべきことをやる準備よ」レスリーが宣言するように言った。「どうにかこうにか暮らしていく生活にはあきあきした。もうたくさんよ！　行動に移る覚悟ができたわ。口先だけじゃないわよ。本気でそう思っているんだから！」

「あなたが本気なのはよくわかったわ。でも、なぜこんなに突然、急いでそうしたくなったの？」

「数カ月前、ヴァーモントで開催される二日間のアート教室に申し込んだのよ。風景画のクラスで、みんなでイーゼルを持って、ヴァーモントのきれいな田園地帯に出かけることになっていた。いつも私がやりたいと思っていたことよ。だから私はすべてのスケジュールを調整して、紅葉がきれいな秋の日を選んで申し込んだ。この旅行に出かけるのをとても楽しみにしていたわ。でも、前日になって、勤めている画廊の上司が電話をしてきて、有名なアーティストの展覧会を開くチャンスに恵まれたので私もその場にいてほしいと言ったのよ。そうしなくてはいけないとはっきりと言ったわけではないけれど、その口調から、明日来なければもうずっと来なくていいと言いたがっているのがよくわかったわ」

「で、あなたはどうしたの?」

レスリーは話を続けた。「私は選択の余地はないように感じた。展覧会のために仕事に行くしかなかったのよ。だから、ヴァーモント行きは取りやめて、次の日は画廊に行った。そして、よくわかったの。緊急事態が起きたら計画変更を余儀なくされることがね。で、それがわかった瞬間、自分の人生をコントロールする力を自分がほとんど持っていないこと、そしてそれがすべてお金のせいであることに気が付き、愕然とした。あれは、誰もが人生で一度や二度は経験する、『ああ、そうだったのか!』と思い当たる大発見の瞬間だったわ。目の前がパッと明るくなってすべてがよく見えるようになった。だから、もう後戻りはしたくない。前に進む時が来たのよ」

「わあ、聞いているだけで胸がわくわくするわ」私はそう言った。「アート教室の旅行を取りやめたことが、かえってとてもいい結果になったみたいね。おかげで何かから解放されたわけだし」

「ええ、そうだと思うわ」レスリーは考え抜いた結果を報告するようにそう答えた。

「で、これからどうするつもり?」

レスリーはすぐに答えた。「思いついたことがあるの。最後まで聞いてくれる? それで、ともかく考えるだけは考えてみて、あなたにその気があるかどうか聞かせてちょうだい」

「そのあなたのアイディアというのを、私は本当に聞いた方がいいのかしら?」私は少しふざけて、自信なさげに聞いた。

「そう思うわよ……さあ、聞いて」レスリーは声をはずませて言った。「丸々二日間をみんなで使うプランよ。ハワイ時代の友達グループを誘って、みんなでフェニックスに飛ぶの。そして、あなたと二日間一緒に過ごして、あなたが投資を始めた時、そしてその投資を大きくしていく段階でどんなステップを踏んだか、教えてもらうのよ。ね、どう思う？」

私はしばらく何も言えなかった。それからやっとこう言った。「いい？　私自身、先に進みながらまだ学んでいるのよ。もちろんすべての答えを知っているわけでもないし、それに、いわゆる金融の専門家たちの多くが勧めるような、昔ながらの投資戦略に従っているわけでもない。私は何人かのすばらしい人たちからたくさんのことを学んできた。そして、今は、とても優秀な人たちにまわりにいてもらって、彼らから投資に関して毎日学んでいるのよ」

レスリーは私の言葉を最後まで聞かずに言った。「それはわかっているわ。私も同じようにあなたの戦略を学び、そのあとも学び続けたいのよ。これまであなたから聞いたことはすべて、とても理屈に合っているように思える。それに、今まわりにいる人は、あなたが投資を始めたばかりの頃はそこにはいなかったわけでしょう？　あなたは何も持っていないところから始めたと言っていた。私が今いるのもそこなのよ。私も何も持っていない。持っているのは、学び、何事かを実現させたいという強い思いだけよ。だから、ちょっと振り返って考えてみて。あなたは何をしたの？　最初はどんなふうにして始めたの？　女性はほかの女性から多くを学ぶことができるとあなたは言ったでしょう？　だから、みんなで集まったらたくさんのことを学べると思うの。それに、そういう場だったら、質問しにくい雰囲気にはならないでしょう？　投資について話をする普通の集まりなんかだと、そういうことがあるけれど。私が出席した集まりでは、質問をするのは、自分がどんなに頭がいいかをひけらかしたい人だけという感じだった。私たちだけで集まるなら、おたがいにいろいろなことが学べると思うの」

私は笑った。「あなた、前に自分はセールスには向いていないと言ったけれど、とんでもないわ。今のはとっても説得力のあるセールストークだったわ」

「じゃ、ＯＫということ?」レスリーはもう一押しした。

「ええ。でも条件が二つあるわ。一つは、その二日間は、本当に学びたいと思っている人だけが集まるようにすること。ただ友達と一緒に時間を過ごしたいだけの人は、来ない方がいいわ。学びたいという気持ちを自発的に持っている人。もっと大事なのは、行動を起こしたいという気持ちね。それはその人自身の中から沸きあがってくるもので、私が話したからって植えつけられるものじゃないから……」

「それは確かにそうね。招待状を出して、誰が来たいと言うか様子を見るわ」一つ目の条件に同意してくれたレスリーは次にこう聞いた。「で、二つ目は?」

「二つ目は、来る人には全員、このプロセスには秘訣などないことをはっきりわかっておいてもらいたいということよ。私には、これを飲めば投資家として成功する人間に二日でなれる、なんていう秘薬があるわけじゃないわ。出席者にはみんな、投資はプロセスだということ、そして、知識と経験の豊かな投資家になるためには、身体と頭を使って宿題をやらなくてはいけないことをわかっておいてもらいたい。非現実的な期待を持って出席してほしくないのよ。この点についてみんなにはっきりさせておいてくれる?」

「必ずそうするわ。じゃあ、もう日付を決めていいかしら?」レスリーは先を急いだ。

私はにこりとした。「いいわよ。セールスに向いていないと言っていたのはどこの誰だったのかしらね。まったく!」

そう言ったあと、マーサと電話で話したことを伝えて、彼女も招待するように頼んだ。「不思議だわ。今日あなたが電話してきた時、ちょうど彼女のことを考えていたの。一ヵ月以上前に本を送ったのに、それから音沙汰がないのよ」

第十七章……

参加するだけで九割がた成功

「より多くの勇気を手に入れるための方法は、何かをやってみることにつきる。ただそこにいる、そこに参加するだけでいい。自尊心は行動から生まれる」

——ジョイ・ブラウン

「参加するだけで成功の九十パーセントは達成される」ウディ・アレンはある時、そう言ったそうだ。この言葉はよくあたっていると思う。体重を減らしたいと言う人は多いが、実際にジムに顔を出す人はどれだけいるだろうか？ また、地域社会のため、もっと何かしたいと言う人で、市議会を見学に行く人がどれだけいるだろうか？ 自分の生活を改善するために何かやりたいと言う人は多いが、実際にそのために何かに参加している人は少ない。

ウディ・アレンの言葉を思い出しながら、私はこの二日間の「投資セミナー」に一体誰が姿を見せるか興味津々でその日を待った。その間にレスリーがすべてお膳立てを整えて、みんなに声をかけてくれた。そして、金曜の午前九時に私のうちで始まるこの集まりに参加したいかどうか聞くと、みんな来たいと言っていたと報告してくれた。

「誰が来るか、お楽しみね」私はレスリーにそう言った。

●金曜日の午前九時

コーヒーメーカーのスイッチはもう入っていた。レスリーが果物といろいろな種類のマフィンを持って八時半に到着した。「誰も強くは誘わなかったわ」レスリーは約束通りにしたことを私に報告した。「みんなには、私たちが何をしようとしているか伝えただけ。そして、ここまでの道順を説明して、返事は要らないから、もしこれがあなたにとって大事だと思ったら当日姿を見せてちょうだいと書いただけよ」

「それでもみんな来るという返事をくれたっていうの？」

「そうよ！　マーサからもよ。みんなぜひ参加したいって言ってたわ」

私は二つのカップにコーヒーを注ぎ、レスリーと飲みながら話を続けた。あと二、三分で九時という時、玄関のベルが鳴った。レスリーと私は、ジェットコースターの先頭の席に乗り込む子供のように、胸をドキドキさせながら顔を見合わせた。これからの二日間がスリルと興奮に満ちたものになることはわかっていたし、何よりまず、誰がやってくるかとても楽しみだった。私たちは玄関に飛んで行って、ドアを開けた。

「こんにちは！　道順の説明は完璧だったわ、レスリー！」タクシーの運転手はどの道を通ったらいいかすぐにわかってくれたもの。あなたがたに会えてとってもうれしいわ！」少し息を切らせながらトレーシーが言った。

「トレーシー！　来てくれたのね！」私はとてもうれしかった。

「その言い方、何だか私の顔を見てびっくりしたみたいじゃない。私が来ないとでも思っていたの？　一も二もなく来ることにしたわ。先週あんなことがあったからなおさらよ」

私たちはキッチンに向かって歩き始めた。「何があったの？」と私は聞いた。

「覚えている？　夫が勤めていた会社が買収された時、クビになるんじゃないかと心配でたまらなかったという話、したわよね？」トレーシーはそう言って、私たちの記憶を確かめた。

私たちはそろってうなずいた。

「先週の金曜日、私の勤めている会社が重大な決定を発表したのよ」トレーシーは話を始めた。「一年ほど前から、別の会社と合併する噂があったけれど、最終的にその話はだめになったと聞いていたの。で、先週の金曜の午後、会社のCEO（最高経営責任者）がみんなを集めて、確かに合併はないが、その代わり最大のライバルだった会社に買収されると発表したのよ。そのCEOは、今後、変化があることを率直に認めて、クビ切りなどがないように最善を尽くすから心配しないようにと言ったけれど、こんな状態で心配するなという方が無理だわ」

「これからどうなると思う？」レスリーが聞いた。

「わからないわ。でも、これだけは言える。先週はまるで死体置き場で働いているみたいだった。クビ切りがあるのは確実ですもの。買収ってそういうものでしょう？　従業員はみんなクビを切られるのではと、びくびくしながら働いている。ひどい状態だわ。その上、会社の上層部から一番下の人間まで、誰一人としてこの先どうなるかわかっていないから、何の決定も下せないのよ。まるで、全社員の人生が一時保留状態になっているみたい。私もまだどうするかわからないけれど、あなたたちが企画したこの二日間は私にとっては最高のタイミングだったわ。自分で決められると感じられる唯一のことだったから。仕事に関してはまったくそうはいかないんですもの！」

「まあ、それは大変だったわね。ちょっと目を覚まされたどころの話じゃないわね！」レスリーが大声で言った。

「誰かがドアをノックしていない？」トレーシーがそう聞いた。

私たちは話に夢中で、誰かが玄関のドアノッカーを叩いているのに気が付かなかった。

「二つ目のドアの向こうに誰がいるか、見てみましょう！」私は笑いながらそう言った。

私たちは次の来訪者が誰か確かめるために、三人一緒に廊下を歩いていった。みんなそれが誰か、心の中で見当をつけていた。私はドアを開けた。

「十分も遅刻するなんて、自分でも信じられないわ！　すべて細かく計算して計画を立てておいたのよ。約束に遅れるなんてこと、絶対にないのに……」パットは申し訳なさそうにそう言った。

「さあ、入って、パット！」私はそう言ってパットを招き入れた。私たちは抱き合って挨拶を交わし、キッチンに戻った。

私たちはコーヒーを飲んだり果物やマフィンを食べながら、九時四十五分頃までおしゃべりしていたが、結局そこで、今回集まったのはこの四人だけだという結論に達した。ほかには誰も来そうになかった。

●マーサに何があったか？

私はあとになってマーサに何があったのか知った。みなさんも覚えていると思うが、マーサこそ、自分の今の状況を変えるためなら何でもやると思いつめた気持ちでいて、私が送った本をきっと読むと言っていた友人だ。これもあとでレスリーから聞いた話だが、声をかけた友人のうち、「必ず来る」と言ったのはマーサだけだった。だが、実際は、マーサは私が送った『金持ち父さん　貧乏父さん』を開いてさえいなかった。今自分がやっていることとは違う何かをやるために、第一歩を踏み出すこともしていなかったのだ。あの二日間を私たちと一緒に過ごそうという気もまったくなかったのだと思う。マーサは口ばかりで行動しなかった。人生を変えたいとは思っていたが、今と違うことを進んでやろうという気持ちがなかった。自ら進んで変えようという気がなかった――要するにそういうことだ。私が提供するものを本当に求めている人、本当に学びたいと思っている人を選んで、そういう人にだけ話をすることが大事だと私が思っているのは、マーサのような人がいるからだ。こういう人を相手にしていたら、次のようなことわざそのままになってしまう。これは私のお気に入りのことわざの一つだ。

豚に歌を教えるな。時間のむだだし、豚にも迷惑だ

マーサのように、何か欲しいと言うことは言うが、それを得るために何もしない人はたくさんいる。本当に大事なのは、欲しいと思っているものを手に入れるために「自ら進んで」何かする気があるかということだ。私もマーサのような経験を何度もしてきた。たとえば、この本を書くことだってそうだ。この本を書き始める前に、「女性のための投資の本を書く」と三年間言い続けてきた。言っても何もせず、何度同じことを言っても、一行も書き始めなかった。忙しすぎるからと、机に向かわなかった時もある。とうとう最後に、とても仲のよい友人のうち二人が私のお尻を叩いてくれた。それも、かなり強く。その一人の愛情に満ちた励ましの言葉はこうだった。「さっさと書き始めなさいよ。そうしないともう友達の縁を切るわよ！」もう一人はこう言った。「話ばっかり！　で、その本はどこにあるの？」

●行動しなければ始まらない

欲しがるばかりで行動をしない人の例をもう一つ見てみよう。一時期ロバートと私の経理の大部分の面倒を見てくれて、私のいい友達になったキャロルの例だ。うちの財政状態を分析するために、私たちは月に二回ミーティングをして、数字を一つ残らずチェックした。そのため、キャロルは私たちが買ういろいろな種類の投資や不動産物件すべてに目を通していた。そして、ミーティングのたびに、投資について私にいろいろ質問をした。そういう状態が二年ほど続いていた頃のことだ。

あるミーティングの時、キャロルがいつものように聞いてきた。「投資について一つ質問があるんだけれど……」私は彼女の言葉をさえぎってこう言った。「もう質問はなしよ！　あなたはもう何年も私に質問をし続けているけれど、何か実際にやってみた？　今どんな投資をしているの？」

「何もしていないわ」キャロルはそう答えた。

「じゃあ、もう質問はなしにして」私はそう宣言した。「投資についての質問にはもう答えないわ。もう二度とあなたとは投資の話をしない——あなたが実際に何かやるまでね。あなたが何かに投資し始めたら、また話をしましょう」

二週間後の次のミーティングの時、キャロルははじめて買った株式のリストを持って誇らしげに部屋に入ってきた。「株式は立派な投資でしょう? これでまた話ができるわね。本当は賃貸不動産を買い始めたいの。最初の物件を手に入れるまで、不動産に関する質問は一切しないと約束するわ」

キャロルはその約束を守った。それから一カ月の間に、キャロルは小さな賃貸用の家を見つけ、買付申込みをして、その申込みが通った。自分ではお金をあまり持っていなかったので、よく知っている投資家に声をかけて、投資のパートナーになってくれないかと聞くと、この男性は「イエス」と言ってくれた。このようにして、キャロルの不動産投資家としての道が始まった。そのあと、キャロルは一世帯用の家やマンションの一室をいくつか買い、さらにはアパートも何棟か所有するようになり、今では不動産投資家として大活躍している。だから、今私たちはよく話をする。

あとでキャロルが白状したところによると、彼女は私にたくさん質問をすることで、何か行動を起こしているような気持ちになっていた。それを二年間も続けていながら、実際的な成果をまったくあげていないことを指摘された時、キャロルの頭の中で何かが変わった。何度も質問することで、ゲームに参加している気分になっていた自分に気が付いたのだ。でも、実際は、それは行動しないことの言いわけにすぎなかった。

この話から学べることは、「話」と「行動」は別物だということだ。そして、何かに参加すること、その場に実際に行ってみることは、行動することを意味する。

●ジャニスの事情

私たちがキッチンから、学習会を予定していた場所に移ろうとしたちょうどその時、うちの電話が鳴った。ジャニスだった。私は電話をスピーカーモードにしてみんなに聞こえるようにした。

「みんなのことを考えているってことだけ、伝えたかったの！」ジャニスは大きな声でそう言った。「私もそこに行った方がいいことはよくわかっているわ。でも、とってもいいニュースがあるの！」

「とってもいいニュースって何？」レスリーが聞いた。

「私は男の人と長く付き合っていけないタイプだと自分で思っているって、みんなにも何度も言ったことがあるわよね？　それがね、そうじゃなくなってきたみたいなの。実はある男の人に出会ったの。名前はグレッグ。まだ知り合って間もないけれど、何だかあっという間にいろんなことがあって、自分でもこんなこと言うなんて信じられないけれど、私、恋をしているみたいなの！」ジャニスは一気にそう言った。

パットは座っていたスツールからもう少しでずり落ちそうになった。「あなたが？　つねにわが道を行くのがモットーのあなたが？　恋をしたですって？　あなたの口からその言葉を聞くとは思ってもみなかったわ。これはただごとじゃないわね。もっと聞かせて。どれくらいつき合っているの？」

「三週間よ。知り合って間がないのはわかっているけれど、こうなる運命だったと思っているわ。オフィスの近くのコーヒーショップで会ったのよ。カプチーノを注文しようと列に並んでいると、彼が店に入ってきたの。私たちはしばらく見つめ合った。それから彼が近づいてきて、おしゃべりを始めたというわけよ」

「何をしている人？　どんな仕事をしているの？」トレーシーが興味津々で聞いた。

ジャニスは口ごもった。「そういう話はまだあまりしていないの。ビジネスに関わることで何回かいやな経験をしたみたいで、そのことについてはまだあまり話したくないみたい。主にセールス部門で、いくつかの会社で働いたことがあるというのは知っているけれど。今は転換期といったところよ。次に何をしたいか見極めようとしているのよ。とても頭がよくて、すごいビジネスアイディアをいくつも持っているの。いつもものすごいスピードで頭が働いているみたいよ。私のビジネスにもすごく興味があって、一緒にやってもいいとまで言ってくれているわ。私も考えてみたけれど、考えれば考えるほど、いい考えのように思えるの。今は何もかも一人でやっていて、時々疲れ果ててしまうことがある。アイディアを出してくれたり、大変なところを少し肩代わりしてくれるパートナーがいたらとてもいいと思うわ」

「この週末みんなと一緒にそこにいられない理由は、二人でサンフランシスコへ飛んで、ロマンティックな週末を過ごすことになっているからよ」ジャニスはうれしそうに言った。「みんな彼のアイディアなのよ。ホテルの予約も取ってくれて、ほとんど予約を取るのが不可能なイタリアン・レストランの予約まで取ってくれたの。いごこちのいい素敵なレストランで、三カ月先まで予約で一杯というお店よ。彼がみんな準備してくれたの」

トレーシーががまんし切れなくなってこう聞いた。「今は転換期といったところと言ったわよね。それって正確にはどういう意味なの?」

ジャニスが説明を始めた。「私が知っているのは、グレッグが最後に手がけたビジネスがうまくいかなかったということだけよ。コンサルティングビジネスを始めたけれど、一年ほどたったところでパートナーと問題が起こったんですって。で、二カ月前にその会社を辞めた。だから、今は次に何をやるか探しているというわけよ。私も自分でビジネスをやっているから、時にはとても大変な時期があることがよくわかる。それに、一年しかたっていなかったら、まだ会社に入る収入はとても少なかったでしょうしね。やっとスタートを切ったばかりだったんですもの。こんなことをあなたたちに言ったことがわかったら、彼すごく恥ずかしがると思うけれど、正直に言って、彼の今の経済状態はちょっと苦しいわ。みんなうまくいかない時期ってあるでしょう? それに、今しばらく彼を経済的に援助するのは、私は一向に構わないと思っているわ」

レスリーが素朴な質問をした。「じゃあ、サンフランシスコの週末旅行の費用は誰が出すの?」

「私よ」ジャニスが答えた。「今言ったように、彼が立ち直るまでの短い期間、そうするのは構わないと思っているの。それに、彼は本当に頭がいいのよ。彼との出会いのタイミングが最高だと私が思っている理由は、まさにそれなのよ。グレッグが自分のビジネスをやめてフリーでいるのは、私がビジネスパートナーを持つ絶好のチャンスなんじゃないかと思っているの。そうするとすべてがうまくいくように思えるし」

「それに、これってめちゃくちゃな話に聞こえるかもしれないけれど……」ジャニスはちょっと待ってから続けた。「何もかもがものすごい速さで進んでいるのは私もわかっているわ。でも、グレッグが私のうちに引っ越してくる話まで、もう二人でしているのよ！　誰かと一緒に暮らすなんて、これまで思ってもみなかったけれど……私のこと、おかしいと思ったらそう言ってちょうだい」

「あなたはおかしいわ！」私たちは電話機に向かって口をそろえて言った。

「よくわかっているわ。私だって、うれしくてわくわくすると同時に、心配でもあるのよ」ジャニスは訴えるように言った。「あ、もう行かなくちゃ！　これから飛行場に行くのよ。みんな、すばらしい二日間を過ごしてね。じゃあ、また！」

私は電話を切った。私たち四人はあっけにとられて声も出せないまま顔を見合わせた。

最初に口を開いたのはトレーシーだった。「私の耳がどうかしているわけじゃないわよね？」ジャニスは、三週間前に知り合ったばかりのこの男の人が無収入だと言ったわよね？　で、彼女が全部払っているって？もしかしたら彼が引っ越してくるって？　それから、どれくらいビジネスの経験があるか、ほとんど知らないみたいなのに、自分のビジネスのパートナーになってもらうって言っていた？　ね、みんな、私の耳がおかしいって言って！」

「おかしくないわよ。ジャニスは確かにそう言ったわ」レスリーがそう答えた。

「あの子、一体何を考えているの？　目が見えなくなっちゃったとでもいうの？」トレーシーはまったく信じられないというように叫んだ。

「恋は盲目と言うでしょう？　たぶんその典型的な例ね」私がそう言った。

「きっと時間がたてばわかるよ」パットが言った。

「私には、グレッグっていう人がジャニスを利用しているだけに思えるけれど」トレーシーが言った。

私たちはみんな「信じられない」という気持ちだった。

「それに、私たちは彼のために後回しにされたようなものじゃない！」トレーシーはちょっと興奮気味に言った。「女性がそういうふうにするといつも私は腹が立つのよ。本当にばかなことだと思わない？」

パットが小さな声でこう言った。「もしかしたら、彼、ものすごくハンサムなのかもしれない」

「ハンサムで、さらに若いのかもね」レスリーが付け加えた。

「もしかしたら、ハンサムで若くて、その上莫大な遺産の相続人かもしれないわ！」私はそう付け加えた。

「ああ、やっと、少しは理解できる理由が見つかったというわけね」トレーシーが皮肉っぽく言った。

私たちはそれぞれにジャニスの「白馬の王子様」を心に思い描き、笑った。でも、そんな軽口をたたきながらも、心の底ではみんなジャニスのことを思って心配していた。

第十八章……

プロセスを始めよう

「初心者になることをいとわなければ、人生のどの時期にも新しいことを学べる。喜んで初心者になる方法を実際に身につければ、全世界があなたに向かってドアを開いてくれる」

——バーバラ・シェール

私たち四人は裏口から出て、ロバートと私がホームオフィスに作り変えたゲスト用の離れに歩いて行った。これから二日間、ここで四人で過ごすのだ。私たちはどっしりした木製の会議用テーブルを囲んで席に着いた。テーブルの中央には大きめのレポート用紙が積まれ、何本かペンが用意されていた。

「ずいぶん本格的ね」レスリーがそう感想を述べた。「何から始めるの?」

●ステップ1——あなた自身の理由

「あなた方がここに来た理由と、経済的に自由になるために必要なことをやろうと決心した理由について話すところから始めましょう」

「私の理由は、さっき私が玄関から入ってきた時にみんな聞いたでしょう?」トレーシーがまず話し始めた。「会社が売却されるのは、結果的に私にとってとてもいいことなのかもしれない。なぜなら、そのおかげで、今まで自分の人生をコントロールする力を持っていなかったという事実に気付かされたんですもの。人生の多くの側面、特に仕事とお金の面をコントロールする力よ。私にとって本当によかったのは、売却が発表された時、見ず知らずの人たちが私の将来を決めるのをただ待っているのに気が付いたことよ。彼らにとっては、私はリストに並んだ名前の一つにすぎなかった。消そうと思えばいつでも消すことのできるただの名前。つまり、私の理由はこうよ――もう二度とあんな状態にはなりたくない。これは私の人生よ。これからは自分の未来は自分で決める。その最初の決定が、自分のお金をコントロールする力を得ることよ。毎週もらう給料のために働いている限り、実際のところ私はお金に支配されていて、私がお金を支配しているわけではないということが、今はよくわかるわ」

次にレスリーが話し始めた。「キムにはいつか話したけれど、私の理由はとても単純よ。ただ絵を描きたいだけなの。絵を描いていると心が歌い出す。絵筆を手にしてイーゼルの前に立つと、満足感と自信に包まれて、本当に生きているって感じるの。でも、実際は仕事に多くの時間をとられてしまって、自分の本当に好きなことができる自由な時間がどんどん減っている。私の理由はとても単純で、ただそれだけよ」

次にみんなパットの方を向いた。私はパットが何を言うかとても興味があった。なぜなら、正直なところ、その日パットが姿を見せたのが私には一番の驚きだったからだ。

パットは静かに話し始めた。「この間みんなであのレストランでランチをしてからずっと、ずいぶんいろいろ考えて自分を見つめ直したわ。あのランチの時、私は自分がそれまでの人生の大部分を、自分の夢や目標ではなく、誰かほかの人の夢や目標にただ合わせて生きてきたことに気付かされた。夫や子供たちの生活を支えることを一番に考えて、自分自身の人生は二の次にしてきたのよ。ニューヨークでのあのランチのあと、私は自分の人生を優先しようと決めて、本当に自分がやりたいことは何か、自分に聞き始めた。その答えは自分でも驚くようなものだったわ！

私はみんなで話した投資の話にとても興味を持った。みんなも知っているように、私は事実を調査したり掘り起こしたりするのが大好きでしょう？　だから、いろいろやってみた。インターネットを使って投資の世界について学び始めたのよ。すっかり夢中になったわ。あちこちのウェブサイトで、株式や株式オプションへの投資、不動産や株式を公開していない会社、貴金属への投資についてなど、とてもたくさんのことを学んだ。そういった情報を吸収するのにすっかり没頭して、気が付くとコンピュータの前で何時間も過ごしていたなんていうこともあったわ。でも、そういうのは全部、一人でこっそりとやっていたの。夫も含めて、ほかの人には話さなかった。そんな感じでしばらく時間がたってから、例の問題が出てきたのよ。みんなにも話したように、うちではお金に関する大きな決定はすべて夫がしている。だから、私が投資の話を持ち出しても真剣に取り合ってはくれないだろう、それどころか、お金のことでよくそうなる大きな言い争いのきっかけを作ってしまうかもしれない……私はそれが心配だった」

パットは話を続けた。「ともかく私は事実を包み隠さず話すことに決めた。実際に話してみたのよ。自分がずっと人のサポートばかりしてきたように感じていること、自分のために何かやりたいと思っていることなんかも話したわ。それまでの長い人生の中ではじめて、私は自分を他人より優先させたいと思ったこと。お金のことはいつも彼がやっていたから、家の経済状態について彼と話し合うのにとてもためらいがあったことも話した。それから、インターネットでそれまで勉強してきたことや、家事の片手間にやる趣味ではなく、フルタイムの活動としてやっていきたいと思っていることなどを話した。自分にはとてもたくさん学ぶことがあって、サポートしてくれたらうれしいとも言ったわ。それから黙って、ドキドキしながら夫からの返事を待った」

「賛成してくれたの？」私はそう聞いた。

「そう簡単だったらいいんだけれど……」パットはそう答えた。「夫はまだ全面的にサポートしてくれているわけではないわ。でも、いつかきっとサポートしてくれる、私はそう信じているの。私は今自分がやっていることがいいことだと信じている。だから、彼が賛成してくれなくても先に進める。彼は証拠を見ないとだめなタイプの人間なのよ。彼が証拠を見たら、きっと二人一緒にやっていくことになると思う。今、夫は仕事に完全に縛り付けられているように感じていて、それしか見えないのよ。それで満足しているとも言えないけれど、彼はそれしか知らないから。もう長く今の仕事を続けているけれど、前ほど仕事を楽しんでいるようには見えない。そして、その傾向はどんどん強くなっている。だから、ほかにも選択肢があることを彼に見せてあげたい。私が今考えている別の選択肢の方がずっといいことを教えてあげたい。だから、実際のところ、今私がこれをやっているのは自分のためでもあるけれど、彼のためでもあるのよ。長期的に見たら、このことが私たちの夫婦としての絆を強くしてくれると私は心から信じている。それが何よりの贈り物になると思うわ」

「わあ、すごいわ。おめでとう、パット」レスリーがそう言った。

「私たち三人とも、とてもしっかりした理由を持っているみたいね」トレーシーがそう言った。

「そうね」私はトレーシーの意見に賛成した。「そうでなくっちゃだめなのよ。なぜかというと、その理由が、この先いろいろなことが計画通りにいかなかったり、自信を失いかけたり、ほかの人から一体何をやっているんだととがめられたりした時に、あなたを先に進ませる原動力になるからよ。いつだってやめるのは簡単だわ。あなたたちはみんな、やむにやまれない理由からこれを求めている。それでいいのよ！」

●ステップ2——今どこにいるか？

「行きたいと思っている場所に行き着くには、その前に、今自分がどこにいるか知らなくてはいけないわ。行き先もわからずにタクシーには乗らないでしょう？　行き先がわからなかったら、どこに向かっているかわからないまま、ただ先へ先へと進むか、同じところを一日中ぐるぐる回り続けるしかないわ。

だから、次にあなたたちがしなくてはいけないのは、今どこにいるか見極めることよ。つまり、今の経済状況はどうかということ。これを見極めるには簡単な方法があるわ」私はそう言ってみんなを安心させた。

「これはこの間ジャニスとも話したんだけれど、まず必要なのは、自分の裕福度を知ることよ」

「ＯＫ、ちょっと待って。それを聞いただけでもう憂鬱になってきたわ」レスリーがうめくように言った。「私の経済状態を説明するのに裕福っていう言葉は必要ないもの」

私は笑った。「私が言う裕福の定義はこうよ——もしあなたが今日仕事をやめたとしたら、お金に困らずに何日間生き延びられるか？　つまり、あなたの今の裕福度はその日数、月数あるいは年数で測られるというわけよ」

パットとトレーシー、レスリーの三人は、前にジャニスがたどったのと同じプロセスをたどり（第十一章参照）、それぞれの裕福度を計算した。そのプロセスの三つのステップは次の通り——

①まず毎月の支出のリストを作り、合計を計算する。
②次に、貯金やすぐに売却・現金化できる株式などと、投資からのキャッシュフローの合計を計算する。
③次に、②で計算した収入の合計を①の毎月の支出の合計で割る。その答えがあなたの裕福度だ。

計算が終わったとたん、みんなぶつぶつ文句を言い始めた。

「この数字が何を意味するのかよくわからないけれど、いい結果とは思えないわ」レスリーがそう嘆いた。

「私の数字は七・二よ」トレーシーがそう言った。「これはどういう意味なの？」

「あなたの裕福度は七・二よ。七・二カ月ということよ。つまり、今日仕事をやめたとしたら、あなたはお金に困らずに七・二カ月生きられる。七・二カ月たったら、新たに収入を生み出さなければいけないというわけよ」

「これではちょっと長めの休暇くらいにしかならないじゃない！」トレーシーが叫んだ。

「私があなただったら、文句は言わないわ」レスリーが言い返した。「私の数字は〇・六よ。つまり一カ月ももたないってこと！　これではきっと落第ね」

私は笑った。「正しい答えや間違った答えがあるわけじゃないのよ。計算の結果は結果でしかない。この作業の目的は、今どこにいるかを知ることよ。ただそれだけ。で、今、あなたはその答えを知っている」

パットが話に飛び込んできた。「貯金や投資の合計を正確に知らないから――このことだけでも、私がうちの経済状態についてどんなに知らないかわかるわね――、私が知っている限りでだけれど、それで計算すると裕福度はだいたい十カ月だわ。夫は当然働き続けるものと私は思っているから、この数字はまあこんなものかなという感じね。でも、何かの理由で彼が働けなくなったら……と思うとあまり長い期間ではないわね。その間に、家族を養うための新たな収入源、たとえば私がフルタイムで働くとか、そういった方法を探さなければいけないわけですもの。十七年間も仕事から離れている私がジャーナリストとして働いたとしても、今の私たちのライフスタイルを維持していくのはまず不可能だわ！」

●ステップ3――どこに行きたいか？

「さあ、もうみんな今どこにいるかわかったわね。おめでとう」私はそう言った。「次のステップはどこに行きたいか決めることよ。そのために、次の二つの質問に答えてみて」

「どんな質問？」パットが聞いた。

質問その一――キャピタルゲインかキャッシュフローか

「一つ目の質問は、キャピタルゲインを得るために投資するのか、それともキャッシュフローを得るために投資するのかということよ。このことは前にも話したけれど、覚えている？　一般的に言って、投資をする場合、目的はキャッシュフローかキャピタルゲインかのどちらかよ。たとえば株式に投資する場合は、主な目的はキャピタルゲインを得ることにある。だから、株価が上がって、買った時より高い値段で売れるようにとあなたは願う。家を買って、それを修理して、買った時より高い値段ですぐ売る場合も、キャピタルゲインを目的に投資していることになるわ。家を買って、それを持ち続けて、誰かに貸すという場合は、だいたいキャッシュフローを目的に投資していると言っていいわね。株式でも配当を払ってくれるものはキャッシュフローを目的とする投資と言えるわ。

私が好きなのはキャッシュフローを目的とする投資よ。私が働かなくてもお金が入ってくれれば、そのキャッシュフローがある限り、私は自由ですもの。私がやりたいことは単純よ。毎月プラスのキャッシュフローを生み出してくれる資産を買ったり作り出したいだけ。それが私のやり方よ」

トレーシーは私の話をよく聞いていて、なかなかいい指摘を次にしてくれた。「一生働き続けたいとは思わない。それは自分でもよくわかっているわ。少なくとも今やっているようなことをずっとやり続ける気はない。もし、毎月プラスのキャッシュフローを生んでくれる投資を買って、それを持ち続けることを繰り返したら、流れ込んでくるキャッシュフローの量はどんどん増えていく。そして、最後には、私は仕事をやめられるようになる。なぜなら、その投資対象を持ち続ける限り、毎月キャッシュフローが入ってくるからよ。

一方、キャピタルゲインを目的とした投資しかしなかったら、そこからお金を得るためにはそれを売らなくてはいけない。だから、収入を増やすためには売ったり買ったりをずっと続けなければいけない。それに加えて、この場合、結局は生活費として使えるお金に限りが出てくる。つまり、私が死ぬまで困らないようにするには、とてもたくさんのお金を貯めておかなければいけない。こう考えると、今あなたが言った二つの投資方法は、まったく違う戦略ね」

「その通りよ」と私は答えた。「で、わかっておいてほしいけれど、私は今、どちらの戦略がいいとか悪いとか言っているわけじゃないのよ。ただ、私が使っている方式はキャッシュフローを目的とする投資だというだけのことよ。私は一九八九年に、キャッシュフローを目的とした投資を始めた。一九九四年までにロバートと私は、投資からのキャッシュフローのおかげで、経済的に自由になっていた。莫大な財産を蓄えたとか、そういうことを言っているわけじゃないわ。ただ、自分たちが本当にやりたいと思っていることができる、自由な状態になったと言っているのよ。

もう一つ、付け加えさせて。私が主に投資しているのは不動産よ。理由はそれが好きだから。物件を見たり、資料を分析したりするのが大好きなの。不動産の潜在的な可能性を求めて、それを有効に使うにはどうしたらいいか考えるのが大好きよ。それに、それが生み出してくれるキャッシュフローも大好きだわ。あなたたちも、自分が好きな投資対象を探さなくちゃいけない。そうでないと、あまり成功しないと思うわ。

女性の友達で、一年以上も不動産投資をするように勧めていたのに、ぜんぜん始めようとしない人がいたわ。で、ある時、株式のオプション取引についての講座に出席したら、彼女はすっかり夢中になって、今ではオプション取引でとても成功しているわ。彼女はそれが大好きなのよ。大好きだからこそ、とてもうまくできる。だから、自分に合った投資、自分が好きな投資を選ぶことがとても大事なのよ」

質問その二——ゴールは何か

私はまずこれまでの要点をまとめてから続けた。「つまり、一つ目の質問はキャッシュフローかキャピタルゲインか？　ということよ。で、二つ目の質問はゴールは何か？　ということよ」

「私のゴールは百パーセント自由になることよ！」レスリーがそう叫んだ。「これはもうはっきりしている。広いマンションや格好のいい車なんかいらない。ただ、絵を描きたいだけよ。お金のことを心配するのも、仕事場に行く時間を指定されるのも大嫌い。だから、一生困らないだけの経済的基盤があって、仕事をしたくなければしなくていいという状態にしたい。私はもう、キャッシュフローを目的とした投資をすることに決めているわ。生活費をすべてまかなうだけのキャッシュフローがほしいの。で、私の生活費は毎月五千二百ドルだから、五千二百ドルのキャッシュフローが必要ということだわ。それが私のゴールよ」

「それはとてもはっきりしているわね」パットがそう言った。「私らしくないと自分でも思うけれど、はっきりしたゴールを頭に描いてここに来たわけではないの。私が考えていたのは、ただ投資を始めて、それをだんだんに大きくしていくことだけだったわ。でも、さっきの作業をやってみて、貯金やら何やら全部合わせても、およそ一年分の生活費しかないことがわかって、もう一度考え直す必要があると思い始めたわ。将来、何が起こるかわからないもの。何かあった場合、今の私たちにそのための準備ができていないことは確かだわ。そうよ、もっと真剣に考える必要があるのよ」

●ステップ4——どのようにしてそこまで行きたいか？

「私はもうゴールは決まっている。じゃあ、そこまでどうやって行ったらいいの？」レスリーは早く先を聞きたがった。

「ここからが宿題よ」私はそう答えた。「ゴールまであなたを連れて行ってくれるプランを作るのよ。あなたはどうやってそこまで行きたいの？　投資対象はとてもとてもたくさんあるから、あなたがまずしなければいけないのは、自分が心を躍らせながら追求することのできる投資対象を見つけることよ。興味のないことを勉強することほどいやなことはないもの。三角法なんかを無理やり勉強させられたハイスクール時代を思い出すわ。教室以外でそういう知識を使うチャンスがあるとはどうしても思えなかったもの」

「私が生物で落第点をとったのはそのせいだと思うわ」トレーシーが打ち明けた。「カエルの解剖なんて、ともかく私には向いていないもの」

パットが口をはさんだ。「これを見せたら、あまりにも私らしいって、みんな笑うかもしれないけれど……。この数カ月いろいろ調べてみて、私たちが買えそうな投資対象の一部をリストにしてみたの。それをキムにメールで送って、キムがまた少し付け加えて、できあがったリストのコピーをみんなのために持ってきたのよ」

「笑ったりしないわよ、パット。すごいわ。ありがとう！」レスリーがそう言った。

二三七ページに挙げるのはパットが作った各種投資のリストだ。（投資の種類はまだほかにもあるが、私たちに手軽に利用できる投資の例として、このリストを参考にしてほしい。）

「主な投資対象としてパットが取り上げていたのは、不動産と紙の資産（有価証券）とビジネスの三種類だったわ」私は説明を始めた。「このリストを見てわかるように、投資対象にはそのほかにもたくさんの種類があるわ。たとえば、将来人気の出そうなスポーツ選手に投資することだってできる。スポーツ選手の多くは、大きなリーグで活躍できるようになるまで持ちこたえられる資金を持っていないから、それまでに必要なトレーニングや旅費、試合への参加費用などを投資家が出すということもあるのよ。プロになったら、その選手が手にする賞金の何パーセントかをもらうという仕組みよ」

「何だか、ほとんど何にでも投資できそうね」トレーシーがそう言った。「で、どの種類の投資をやっていくか決めたら、具体的にどんなプランができるわけ？　あなたが言う『どうやってそこに行き着くか』というのは一体どうやって決めるの？」

「それはいい質問だわ。『プランを立てる』と聞くと、たいていの人は必要以上に複雑なプランを立てようとする傾向があるから注意しないといけないのよ」

私は「どうやってそこに行き着くか」というのは次のような点を決めることだと説明した。

❶主な投資対象を何にするか？

二種類以上の投資対象に投資することもできるが、私の場合は、一種類の投資対象に絞って時間とエネルギーを注ぐと一番成功する。これは経験から学んだことだ。

❷これぞと決めた投資対象の中で、どんな商品に焦点を合わせるか？

たとえば、株式に投資するとしたら、どんな種類の株式に焦点を合わせるか決める。自分がエキスパートになりたいと思う分野を探すのがポイントだ。私の場合は、テクノロジー関係の株などに手を出したら、ひどい失敗をするだろう。なぜなら、私はその分野にまったく興味がないし、知識もほとんどないからだ。もし私が株式を投資対象として選ぶとしたら、やはり不動産関係の株式に注目するだろう。

また、投資対象として不動産を選んだ場合は、リストにもあるように、一世帯用の住宅、アパート、オフィスビル、ショッピングセンターなど、いろいろな種類がある。特に始めたばかりの頃は、自分が専門家になれそうなものを一つ選び、それに時間とエネルギーを集中させるのがいい。そして、それに慣れて楽にできるようになったら、次に焦点を合わせるものを選べばいい。

❸ゴールに到達するまでの時間割はどうするか?

これには最終的ゴールだけでなく、それまでに段階的にクリアする小さなゴールも含まれる。それぞれのゴールを達成するためにどれくらい時間をかけるか、時間的プランを立てよう。

「この三点さえ決まれば『どのようにしてそこまで行きたいか』が決まるわ」私はそう話をまとめた。「もしそうしたければ、もっと複雑に考えてもいいけれど、長ったらしくて、詳細にわたるプランを作るのに時間ばかりかけないように忠告しておくわ。そんなことをしていたら、結局スタートできないもの」

「あなたが始めた時のプランはどういうプランだったの?」レスリーが聞いた。

私はにこりとした。「ロバートと私は、経済的自由を獲得するために、広大で詳細にわたる大計画を立てたわ。私たちのプランはこうよ——毎年二つの賃貸物件を十年買い続ける。それだけ。これが私たちのプランだった。一世帯用住宅に焦点を合わせて、十年後には全部で二十戸の賃貸物件を所有していて、そこから入るキャッシュフローが生活費より多くなっている、というのがプランのすべてだった」

「プラン通りに行ったの?」トレーシーが聞いた。

「ええ。でも、最初の時間割通りにはいかなかったわ」

三人は少しがっかりした顔をした。

●投資のいろいろ

不動産
- 一世帯用の住宅
- 複数世帯用の住宅（二世帯用住宅から大型アパートまで）
- オフィスビル
- ショッピングセンター、小売店
- 倉庫
- 個人用倉庫スペース
- 更地

紙の資産
- 株式
- 株式オプション
- 社債
- 投資信託
- 国債
- ヘッジファンド
- 私募ファンド

ビジネス
- 個人が所有するビジネス（経営に関わる場合もあれば、投資するだけで経営に関わらない場合もある）
- フランチャイズ
- ネットワークビジネス（自分でビジネスを築くと同時に、自分の下に組織を作って不労所得を得る）

商品（商品取引所の取引対象商品）
- 貴金属
- ガソリン
- 石油
- 小麦
- 砂糖
- 豚肉
- トウモロコシ　など

外国為替

タックス・リーエン証券

発明

知的財産

水と空気の権利

（著者注：以上の投資対象の一部は巻末の用語集に説明がある。）

私は話を続けた。「はじめての投資用不動産、寝室二つ、浴室一つの賃貸用の家を買ったあと、私たちは二つ目、三つ目……と買っていった。そして、そのプロセスの中で、複数世帯用の建物を買うのも、一世帯住宅を買うのと同じくらい簡単だということを発見したのよ。その結果、十年で二十戸手に入れるところを、十八カ月で目標を達成した。まず自分たちが今どこにいるかを知り、次にどこに行きたいかを決めて、しっかり焦点を合わせたおかげで、ずっと短期間でプランを全部達成できたのよ。そんなふうになるとは夢にも思っていなかったけれど」

それから夜まで私たちは学習を続け、話をしたり、字を書いたり、図や表を描いたり、電話をかけたり、インターネットで調べたりした。そして、それぞれ自分自身の投資プランをまとめた。

もう今日はこれで終わりにしようという時には、レスリーもパットもトレーシーも、自分のゴールをしっかり紙に書き、それぞれのプランを見事にスタートさせていた。みんな自分たちが成し遂げたことにとても満足していた。レスリーが壁の時計を見て笑った。「信じられないわ。もうすぐ七時よ！　私たち、すっかり夢中になっていて、いつもの『女だけのランチ』をするのを忘れていたわ！」

「じゃあ、女だけのディナーはどう？」パットがみんなに聞いた。

●プランを立てる

1　ゴールを決める。

2　自分に次の三つの質問をする。

・主な投資対象を何にするか?

・これぞと決めた投資対象の中で、どんな商品に焦点を合わせるか?

・ゴールに到達するまでの時間割はどうするか?

第十九章……
男性にも投資にも三つのタイプがある

「私はとても辛抱強い——最後に自分の思い通りになるのであれば」

——マーガレット・サッチャー

レストランに行って夕食を食べているうち、みんなにとってその日がとても長い一日だったことがわかってきた。会話の話題はがらりと変わって、男性の話になった。でも、そのあと、おかしな具合に別の話題に発展した。

話を持ち出したのは私だった。「この間、女友達のシェリーと二人で、男性についておもしろい話をしたのよ。男の人って、通りすがりの女の人に一から十までの点数をつけたりするでしょう? それと同じように、シェリーと私も、通りを歩いている男性を選んで、その人がどんなタイプの男性かって想像をめぐらせたのよ」

シェリーとの話はこんな具合に進んだ——

「ねえ、本当言って、世の中には三つのタイプの男性しかいない、そう思わない?」シェリーがそう言った。

「三つ?」私は聞き返した。「絶対もっとたくさんのタイプの男性がいるわよ」

「じゃあ、その三つのタイプが何か教えるから、もしほかにあったら言ってみて」シェリーはそう挑んできた。

「いいわよ」

シェリーが説明を始めた。「世の中の三つのタイプの男性というのは、ワルとナイスガイと意気地なしよ」

「先を続けて」私はそう促した。

「ワルというのは、父親が娘とデートさせたくないと思うようなタイプの男よ」シェリーは笑った。「刺激的で心をそそられ、女性はどうしても欲しくなる。チャレンジ精神を掻き立てられるのよ。このタイプの男は何をしでかすか予想がつかない。だから、いつも目が離せない。一緒にいると退屈しないし、女性の興味を引きつけて離さない。一生心に残る男よ。こういう男が女のハートを傷つけても驚くにはあたらない。男女の愛憎劇にはいつもこのタイプの男が関わっていると思って間違いないわ。

次はナイスガイ。身近にだいたい一人や二人はいるわね。友達になれる人。誰もがそばにいたいと思うような人。おしゃべりができて、一緒にいると気持ちがよくて、あなたが問題を抱えていたら話を聞いてくれるような人よ。何でも話をして解決するから、人とけんかをすることはめったにないわ。安心して付き合えて、あなたの悩みの種になるようなことはしない。こういう人がやることはだいたい予想がつく。礼儀をわきまえていて、女性を尊重しているから、最初のデートの時にはまずキスはしてくれないわね」

「で、意気地なしというのは?」

「思わず『しっかりして!』と言いたくなるような人よ」シェリーはきっぱりと言った。「ともかく元気がないのよ! こういう人の人生にはほとんど刺激がない。意気地なしとのデートはたいてい、映画のあと、夜も更けないうちに終わる。マンションの屋上、星空の下でろうそくに照らされた思いがけないディナーなんていうのを期待してはだめよ。意気地なしはあなたを驚かすようなことは決してしない。いろいろな意味で、波風を立てるようなことは絶対したくないと思っているから、偉業を成し遂げることも決してない。チャンスに賭けることもない。ただすべてを平穏無事に、安定した状態にしておきたいのよ。意気地なしには、ほとんどすべてのことがリスクが多すぎるように思える。要するに、彼らはただ生きているだけなのよ」

「三つがどういうタイプかよくわかったわ」私はそう言った。「で、この地球上の男たちはみんな、この三つのカテゴリーのどれかに属するっていうことなの?」

「試してみて」シェリーはそう促した。「男の人を一人思い浮かべてみて。その人、この三つのどれかに入らない?」

「ええ、入るわ」私はそう認めた。

「どれ?」

「ワルよ」

「そんなところだと思っていたわ」シェリーは笑った。「今度は、知っている限りの男の人を思い浮かべてみて。きっとみんな三つのうちのどれかにあてはまるから」

私は三分ほどのうちに、思い出せる限りの男性を思い浮かべてみた。すると、シェリーの言う通り、みんな、ワルかナイスガイか意気地なしのいずれかのタイプにあてはめることができた。

「あなたの勝ちよ」私は降参した。「この三つ以外のタイプは必要ないわ。うまく絞ったものね。ほかの女友達に話したら、とてもおもしろがると思うわ」

●ワル、ナイスガイ、意気地なし

シェリーとの話を聞いて、パットとレスリーとトレーシーは声をあげて笑った。三人の頭がめまぐるしく回転し、これまで出会った男たちを思い出して分類しているのがわかった。

「大学時代のボーイフレンド、あの人は確実にワルだわ!」レスリーが叫んだ。「でも、不思議なのは、ナイスガイと結婚したのに長続きしなかったことよ。もしかしたらナイスガイだったからこそかもしれないけれど。私は本当はワルを求めていたのかもしれないわ」

トレーシーがにやりとした。「ワルが最初のデートのあとに花を送ってくると、女性はわくわくする。でも、意気地なしが花を送ってくると心配になる。この人は、私が望む以上の関係を求めているのかしらってね」

「ナイスガイはロマンチックなデートを何度しても積極的に言い寄ってきたりしない。ワルはすぐに毛布の下でごそごそやり出すのよ！」パットはくすくすと笑った。

レスリーが付け加えた。「ハイスクールの卒業記念パーティーの時、ボーイフレンドがいなかった私は仕方なく意気地なしタイプの男の子と出かけた。その子はいつも相手がいなかったからよ。とてもやさしい人だったけれど、人気のある女の子はみんなワルとくっついているみたいだった。それから私、気が付いたのよ。ワルと一緒にいると自分がもっともてるようになるってことにね」

「これって、見かけじゃなくて中身の問題みたいね」パットが言った。「『Happy Days（五〇年代を舞台にしたTVコメディ）』の登場人物のフォンジーを覚えている？　背も高くなかったし、日焼けもしていなくて、ハンサムでもなかったけれど、タイプで言ったら彼は確実にワルだわ」

「なぜ女たちがワルに惹かれることがこんなに多いのか不思議だわ」私はそう言った。

「ナイスガイといつもデートをしている友達がいるけれど、全然長続きしないのよ。その彼女が今でも忘れられないでいるのは、五年も前に付き合っていたワルタイプの男よ」

「ワルはちょっと危険なにおいがして、ミステリアスな感じがするのよ」トレーシーが言った。「彼らはリスクをとる。だからすばらしい可能性を秘めている。私の夫はナイスガイだわ。結婚した時、これからの二人の生活が、共稼ぎで郊外の一戸建てに住む……という、平均的アメリカ人の典型的な生活になるだろうということはわかっていた。今振り返って、自分の仕事と家庭について考えてみると、それが最終的に自分が求めていたものだったということがよくわかるわ。安心していられる、安定した生活よ」

レスリーが口をはさんだ。「私が思うに、ワルと付き合っていると、悪い時はどうしようもなく悪いけれど、いい時はものすごくよくなる可能性がある。未知数なんだけれど、潜在的な可能性は限りないってとこかしら」

「ワルのカテゴリーに入るのはたとえば誰？」パットがみんなに聞いた。

私がまず答えた。「ミック・ジャガー。彼はワルだわ」

「ジョン・マッケンロー、エミネム、チャーリー・シーン、みんなワルだわ」トレーシーが付け加えた。

「それから、もちろんランボーもね」

「ナイスガイはどう？」私がそう聞いた。

「フォンジーがワルだったら、あの番組のリッチー・カニンガムはナイスガイね」レスリーがそう言った。

「そう、彼は絶対ナイスガイだわ。それから、『原始家族フリントストーン』のバーニー・ラブルはどう？」

私たちはみんな笑った。

パットが笑顔で言った。「意気地なしの例は、『Married With Children（子連れで結婚）』のアル・バンディね。アニメ『ザ・シンプソンズ』のホーマー・シンプソンもぴったりだわ」

●投資も男性と同じ

私たちは夜を徹して地球上の男たちを一人ずつ分類し続けることもできたが、このあと、会話はまったく別の方向へ向かっていった。

きっかけは私が作った。「ねえ、男性に三つのタイプがあるのと同じように、投資もワルとナイスガイと意気地なしの三つのタイプに分けられるんじゃないかしら。知る限りの男性をこの三つのタイプに分類できるとしたら、投資に関しても同じことができるに違いないわ」

「あなたの言っていること、よくわからないわ」レスリーがそう言った。

「もしすべての投資をワルとナイスガイと意気地なしの三つのタイプに分けるとしたら、ワルの投資、ナイスガイの投資、意気地なしの投資というのは、どんなものになると思う?」私はみんなに問いかけた。

「あなたの言いたいことがわかってきたわ」パットが答えた。「たとえば、ワルの投資というのはチャレンジの要素が大きい投資ね」

「その通りよ。ワルを相手にするのはチャレンジだわ。よく注意して、見張っていないとだめ。そこから離れてはだめなのよ。戻って来た時にはもういないかもしれないから。ワルと付き合おうと思ったら、とことん付き合わないとだめ。予想がつかないこともするし。でも、ワルを相手にするのはちょっと骨が折れるけれど、見返りも一番大きい。扱い方を知っていればの話だけれど……」私はそう付け加えた。

「で、ナイスガイは決してあなたを傷つけない。少なくとも立ち直れないような傷は与えない」トレーシーが言った。

「そうよ。ナイスガイはワルを相手にするほど注意は必要ない。でも、やはりずっと放っておくことはできないわ。ナイスガイはあなたが彼らのことを気にかけていることがわかっていないとだめだから、いつもコミュニケーションをとる必要がある。見返りはワルの場合ほどは決して多くないけれど、その分あなたを傷つける危険性は少ないわ」私はそう説明した。

「最後の意気地なしはどうかしら?」私は続けてそう聞いた。

レスリーが答えた。「意気地なしは退屈! 何もしないから!」

私は笑った。「完璧な答えね。意気地なしはずっと無視していても大丈夫。それでもほとんど変わらないから。意気地なしには注意を払う必要がないのよ。そもそも、あなたが注意を払ってくれることを期待していない。だから意気地なしなのよ。リスクはほとんどゼロだけれど、見返りもほとんどない」

「これって、すごいわ!」レスリーが叫んだ。「投資って男性とそっくりじゃない! むしろ男性よりいいわ! だって、投資は私に飽きたからって、もっと若い投資家に乗り換えたりしないでしょう?」

「それに投資は言い返してきたりしないしね!」トレーシーが冗談を言った。

「それに、夜中まで帰ってこなくて、一体どこにいるのか気をもむ必要もないわ」パットも冗談を言った。

私たちの笑い声に何人かの客が振り向いていたが、それに気付かないほど私たちは笑い転げていた。

●三つのタイプの投資

トレーシーが話を本筋に戻して聞いた。「じゃあ、どの投資がどれにあたるのかしら？　どの投資がワルで、どの投資がナイスガイ、どの投資が意気地なしなの？」

私は紙を取り出して三つのカテゴリーを並べて書いた。

ワル
ナイスガイ
意気地なし

「種類の違う投資をいくつか見て、どのカテゴリーに入るか見てみましょうよ」私がそう提案した。「株式の場合はどうかしら？」

「株式を買って、長期的利益を見込んで持ち続けるとしたら、それはナイスガイなんじゃないかしら？」パットが言った。「なぜなら、それでも、私は様子を見るために定期的にチェックして、その会社に注意は払うもの」

「じゃあ、短期で買ったり売ったりするデイトレードの場合はどう？」私はそう聞いた。「もし一日のうちに株式を買ったり売ったりするとしたら？　買っても数時間で売ってしまうこともあるわ。デイトレードをやる人は、その日の終わりに持ち株を全部売ってしまうことも多いのよ」

トレーシーが答えた。「それはワルだと思うわ。一日中見張っていなくてはいけないもの。それに、デイトレードをやるとしたら、とことん付き合わないとだめでしょう?」

「いいところに目をつけたわね」私はそう指摘した。「長期保有目的の株式購入はナイスガイ、デイトレードはワルの下に書くわね。株式オプションはどう?」

パットが話に飛び込んできた。「ちょうど私、おもしろそうだなと思って、株式オプションのことを調べてみたのよ。この質問の答えは二つあると思う。六カ月で権利の切れるオプションだったら、つまりその権利を行使してお金を儲けるかどうか六カ月以内に決めなければいけないオプションの場合だったら、それはナイスガイだわ。いつもそれに注意は払うけれど、つねにそのために何かやるわけじゃないから。一方、もし株式のデイトレードのように、毎日オプションを売ったり買ったりするなら、それはワルね。株価の変化をいつも見張っているわけですもの。正直言って、こういうワルと付き合うのは私はちょっと心配だわ」

「じゃあ、不動産も、どんな形で投資をするかによって異なるカテゴリーに入るのね」トレーシーが同じ考え方を不動産にあてはめてそう言った。

「その通りよ。もし私が、不動産投資をやろうと思っている友人に物件購入の頭金を貸してあげて、貸したお金に対して一定の額を利子としてもらうことを明記した借用書を作り、元金を返してもらうまで支払いを受けるとしたら、それは私にとってナイスガイの投資になると思うわ。友人がうまくその不動産を管理できなくて、私への返済ができなくなる可能性はあるからリスクは多少あるけれど、この友人が賢い投資家で、自分がやっていることがよくわかっていれば、リスクも、私が関わらなくてはならない度合いも少ない」

「借りたお金を返してくれなくなったら、ナイスガイがうるさいワルになるわけね!」レスリーが笑った。

「チャレンジに変化して、もっと注意を払ってくれとあなたに要求してくる……」

「総戸数五十戸のアパートで、建物が老朽化していて、二十戸が空室だったらどう?」私はそう聞いた。

「ワルよ!」みんな声をそろえてそう叫んだ。

「なぜ?」

「建物が老朽化していて、たくさん空室があったら、経営状態を建て直すにはものすごい時間と労力が必要ですもの」パットが答えた。「なるほど！　これでわかったわ。なぜうちの隣の家の夫婦が、仲がよかったり悪かったりで安定しないか。だんなさんがワルなのよ！」

レスリーが先を続けた。「経営がうまくいくようになったら、このアパートはワルからナイスガイに変わるのね。しっかり面倒を見なければいけない点は同じでも、その程度はずっと軽くなるもの」

「とてもいい指摘だわ！」私はレスリーの考察力に感心して、そう言った。

「投資信託はどうかしら？」パットが新しい材料を持ち出した。

トレーシーがにやりとした。「私の個人的な経験からすると、意気地なしね。お金を出して買って、何かいいことが起こりますようにと祈っているけれど、今のところ何も起こっていないわ。手数料をたくさん払わされただけよ」

「あなたの意見に賛成よ」私はそう応じた。「確定拠出型年金の401（k）も同じね。そこにお金は入れ続けるけれど、時間がたっても大したことは起こらない」

パットが口をはさんだ。「株式市場が暴落した時はそうじゃなかったわ。私の友達にも401（k）を利用していて大きな損をした人がたくさんいるわ。意気地なしが救いようのない負け犬になってしまったのよ」

「投資目的で更地を買うのはナイスガイだと思うわ」トレーシーが話に割り込んできた。「買ってただ値上がりを待っているわけでしょう？　大して注意を払う必要もないし。ただ、地域開発とか、その土地のまわりで起こっていることには注目していたいけれど。その土地に自分で小売店とかオフィスビルを建てるとなったら、時間もエネルギーもかかるし、そのための教育も必要になって、簡単にワルに変身する可能性も出てくるわね」

「意気地なしはほかにどんなものがあるかしら？」パットが聞いた。

「あなたはどう思う?」私はそう聞き返した。

「貯金は投資に入るの?」パットが聞いた。「だったら、そうだわ。だって貯金は何もしないもの。お金を預けるだけ。それにリスクはゼロ。でも、見返りも、特に最近はほぼゼロに近いわ」

「ぴったりの例だわ」私はそう答えた。

「譲渡性預金(CD)は意気地なしね。前の義理の弟がそうだったわ。ただごろごろしているだけで、ほとんど稼ぎもなくて、誰も彼には何も期待していなかった」レスリーがふざけてそう言った。

「金や銀への投資はどう?」トレーシーが聞いた。

「もし私が金や銀を買っていたとしたら、ナイスガイのカテゴリーに入れるわ」私はそう答えた。「価格の動きに注意は払い続けるけれど、ワルのように明日の朝もそこにいるかどうか心配しなくてもいいもの」

パットが話を一旦まとめた。「ワルの投資は、本人がよくわからずにやっていると、とても傷つくことになりかねない。この二日間、私たちがここに来たのもそのためだわ。つまり、どうすべきか学んで、傷つかないようにするためよね」

「その通りよ。それでも傷つくことはあるかもしれないけれど。絶対という保証はどこにもないもの」私はそう言った。「でも、学び続け、知識を増やし続ければ、傷ついても命取りになるようなことはなくなるわ」

「もう一つあったわ」レスリーが思い出したように言った。「ビジネスへの投資はどうなるの?」

「誰かほかの人のビジネスに投資するの? それとも自分でビジネスを所有して、経営も自分でやるの?」

私は詳しい説明を求めた。

「そうね……すでにあるビジネスを買って、パートナーとして経営にも参加するというのはどうかしら?」

レスリーが答えた。

「私、これまでそんなふうに考えたことなかったけれど」トレーシーが話に加わった。「ビジネスに投資する場合も、いくつかの方法があるのよね。実は私の兄は、友達が始めた新しいビジネスにいくらかお金を出しているの。兄はその会社には積極的には関わっていなくて、ただ少しお金を出して、出したお金に対して見返りがくればいいと思っているだけよ。こういう形でビジネスに投資するのはナイスガイのカテゴリーに入ると思うわ。もちろん、その場合、会社を実際に動かす人が、自分が何をやっているかよくわかっている人かどうか、よく確かめなくてはいけないけれど」

「もし、その人が経験もなくて、自分が何をやっているかよくわかっていなかったら、その投資はギャンブルだわ」私はそう付け加えた。

「で、もし私自身がビジネスを始めようとしたら……」レスリーが話を始めた。

「ワルよ」トレーシーがレスリーの言葉に続けてそう言った。「そのために必要な時間もエネルギーも、そこに払うべき注意も、ものすごく大きいわ。ワルのリストのトップに並ぶ投資と言っていいと思うわ！」

●積極的投資家と消極的投資家

「今の話はとても大事なことにつながっているわ」私はそう話し始めた。「投資家には二つのタイプがある。積極的な投資家と消極的な投資家よ。投資を使って経済的に自由になりたいと思っている人は、積極的な投資家になる必要がある。消極的な投資家としてただお金をつぎ込むだけでは、そのゴールには行き着けないと思うわ。投資信託や401（k）もいいけれど、経済的に独り立ちしたいと思ったら、それ以上のものが必要よ」

「積極的か消極的かはどうやって判断するの？」パットが聞いた。

私は説明を始めた。「私が消極的投資と呼ぶのは、誰か他人にお金を託して自分のために投資してもらい、その投資に対して自分は何の関係も持たない、あるいはそれをコントロールする力を持たないというような場合よ。あなたはただお金を渡して、その場からいなくなるわけだから。反対に、積極的投資というのは、文字通り、その投資に積極的に関わる場合よ」

「つまり、賃貸用の不動産を買って、それを管理するのは積極的投資ね」トレーシーがそう付け加えた。

「その通りよ」私はそう答えた。

「となると、ワルの投資はすべて積極的投資ってことになりそうね」レスリーがそう言った。「そう考えるとよくわかるわ。だって、私が知っているワルたちはみんなとても積極的だったもの」

「それに、ナイスガイのカテゴリーに入る投資の多くも積極的投資よ。ただ、それに本人が関わる度合いが少ないだけだわ」トレーシーが言った。

「意気地なしの投資は、百パーセント消極的な投資だわ」パットが言った。

「私の前の義理の弟のようにね」レスリーが続けた。

「投資信託も401（k）も消極的な投資と言えるわね。そこにお金はつぎ込むけれど、それを自分がどうかするわけじゃないもの」

トレーシーがさらにこう付け加えた。「それに、株式に投資している人の多くも、実際は消極的投資家のように思えるわ。私が知っている人で株式に投資している人の大部分は、株式ブローカーにお金を渡して、勧められるままに買ったり売ったりしているだけだわ。投資家として積極的に関わっていない。株価のチェックはするかもしれないけれど、詳しく調べたり、その株を発行している会社が何をしているか注意深くフォローしたりはしないわ」

「あなたの意見に賛成よ」私はそう言った。「レジの店員から聞いた『耳寄り情報』を頼りに株を買っているようなら、それは確かに消極的な投資だわ」

「何年も前のことだけれど、生命保険を買わされたの。その時、保険の外交員は投資と呼んだけれど、あれは間違いなく消極的な投資ね。だって、私たちがやっていることと言ったら、ただ保険料を払い続けることだけですもの。保険の細かい条件がどんなものかなんて私は全然知らないし」トレーシーはそう白状した。

パットがまた話をまとめた。「つまり、投資を買って戸棚に突っ込んでおいて、売る時までまったく注意を払わなかったら、それは消極的投資ということになるのね。株式ブローカーが電話をしてきて、資金を一部ABC社の株式の購入にあてたらいいと夫に勧めて、私たちがその株式や会社について何も知らなかった場合も、私たちは消極的な投資家だわ。あるいは、誰かが始めたばかりのビジネスに私が投資して、あと放っておいて忘れていたら、それも消極的投資ね」

「その話は私にもよくわかるわ」レスリーがそう言った。

レスリーが話を続けた。「不動産投資は積極的投資のいい例じゃないかしら。もし私が家を買って、それをきれいにして人に貸したとしたら、私はかなり積極的に関わったことになる。小さなショッピングセンターを所有していて、店のオーナーに貸していたら、それも積極的な投資だわ」

「でも、不動産投資信託（REIT）を買って、売るまで放っておく場合はどうかしら？　これは不動産投資といっても株式や債券の投資信託と同じだから、消極的投資になるわよね」私はそう言った。

パットがこう聞いた。「私が株式を買ったり売ったりしているとして、デイトレードはしていないけれど、いろいろな会社や業界について研究して、過去の業績を調べたり、自分が投資している株式についてできる限りのことを学ぶ努力をしている場合はどう？　積極的投資と消極的投資のどちらになるのかしら？」

トレーシーがすぐに答えた。「この場合は、積極的という言葉が決め手になると思うわ。もしあなたが積極的に関わっているのなら――この場合は積極的に調べたり勉強したりしているわけよね――それは積極的な投資家ということになると思う。反対に、怠け者で、勉強もしなくて、ただ他人に任せて自分の代わりにやってもらいたいという人は消極的投資家だわ」

「うまいこと言うわね」私はそう言った。「個人的には、私は、何にせよ自分が知らないものに投資することは勧めない。自分のお金を自分のためにできるだけせっせと働かせたいと思ったら、積極的な投資家にならなければいけないのよ」

「ビジネスに投資することについて疑問に思っていたことが、前よりはっきりわかってきたわ」レスリーがそう言った。「私はビジネスを所有し、その経営に実際に関わることもできる。それはとても積極的な関わり方だわ。一方、他人のビジネスに投資して、ある程度経営に関わることもできる。これも積極的だけれど、前より関わり方の度合いが少ない。積極的な関わり方には、実際にその会社に行って働くことから、会社に行かなくてもそのために自分の身体を動かして働く、たとえばその会社や業界で何が起こっているか調べてつねに注意を払っているとか、そういったことも含まれるのね。ビジネスに投資する三つ目のケースは、会社にお金を投資するだけで、あとは何もしないでそこから離れている場合だわ。これが消極的投資ね」

「自分で自分の疑問に全部答えてしまったわね」私はレスリーに向かってそう言った。

●話をまとめると……

「つまり、こういうことかしら?」トレーシーが話をまとめ始めた。「世の中には三つのタイプの男性がいて、投資にも三つのタイプがある。それは、ワルとナイスガイと意気地なしの三つで、どんな投資もこの三つのどれかにあてはまる。一方、投資には、投資した本人がまったく関わりを持たない、とても消極的な投資もあるし、本人の努力と注意をたくさん必要とする、とても積極的な投資もある。この話で一番大事なのは、私には意外だったけれど、その投資が積極的か消極的かを決めるのが投資そのものではなく、投資家だということとよ」

「うまくまとめてくれたわね」私はそう言ってほめた。「一つ付け加えさせてくれる? 私はどのタイプの投資がいいとか悪いとか言っているわけじゃないのよ。投資家として成功するためには、それぞれのタイプの投資に関して、プラスとマイナスの点をよく知っていることが大事なのよ。自分に聞いてみて。『私が持っている投資のリスクと見返りは何だろう?』って。投資信託だけ持っていて、引退したあとに必要なお金はこれでカバーできるなどと期待してはだめよ。投資信託はそういうふうには作られていないんだから。賃貸不動産だって同じよ。買っただけで何もしないでいいわけではないわ。どの投資がどんな利点を持っているか、あるいはどんな欠点を持っているかよく知って、自分のプランに合ったものを選ぶことが大事なのよ。そして、次のことをよく覚えておいてね。経済的に自立することがあなたのゴールだったら、ただ投資家になるだけではだめで、積極的な投資家にならなくてはいけないのよ」

第二十章……

成功する投資家になるための鍵　その一

「男を教育するのは人間を教育することだ。女を教育するのは家庭を教育することだ」

――ルビー・マニカン

次の日の朝、学習会の会場に使っていた部屋に入る時も、私たちはまだ三つのタイプの男たちについて冗談を言い合っていた。

会議用テーブルを囲んでみんなが席に着くのを見計らって、私はこう言った。「それぞれのプランの作成に戻る前に、これまでに私が学んだ投資の秘訣の一部をみんなに教えておきたいの。そのほとんどは、私がたくさん間違いを犯して、痛い目にあって学んだことよ」

「自分で間違いを犯さずにあなたの間違いから学べるというなら、大歓迎よ！」レスリーがそう言った。

「中にはずいぶん高くついた間違いもあったに違いないし……」

「ええ、そういうのもあったわ。でも、高くついたのはお金の面でだけじゃないわ。チャンスを逃したことや、時間をむだにしたことも含めての話よ」

「さあ、聞かせてちょうだい」パットが覚悟を決めたように言った。

●成功する投資家になるための第一の鍵

私は話し始めた。「第一の鍵は、もうあなたたちもよく知っていることよ。つまり、どんな種類のものでも投資をやろうと思ったら、まず最初にやるべきことは――

教育を身につけて戦いに備える

ともかく大事なのは教育よ。よく知れば知るほど、うまくできるようになる。投資をする前に宿題をすることよ。最近はすばらしい教材がいくらでも手に入るわ。あらかじめ仕入れたちょっとした知識が、利益をあげられるか損をするかを決めることもあるのよ。

少なくともバタ足のやり方を覚えるまでは、プールの深い方にいきなり飛び込んだりしないでしょう？ そんなことをしたら、おぼれてしまう。まったく知識がないまま投資の世界に飛び込むのも同じことよ。おぼれてしまうのがおちだわ。

ロバートや私がネットワークビジネスを勧めるのは、本当にいいネットワークビジネスの会社は、自分たちの商品を売ってくれるディストリビューターをきちんと教育するからよ。セールスから会計まで、さらには人間的な成長に関わることまで、あらゆる面で教育してくれる。いい会社は、ただ製品を売ってくれる営業マンを探しているわけじゃない。会社に関わった人たちが人生のあらゆる面で成功できるようにサポートしたいと思っているのよ。

私たちが始めたリッチダッド・カンパニーはファイナンシャル教育の会社よ。投資商品を売ったり、特定のものを勧めたりはしない。提供するのは教育だけで、次に自分に合った投資を探すのは、私たちのサービスを利用した顧客が自分の判断でやることよ。

投資商品ではないけれど、確かに私たちの会社も商品を売っている。金持ち父さんシリーズの書籍のほかに、もう一つ、投資を真剣に考えている人にぜひ使ってもらいたい商品があるわ。『キャッシュフロー101』というボードゲームよ。

ロバートと私が一九九四年に引退した時、いろいろな人から何度も『どうやったの？ 一体どんなふうにして三十七歳（ロバートは四十七歳）で引退できたの？』と聞かれた。ロバートと私には似たところがいくつもあるけれど、その一つは二人ともゲームや遊びが好きなことよ。

たいていの人は子供の頃、よくゲームや遊びをやったはずよ。ボードゲームやら、かくれんぼ、鬼ごっこ、それから、もちろん、大人の世界のいろいろな活動をまねた『ごっこ』遊びなんかもやったわよね。十二歳の頃、土曜の朝早く、通りを自転車で走らせながら、とっても解放されて幸せな気分だったことを今でもよく覚えているわ。サッカーをしに行くところだったのよ。私はスポーツに囲まれて育った。それで、今でもいろいろなスポーツやゲーム、遊びをするのが大好きなの。

一九九五年、私たちが経済的に自由になるまでにたどったプロセスのすべてを含んだボードゲームを作るというアイディアをロバートが思いついた。学習は楽しくなくてはいけない（お金を儲けたり投資したりすることが楽しいことであるのと同じに）、というのが私たちの考えだった。そこで、投資のことを学びながらみんなが楽しめるようにと思って作ったのがキャッシュフロー101よ。このボードゲームは、現実の世界でロバートと私が投資家としてどんなふうに考え、何をしているかをそのままの形で再現している。私たちの商品を買った人からいろいろなフィードバックが届くけれど、投資の成功談を送ってきてくれた人のうち八十パーセントから九十パーセントの人は、キャッシュフローゲームを定期的にやっていると言っているわ。ゲームが行動を起こすきっかけになっているのよ。

二五九ページにあるのは、『経験の円錐（Cone of Learning）』と呼ばれるもので、エドガー・デールという人が一九六九年に行った研究の結果生まれたものよ。この研究は、人間がどのようにして一番効率的に学ぶかを知るためのものだった。びっくりするかも知れないけれど、この円錐の一番下にあるのは、最も効率の悪いやり方なのよ。それは何だと思う？　読むこと（著者注：でも、この本を読んでくださっているみなさんの努力はきっと報われます！）と聞くこと、今の学校システムで使われている主な二つの教育方法よ。で、一番効果的な学習テクニックはというと、現実の世界での経験と、それをまねてやってみることよ。人は何かをやることによって一番よく学ぶ。投資というテーマを教えるために、現実の世界を再現したボードゲームを私たちが作ったのもそのためよ。

だから、投資教育の一環としてキャッシュフローゲームをすることを、みんなにもぜひ勧めるわ。自分で買って友達とやるのもいいし、私たちのウェブサイトで、あなたの家の近くのキャッシュフロー・クラブを探してみてもいいわ。このクラブは教育を目的としたクラブで、メンバーが集まってキャッシュフローゲームをするほかにも、いろいろな投資教育活動をしているのよ」

「今夜、そのゲームをやりましょうよ！」トレーシーが意気込んで言った。

「この二日のイベントの最後を飾るにはふさわしいわ」レスリーが賛成した。

「キャッシュフローゲームや、そのほかのうちの会社の製品以外にも、手に入る教材、学習のチャンスはいくらでもあるわ。本やCD、DVD、セミナー、新聞、ニュースレター、ウェブサイト、投資クラブなんかよ。全部挙げていたら、文字通りきりがないわ。自分が欲しいと思う情報があったら、そういったものを調べさえすればいいのよ。

もちろん、現実の世界での経験に勝る教師はいないわ。だから、実際に行動に移る前に何年も勉強をしなければいけないなんて思わないでね。ある程度教育を受けたら、それは脇に置いて、実際にゲームに参加するのよ」

●成功する投資家になるための第二の鍵

「二つ目の鍵は、投資に対して感じる多くの恐怖を取り除いてくれる鍵よ。それはこうよ——

経験の円錐

二週間後に覚えている割合		かかわり方
言って、やったことの90%	実際に体験する	能動的
	実体験をまねてやってみる	
	体験を劇化してやってみる	
言ったことの70%	そのことについて話をする	
	討論に参加する	
聞いて、見たことの50%	実際の現場を見学する	受動的
	実演を見る	
	展示を見る	
	テレビ・映画を見る	
見たことの30%	写真を見る	
聞いたことの20%	言葉を聞く	
読んだことの10%	読む	

（資料『経験の円錐』エドガー・デール、1969）

どんな投資を選んだとしても、必ず小さく始めて、間違いを犯すことを覚悟しておくことが大事よ。間違いは必ず犯す。間違いを犯すのが心配だから投資をするのが怖いと言ってくる女性たちに、私はいつもこう言うの。『間違いを犯すのではないかと心配する必要はないですよ。間違いは必ず犯しますから。保証してもいいですよ。それを知っていれば、もう怖がることはありません』とね。

はじめて買った賃貸用の家で私が犯した最初の間違いは、決して忘れないわ。六カ月ほど借り手があって、そのあと借りていた人が引っ越していったのよ。その時私は思った。あ、いいチャンスだわ、家賃を二十五ドル値上げしましょうってね。それまで毎月その家から得ていたキャッシュフローはわずか五十ドルだったから、値上げをすればキャッシュフローが五十パーセント増える計算だった。そのことを思いついた自分は何て頭がいいんだろうと思ったわ。

私が犯した間違いは、近所の家賃の相場を調べなかったことよ。もしきちんと宿題をやっていれば、私が設定した家賃が相場の一番高いところに位置することがわかったはずよ。それをしなかったせいで、その家は三カ月も空き家になって、七十五ドルよけいに入るはずが、千五百ドル以上損することになった。あれはいい教訓だったわ。

だから、少しのお金で間違いを犯して基礎を学ぶことが大事なのよ。株式に投資するとしたら、全財産を一つの銘柄につぎ込んだりしてはだめ。はじめはほんの少しだけ買う。不動産だったら、最初から総戸数百五十戸のアパートなどに手を出さずに、一世帯から多くても四世帯までの賃貸住宅から始めることよ。はじめての投資で大儲けしようなんて考えてはだめ。これは学びながら先に進むプロセスなんだから。やってみて、学び、そしてやり続けることが大事よ。宝くじじゃないんですもの。

何年も前の話だけれど、友達がタックス・リーエン証券についての本を勧めてくれた。タックス・リーエン証券というのは、不動産の持ち主が固定資産税を払わなかった時に生まれる税金取立ての権利を証券にしたものよ。本人に代わって税金を払うけれど、本人があくまで税金を払わなければ、あなたは支払った税金分の値段でその不動産を手に入れられる場合もある。一方、本人があとで払った場合は、滞納に対して州が科す罰金があなたのところへ入ってくるし、もちろん払った税金も戻ってくるという仕組みよ。

私は早速本屋に行って、友達に勧められた〝The 16% Solution（十六パーセントの解決法）〟をロバートと自分に一冊ずつ買ってきた。まずちょっとした教育で準備をしたというわけよ。それからこの種の証券を売っている郡の役所に行って、その本に書かれていたステップを一つずつ踏み、およそ五百ドル分のタックス・リーエン証券を買った。額は少なかったけれど、それで私たちはゲームに参加し、経験を通してそのプロセスを学ぶことができた。

私がこれまで見てきたところ、一番いい投資、つまり最大の利益をもたらす投資を選ぼうとして、その段階で足踏みをしてしまう人が多い。一番いい投資が何かを知っている人などいるわけがないから、それをやろうとすると、いつまでも探し続けることになって結局何もできない。まず小さく始めれば、複数の投資も可能だし、そこで実際にやってみて、どれが自分にとって一番いいかを見極めることもできるわ」

●成功する投資家になるための第三の鍵

「三つ目の鍵は、タックス・リーエン証券を買った時に私たちがやったことよ——

少しだけお金をつぎ込む

成功するのにこれが大事な理由は三つあるわ。

一つ目の理由はすぐわかると思う。それは、いくらかお金をつぎ込まないと、ゲームには参加できないからよ。お金を出すまではすべて理論でしかない。投資家になるためにはゲームに参加しなくてはいけない。私が投資をゲームと呼ぶのは、そこで勝ったり負けたりするからよ。投資家の定義は、『何かにお金を投資している個人、会社、あるいは組織』で、お金を投資していなければ投資家じゃない。

このことが二つ目の理由につながるわ。それは、お金が少しならリスクも少ないということよ。お金をたくさんつぎ込めば、リスクも大きくなる可能性がある。新しい投資に乗り出す時はいつも、私はその投資に関する知識と経験が自分にないことを頭に入れておく。間違いも犯すだろうと覚悟しておく。そのためにお金を失うこともあるかもしれない。でも、少ないお金でも実際に投資すれば、多くのお金をつぎ込んだのと同じだけのことが学べる。

三つ目の理由は一番大事なことよ。いくらかお金をつぎ込んだら、そのことに興味がぐんとわいたという経験をしたことはない？　うちの近所の女性が最近新しいレクサスのコンバーチブルを買ったんだけれど、それを買う前は彼女、車にまったく興味がなかったのよ。でも、新しい車を買うと決めたその瞬間、にわかに隣近所で一番の車の専門家になった。最終的に何を買うか決めるまで、信じられないほどたくさんのことを調べていたわ。やりすぎじゃないかと思うほどだったけれど、彼女がそうしたのにはもっともな理由があったのよ。だって自分の身銭を切るわけですもの。

もう一つ例を挙げるわね。友達の十歳になる息子の話よ。ある日、お父さんが銀を買う話をしているのを耳にしたこの男の子は、お父さんに銀のことや、なぜそれを買うのかといったことを質問した。

次の日、そのお父さんは私に電話をして、息子のベンが私と話したいと言っていると言ったのよ。ベンが電話口に出てきてこう言った。『キム、ぼく、お小遣いで銀貨を十枚買ったんだ！　一つ七ドル六十セントだから全部で七十六ドルだった！　これって家に持っていていいの？　それとも銀行の貸金庫を借りた方がいいのかな？　ぼくは持って歩きたいんだけれど、パパが安全な場所にとっておいた方がいいって言うんだ。ね、ぼく銀貨を十枚も持っているんだよ！』

それからベンは毎日銀の価格をチェックした。学校の先生にその話をすると、先生はその投資についてベンに教室で話させた。その日の銀の価格は一オンス八ドル五十セントだった。ベンはクラスメートに、最初に銀貨を買った時の価格と比べて自分が今どれぐらい儲けているかを実際に計算させることまでした！ベンは今では銀にとても興味を持っていて、ほかの貴金属への投資についても勉強している。まだ十歳でよ！

ちょっと付け加えておくけれど、ベンは学校ではそれほどいい成績はとっていない。『経験の円錐』に示されている通り、ベンにとって一番いい学習方法は実際にやってみることだったのよ。いろいろな調査や研究の結果から、今の学校システムで使われている方法で本当に何か学んでいるのは、学生のわずか二十パーセントにすぎないということがわかっているわ。八十パーセントの人は、そういうふうにして学ぶようにはできていないのよ。銀に対する興味を持ったおかげで、ベンの読解力は上がった。それは、インターネットで銀について調べて読んだからよ。それから、数学の能力も劇的に伸びた。だって数学を実生活に応用しているんですもの。

この話から学べる教訓は、新しい投資について学びたかったら、まず買ってみるということよ。ただし、少しだけけね」

●成功する投資家になるための第四の鍵

「『隣の芝生は青い』ということわざがあるけれど、人はいつも何か新しい、話題の市場を探したがる。それはにわかに注目されるようになったラスベガスのマンション市場だったり、再燃しそうなテクノロジー関連株への投機だったり、みんなが飛びつく流行最先端のかっこいいビジネスチャンスだったり、いろいろよ。隣の芝生はいつだって自分のうちの裏庭の芝生より青いんだから。

そこで第四の鍵は——

自分の家から遠く離れない

これは投資を始めたばかりの新米投資家にも、経験豊富な投資家にも私が勧めることとよ。どういう意味かというと、自分が知っていることからかけ離れたことはしないということ。よく意味のわからない耳寄り情報に踊らされて何かするのとは正反対だと言っていいわ。

多くの人にとって、テクノロジー関連株のバブルは、自分の家から遠く離れた投資をしたらどうなるかを知るいいチャンスだったわ。企業の実態の分析をもとに株を買うファンダメンタル投資家たちはすでに手を引いていたというのに、一般大衆はそれこそ猫も杓子もといった感じで、テクノロジー株にどんどんお金をつぎ込んでいった。株式市場に一度も投資したことのないような人までが、テクノロジー株こそが自分たちの救世主とばかりに賭けに出た。その結果はみんなも知っての通り、バブルがはじけ、何百万ドルというお金が失われた。

フィデリティ・マゼラン投資信託の運用マネジャーを以前やっていて、『ピーター・リンチの株の教科書――儲けるために学ぶべきこと』（ダイヤモンド社）という本を書いているピーター・リンチの次のような言葉は、株式のことを実にうまく言い表していると思う」

店で買い物をしたり、ハンバーガーを食べたり、新しいサングラスを買ったりするたびに、私たちは貴重な情報を仕入れている。商品を探してあちこち見て回る間に、売れている商品、売れていない商品がわかる。また友人達を見ていれば、彼らがどんなコンピュータを買っているか、どのブランドのジュースを飲んでいるか、どんな映画を見ているか、リーボックのスニーカーが今流行っているかどうかなどがわかる。これらはすべて、儲かる株式を選ぶために役立つ重要なヒントだ。

このようなヒントを見逃している人がどんなにたくさんいるか、その数を知ったらあなたもきっとびっくりするだろう。いろいろな産業に従事する何百万という人たちが、何もかもよく見える一番いい席に座っているという利点を決して活用しようとしない。どの製薬会社が一番いい薬を作っているか、よく知っているはずの医者がみんな製薬会社の株を買うわけではないし、財務状態がよくて、支出が一番少なく、貸付を賢くやっている銀行がどこか、銀行家ならわかっているはずなのに、そういう人たちがみんなその銀行の株を買うわけでもない。ショッピングモールの経営者や店主の中には、毎月の売上げの数字を知ることのできる立場にいる人がいる。そういう人たちは、どの小売店の売上げが一番いいかわかるはずだ。でも、売上げを伸ばしている専門店の株に投資して儲けた人が一体何人いるだろう?

「ピーター・リンチが書いているようなチャンスは、自分の家のすぐそばにあるどころじゃないわ、目の前にぶらさがっているのよ。

シンガポールへ行った時、一人の女性が近づいてきて、『シンガポールに住んでいるんですが、フロリダ州オーランドでは不動産市場がとてもいいと聞きました。オーランドで不動産を買った方がいいでしょうか?』と聞いてきた。

そもそも、私はオーランドの不動産市場がいいか悪いか知らなかった。でも、この場合、そのことはあまり問題ではなかったのよ。だって、この女性はこれまで不動産に投資したことが一度もなかったんですもの。私は『オーランドに行ったことがありますか? それとも近く行く予定があるんですか?』と聞いた。

『いいえ、とんでもない』と女性は答えた。『インターネットで不動産を買ったらどうかと思っただけです』

私は普通、具体的なアドバイスは誰にもしないのだけれど、この時はいわば緊急事態だと思って、こう言った。『インターネットで不動産を買うのはやめておいた方がいいですよ。これから不動産投資を始めるつもりだったら、一度も行ったことのない場所や、なじみのない場所の物件は買ってはいけません。自分の家の近くの物件を探しなさい。それから、一番大事なことですが、まず不動産投資に関する教育をいくらか受けるようにしてください』間違いを犯すことは大事だから、それはそれでいいんだけれど、最初から間違えるとわかっているようなばかなまねをすることはないわ。この女性はものすごく高くつく失敗に向かって突っ走ろうとしていたのよ」

●自分の家から離れないでいるのがいい理由

「私の場合、特に不動産に関しては、自分の家から遠く離れないでいるのが好きだけれど、その理由はいくつかあるわ。

まず、投資している地域の状況をリアルタイムで把握していたいからよ。家賃の相場が上がっているか、下がっているか、会社や小売店がその地域に事務所や店を作ろうとしているか、持っている不動産の価値が上がっているかどうか、その地域の全体的な景気が上昇傾向にあるのか下降傾向にあるのか……そういったことはぜひ知っていたい。今挙げたのでも、必ず知っていたいことのほんの一部よ。いろいろ知っていれば、新しく物件が売りに出された時に、その地域の『専門家』として、それを買った方がいいかどうかすぐに判断できるわ。

二つ目の理由は、所有する不動産に何か問題が起きた時、わざわざ飛行機に乗り、レンタカーを借りてそこまで行って、問題を解決し、また飛行場まで車を走らせて、飛行機に飛び乗って家に戻ってくる、なんてことはしたくないからよ。

家から遠く離れないように私が勧める三つ目の理由は、もし私が、ほかの町にはもっといい物件があるんじゃないかしらと考え続けていたら、世界中に数限りなくある『よさそうな物件』を追いかけるのに、自分のすべての時間を費やすことになるからよ。そうする代わりに、私は二、三の特定の地域に努力を集中させる。そうしてみると、思いがけないほど多くのお買い得物件が見つかるものよ」

●私が犯した最大の間違い

「なぜ私がこのことにそんなにこだわるのか、その理由は、投資に関して犯した私の最大の間違いが、自分自身のアドバイスに従わなかったために起こったからよ。

あの時、ロバートと私はマイアミにいて、とてもよさそうな物件を見つけた。四万五千平方フィートほどの商業用ビルで、すでに大手のヘルスクラブがテナントとして入っていた。私たちは価格の折り合いをつけ、細かい条件を固める段階に入った。

私はこの種の物件をそれまで買ったことがなかったし、フロリダにはあまりなじみがなかったので、手渡された契約書をチェックするように、不動産を専門とする弁護士に頼んだ。最初の問題は、いつも頼んでいたその弁護士がアリゾナの弁護士で、フロリダの法律の細かい点をよく知らなかったことだったわ。二つ目の問題は、売り手側の弁護士が——その人がどれほど経験があるのか怪しかったけれど——うちの弁護士とそりが合わなかったことよ。その結果、不動産契約の交渉の場になるはずが、弁護士同士の水の掛け合いになり、私が買おうとしていた物件はその水を供給する消火栓の役目をするはめになった。さらに悪いことに、この物件が自分になじみのある投資よりも複雑に見えたためと、その町を知らなかったために、私は弁護士にすっかり交渉を任せてしまった。これは大きな間違いだった。この時私は、不動産弁護士の役目が取引の交渉をすることではないことを学んだ。彼らの役目は疑問点や今後問題となりそうな点を指摘することだけで、それを聞いてこれからどうするかを決めるのは、買主である私に百パーセントかかっているのよ。

全部話すと長くなるのでかいつまんで話すけれど、そういう状態が五カ月ばかり続いた。こんなに複雑になった一番の理由は、投資しようとしていた地域で私がまったく経験がなかったことよ。いい？　私たちはまだ最初の契約の段階でがたがたしていたのよ。建物の立ち入り検査の段階までも至っていなかった。

ロバートと一緒に売主に会いにマイアミまで飛行機で飛んだこともあったわ。ほんの数分のミーティングで、最後まで引っかかっていた問題点をいくつか解決して、飛行機で飛んで帰ってきたら、次の日、合意に達していたはずのところが相手の弁護士によって変更された契約書が届いた！　おまけに、その時には売主は海外旅行に出かけてしまっていたのよ！

で、何ヵ月もこういうことが繰り返されたあと、ある日、夜の十時頃、この時も仲介をしてくれていたいつもの不動産ブローカーが電話をしてきて、『売主があの物件を市場から引き上げた。あの話はなしだ』と言った。あとでわかったのだけれど、あの物件はほかにもいろいろ問題があったらしいわ。でも、その時は、私はものすごくがっかりした。あんなに時間とエネルギーを費やし、弁護士にお金まで払ったのに、全部むだだったなんて……。確認のために売り手に電話をしてみると、やはり取引は中止だと言われた。

その時はもう深夜の十二時近かった。私は驚いていたし、腹も立てていた。でも、売り手や弁護士に腹を立てていたわけじゃないわ。自分自身に怒っていたのよ。あの取引が複雑だったのは、自分が何も知らない地域で投資しようとしていたことと、あのような物件にあまり慣れていなかったことが原因だった。でも、心の底で私は、この空騒ぎの本当の原因がたった一つであることを知っていた。原因は私にあった。私は自分を信じていなかった。自分に知識が充分あると思えなかった私は、へまをするのではないかと心配でたまらなかった。その心配に振り回されて、結局取引をぶち壊してしまったのよ。今振り返ってみれば、学ぶべきところのあった不動産取引の一つにすぎないけれど、あれは私にとってとてもいい教訓になったわ。

その夜の話に戻るけれど、午前一時頃になってもまだ私は自分に腹を立てていた。頭に浮かぶのはただ一つ、こんなに時間とエネルギーを犠牲にしたんだから、この物件に取って代わるような物件を絶対見つけなきゃ！　ということだけだった。

家でオフィスとして使っていた部屋に行ってみると、コンピュータの脇にブローカーから送られてきた物件情報（見込み収益、支出、融資条件などを含む、物件に関するいろいろな情報をまとめたパンフレット）が山積みされていた。私はその場ですぐに、ずっとマイアミの物件にかかりきりで放っておいたその情報の山をチェックし始めた。

もう午前二時近かった。私は数カ月前に話がきた物件の情報を手に取った。ながめているうち、その物件がとても気に入ってきた。『この物件がまだ売れていないってことがあるかしら?』私はそう思った。

次の日の朝七時、信頼のおけるいつもの不動産ブローカーに電話した。『クレイグ、何カ月か前、あなたのオフィスの向かい側にある物件の話をしたのを覚えている? あれはまだ売りに出ているのかしら?』

『あれは実際には市場に出ていなかった物件だよ。本気で買おうという買い手だけに話をもっていきたいという希望だった。先方のブローカーに電話して、どうなっているか聞いてみるよ』クレイグはそう答えた。

三十分ほどしてクレイグが電話をかけてきた。『ブローカーは、きみに買う気があるなら電話をすると言っている』

『あちらの要求は何なの?』

『売値通り。それがあっちからのオファーだ』

『価値的にはどうなの?』

『それも売値通りだね』

『じゃ買うわ』私はクレイグにそう言った。

皮肉なことに、この物件は、私がマイアミで買おうとしていた物件とほとんど条件が同じだった。でも、よく知っている地域だったし、マイアミの物件のおかげでこの種の物件について詳しくなっていたから、それから四十五日以内にすべての契約手続きを終えることができた。それに、その手続きの過程で、私は一流の不動産弁護士と出会うことができた。おかげで、失いかけていた弁護士への信頼も取り戻せたわ。

この時手に入れた物件は今、キャッシュフローや資産価値、立地の点から言って、私が持っている投資物件の中で一番申し分ない物件になっているわ。つまり、最大の間違いが最大の資産になったのよ。そのおかげで増えた知識の面から言っても、またキャッシュフローの面から言ってもね。

そうそう、この話で最高に皮肉だったのが何か、聞きたい？　実はこの物件、うちから二ブロックしか離れていないところにあるのよ。

さっきも言った通り、私は家から離れないでいるのが好きなのよ」

第二十一章……

成功する投資家になるための鍵　その二

「独立、それを私はずっと長い間、人生の偉大なる恵み、すべての徳の基本とみなしてきた」

――メアリー・ウルストンクラフト

「自分を信じることを学んだなんて、本当にすばらしい教訓を得たわね！」トレーシーがそう言った。

「そのことは女性にとって大きな課題だと思うわ。お金や投資に関することとなったらなおさらね」パットはそう指摘した。「だって、女性の大部分にとってまったく新しいテーマですもの。あなたがその教訓から受けた影響で一番大きかったのは何？」

私はこう答えた。「投資に対して私が持っていた恐怖の大部分が、あの夜消えたと言っていいと思うわ。投資が単なる投資になった。つまり感情や過激な反応、不安などが消えた。自分のためらいや心配が、投資そのものとは何の関係もないことがよくわかった。そういう感情は私自身の問題だったのよ。あの時やっと、自分自身と投資を切り離して考えることができるようになったと思う。いつもというわけにはいかないけれど、今は、何かに投資しようと思った時、たいていは、感情に振り回されて事実をごちゃまぜにしたりせずに、投資対象をありのままに見ることができるようになったわ」

「いろいろな指針を与えてくれたおかげで、これまでよくわからなかったことがずいぶんはっきりしてきたわ。そのほかに、あなたがこれまでに学んだ貴重な教えというのはない？」

「みんなの役に立ちそうなことがあと五つあるわ」私はそう答えた。
「だったら、話を続けてちょうだい」トレーシーがうながした。

●成功する投資家になるための第五の鍵

「これまでに話した四つの鍵が次の五番目の鍵につながるのよ——

勝つように自分を持っていく

私たちはみんな、成功するのが大好きだわ。勝つのが大好きなのよ。プロのフットボールチーム、グリーン・ベイ・パッカーズのコーチのヴィンス・ロンバルディはこう言っている。『負け犬でいいというやつがいるなら連れて来い。そうしたらそいつこそが本当の負け犬だということを教えてやる』これは投資にもあてはまるわ。私たちがこの投資という名のゲームに参加するのは勝つためで、負けて、それでいいというわけじゃないわ。

特に、まだ始めたばかりの時は、最初から少し成功を経験することがとても大事よ。教育を受ける、小さく始める、少しのお金をつぎ込む、家の近くにとどまる——この一から四までの成功の鍵に従ってやれば、どんな投資でも成功率はとても上がると思う。

その最初の投資を勝利に導くようにするのよ。なぜそれがそんなに大事かって？　その理由は次の三つよ。

一つ目の理由は、はじめの頃に少しでも成功すると、それが投資家としての自信につながるからよ。反対に負けると、特に最初の投資で失敗すると、疑いの気持ちが出てくる。『もしかすると、私はこれに向いていないのかもしれない』とか『これ以上お金を損したくない』、『私、一体何をやっているんだろう？　こんなこと、私にできるわけない！』などという考えが頭に次々と浮かんでくる。最初の投資で成功していた方が、そうでない場合より二つ目の投資に進むのがずっと楽だし、楽しいわ。

世の中には、段階を踏んで小さな投資から始めないで、いきなり大きな取引をやろうとする人が多すぎる。二世帯用の集合住宅を買う代わりに、いきなり総戸数百戸のアパートに手を出したりする。そういう人は何の経験もなくて、大きな不動産を適切に管理する方法も知らないから、短期間にたくさんの間違いを犯し、問題を抱えるようになる。家主に連絡をしても適切な処置をとってもらえないからと借家人が出て行ってしまったり、経費を節約しすぎて建物が薄汚れてきて、どんどん借り手が減り、空室が増えたりする。基本をとばしてしまったこういう人たちは、気が付いたら毎月損をするようになっていて、最後には『ほらね。わかっていたんだ。不動産投資は絶対うまくいかないんだよ!』などと言ったりする。

はじめて株式に投資する場合は、二百株分の株式オプションを一株につき五ドルで買って合計千ドル投資する人の方が、同じ銘柄でもオプションではなく株式自体を一株あたり三十ドルで二百株買って合計六千ドルを投資する人よりずっと賢いと言えるかもしれない。

自信は投資で成功した時に得られるすばらしい副産物と言えるわ。これはまた、経済的自立を達成するために欠かせない要素でもあるのよ。はじめの頃に小さな勝ちを重ねて自信がついてくると、投資の際の自分の判断を信じる気持ちが強くなる。そして、そのようにして自分を信じる気持ちが強くなればなるほど、恐怖があなたを思いとどまらせる可能性が減っていく。初期の勝利は、将来の限りない成功への足場を作ってくれるのよ。

二つ目の理由は、あなたのまわりに、投資は危険だと言い張る人がいるかもしれないからよ。そういう人は、一生かかって貯めたお金を株ですべてなくした夫婦の話とか、不動産市場がそろそろ崩壊しそうだといった記事を見つけると、鬼の首をとったように大喜びしてそれを切り抜き、あなたのところに送ってきたりする。彼らにとっては自分が正しいことがとても大事で、『ほら、言った通りじゃない!』と言うのが大好きなのよ。あなたのまわりにもこういう人が一人や二人はいるんじゃないかしら。彼らは、最初の投資が失敗したら、あなたに電話して『ほらね、そんなものよ。だから投資は危険だって言ったのよ。やってみてよくわかったでしょう？』と言って、『慰めて』あげようとてぐすね引いて待っている。だから、そういう人にそのチャンスを与えて、彼らの人生を楽しいものにしてはだめ。自分の人生を楽しいものにしなくちゃ。彼らが間違っていることを身をもって証明するのよ！　そういう人をぎゃふんと言わせるには、あなたが成功することが一番よ。

三つ目は、あなたはお金を儲けたいと思っているからよ。これがこのゲームの肝心なところですもの。努力が実を結んで最初にわずかでも利益が出始めたら、すべてがもっと楽しくなるわ。それは保証してもいい。これはゲームだから、勝つ時もあれば負ける時もある。でもゲームというのはそもそも楽しいものよ。それに、お金を儲けるというのは、間違いなく、とても楽しいことなのよ！」

●危険なのは投資家自身

「第二の鍵の話をした時にリスクについてふれたわよね。投資は危険だと思っている人は多いけれど、実際はそうじゃない。私がやっている投資はどれもリスクはとても少ない。投資が危険だと考えているのは、実際に投資をやっていない人か、あるいは投資対象についてほとんど教育や知識を持たずに投資をしている人よ。

たとえば、さっき話した、インターネットでフロリダの不動産を買いたいと言っていたシンガポールの女性の場合は、リスクは大きい。大きいどころじゃないわ。そんなことをするなんてばかげている。あの女性は不動産投資について何の知識もなかったし、フロリダの市場についても何も知らず、不動産の管理の経験もなかった。それに、物件のある場所から何千マイルも離れたところに住んでいたのよ。あの女性は最初から負ける準備をしているようなものだったわ。あのままフロリダの物件を買っていたら、今頃は『私には不動産投資が危険なことはわかっていた』と言って、何でも否定的に見て文句を言う人たちの仲間入りをしていたでしょうね。

本当のところ、あの投資自体は危険じゃなかった。危険だったのは彼女自身よ。教育も経験もなかったんですもの。あの女性は近道をしたかった。投資家として成功するために時間とエネルギーを費やす代わりに、簡単で手っ取り早い答えを求めていた。だから今言ったように、危険だったのは投資ではなく彼女自身だったのよ。

株式の耳寄り情報に踊らされて何か買ったことがある？　私も経験があるけれど、そういう人はとても多いわ。誰かが『内輪の極秘情報』を手に入れて、どこどこの会社の株はすごく上がる、天井知らずだ！　などと言う。そうすると、会社のことも、その会社が作っている製品のことも何も知らないのに、あわててその株を買ってしまう。これこそ危険だわ。

友達で、自分は世界一の投資戦略を持っていると思っていた人がいた。彼女は毎朝、目が覚めるとすぐ、お気に入りの金融情報番組にチャンネルを合わせて、それが何であれ、そこに登場する解説者がその日一番に紹介する銘柄を買うことにしていた。テレビの解説者が推薦すればみんなが買うだろうから価格が上がるはずだ、そして、その日、株価が高いうちに売ってしまえばいい、というのが彼女の考え方だった。はじめの頃はこの戦略はうまくいき、彼女はいくらか儲けたけれど、それは上げ相場だったからよ。つまり、株式市場が全体に上向いていた。だから彼女が大して注意を払わなくてもよかったの。でも、そのあと、株式市場は下向き始めた。彼女はそうなっても自分の戦略がうまくいくと信じていて、ひたすらやり続けた。『損したお金は絶対取り返せる。私にはそれがわかっている』そう言って自分を納得させてやり続けたけれど、とうとう最後に手を引いた時には、すでに一万ドル近く損をしていた。彼女の戦略は事実や基本的な情報にまったく基づいていなかった。ただテレビで呼び売りをする大道商人や宣伝マンの話を頼りにした戦略だった。先ほどの例と同じように、教育と経験がなかったのよ。これは当然、危険よ。

対象とする投資が何であれ、お金をつぎ込もうと思ったら、まずその投資について学び、小さく始め、少ないお金を投資して、自分の家からあまり離れないようにすることが大事よ。そして、特に最初の投資の時に、自分自身を勝利の方向に持っていく。それによって自信をつけていくのよ。もちろん間違いは犯すわ。でも、間違いを犯せば犯すほどあなたは学んでいく。そして、学べば学ぶほどリスクが少なくなり、成功の確率が高くなる。だから、最初から勝つ方向に自分を持っていくことが大事なのよ」

●成功する投資家になるための第六の鍵

「次の鍵は特に女性によくあてはまることよ――

知り合いの輪を選ぶ

この『輪』は自分のまわりにいる人たちを指しているわ。おそらく、あなたの人生にはいくつかの輪がある。家族の輪、仕事を通じた知り合いの輪、女友達の輪などよ。趣味やスポーツをやっていたら、そういった興味を分かち合う仲間の輪もあるわよね。

そして、投資をやっている人には投資仲間がいる。この輪に属するのは、投資の世界でゴールを決めたあなたと一緒に歩いてくれる人、サポートしてくれる人よ。じゃあ、これから、友達、『よき師《メンター》』、女性だけの投資グループについて話すわね。

まず、友達を選ぶこと。私の友達のジェーンは、何年か前にこのことについてすばらしいアドバイスをくれたわ。その時、私はリッチダッド・カンパニーに関して自分が考えていた目標の一つをジェーンに話していた。それはとても大きい目標で、ずいぶん思い切ったアイディアだった。私はその壮大なビジョンを自分の頭の中でもっと現実的なものにするために、いろいろな人とそれについて話をしたいとジェーンに言った。目標を多くの人と分かち合えば、それだけ実現の可能性が増えると思っていたのよ。

すると、ジェーンはこう言った。『ほかの人とゴールを分かち合うのはいいけれど、話す相手を誰にするかよく気をつけてね。あなたが目指すものを手に入れられるように、みんながみんなサポートしてくれるわけではないから』

何それ？　私はジェーンの言葉が信じられなかった。楽観主義者の私は、どんな人が相手だろうが、どんな状況にぶつかろうが、いつでもプラス思考をする傾向にある。どっちともはっきりしない場合、たいていは善意に解釈する。だから、ジェーンが自分の目標を話す相手に注意しろ、慎重に選べと言った時、びっくりした。

でも、まもなく、私はジェーンが言っていたことを身をもって経験し、彼女が百パーセント正しかったことを知ったのよ。

大晦日のパーティーでのことよ。私は新年の目標について四人の人と話をしていた。そこに、五人とも知っている別の友達がやってきて、翌年の自分の目標を息を弾ませながら話してくれたのよ。『誰にも言わなかったけれど、今年はちょっと健康上の問題があって、三日間入院したの。いつも自分の健康を後回しにしていたせいよ。だから、来年の目標は三十ポンド（約十四キロ）やせることにしたわ。一週間に三回運動するためにパーソナルトレーナーももう見つけたの。きっと目標を達成してみせるわ！』

私たち五人はすばらしい目標だと言って、がんばるように彼女を励ました。その友達が立ち去るとすぐに、五人のうち一人が私の方に向いて小声で言った。『絶対だめね。わかるでしょう？　あの人、前にも同じようなことをしたけれど、うまくいかなかったのよ。自分に厳しくすることができないんだと思うわ』

ジェーンが自分の目標を誰に話すか気をつけろと言ったのは、まさにこういうことを意味していたのよ。その女性がなぜ自分の『友達』についてそんな否定的なコメントをしたのか私にはわからない。もしかすると嫉妬や恨みがましい気持ちがあったのかもしれない。あるいは、ライバル意識があったり、複雑な友人関係なんかが関わっていたのかもしれない。でも、ともかく、彼女が私の友人でもあったこの女性の側に百パーセント立っていたわけではないことは確かだった。一つの目標に向かってがんばっている時に一番必要ないのは、他人の否定的な考え方やコメントに足をひっぱられることよ。そうでなくても、私たちの頭は、そういった不合理な考えが次々に浮かんで、充分悩まされているんだから。騒音に拍車をかける友人が必要な人なんかどこにもいないわ。

私たちが成功すると、あるいはまだ成功していなくても、その可能性を増やすような新しいゴールを設けただけでも、それに脅威を感じる人や、自分が成功していないことを指摘されたように感じる人が出てくる場合がある。人生を前向きに生きていない人が、そうしている人、あるいはそうしたいと思って努力している人に対して恨みを持つこともあるかもしれない。そういう人にとって、自分を慰める唯一の方法は、前向きに生きている人たちの足を引っ張ることなのよ。人間って自分の弱みを指摘されるのがいやなのよ。

テレビ業界でずっと働いている友人のマーガレットは、観察眼が鋭くて、いい指摘をしていたわ。『メロドラマがこんなに人気があるのは、人間が自分より惨めな人生を送っている人を見るのが大好きだからよ。そうすれば、私の人生もまんざらではないと自分に言い聞かせることができるから。そういう人は、自分より惨めな状態の人たちを見て、成功には程遠い自分の人生を正当化する。そして、自分はこれでいいんだと確認するのよ』

その人が本当にあなたの成功を喜んでくれているか、『おめでとう』と言ってくれた人が本当にそう思っているかどうかは、感じでわかるわよね。

自分でも認めるけれど、私はとても競争心が強い。勝つのが大好きで、嫉妬心にさいなまれることも時としてあるわ。そう感じるのは、ほかの人が成功しているのを見ると、人生でやるべきことをやっていない自分に気付かされるからよ。これは人間として自然なことだと思う。最近はこの嫉妬心がわいてくると、意識的にある決心をするようにしているわ。つまり、恨みがましい気持ちになったりしないで、その嫉妬心を最大限に利用して、自分がもっと優秀な人間になるための原動力にすることを自分に誓うのよ。

大事なのは、目標を目指すあなたを心からサポートし、励ましてくれる人たちに囲まれているようにすることよ。私はもう何年も前に、仕事をする相手や友達は、一緒にいて本当に楽しい人だけにしようと決めた。それ以外の人に時間をむだに使えるほど人生は長くないもの。

だから、投資という冒険の世界に乗り出そうと決めたら、まわりにどんな人にいてもらうか、少し注意を払った方がいいわね。目標について話すのは、考え方の似ている人、理想的なことを言えば同じゴールを目指す人、あなたの足を引っ張るのではなく手を引いて引っ張り上げてくれる人だけにした方がいい。学びたい、成長したいと思っている人、あなたが大きな夢をかなえるのをサポートしてくれる人を探すことよ。もしかしたら、気が付くと、まったく新しい友達と多くの時間を過ごすようになっていた……ということになるかもしれないわ。

二つ目は『よき師《メンター》』を探すこと。よき師というのは、あなたがやりたいと思っていることをすでにやっていて、その分野で成功を収めている人よ。投資だけじゃなく、ビジネス、ダイエット、人間関係など、人生にはいろいろな要素があるから、それぞれ別のよき師がいるという場合もあるわ。私のいい友人で、投資のパートナーでもあるケンは、私の人生のよき師の一人よ。アメリカ南西部で最大級の不動産管理会社を持っていて、自分自身投資家でもあるの。彼は不動産投資に関わるすべてのことを手がけている。ケンと一緒に仕事をしていて私が一番いいと思っているのは、検討中の不動産取引に関して話ができることよ。私たちはかなり時間をかけて、一つの物件のいい点、悪い点を分析する。ミーティングを終えたあと、私はいつも充実した気持ちになる。それは、ケンと話をすることで、それまで知らなかった多くのことがわかるようになるからよ。

多くの人が疑問に思っているのは『どうやったらよき師が見つかるか?』ということだと思うけれど、こうすれば絶対見つかるという方法はないわ。私の人生のよき師の多くは、偶然出会った人たちよ。よく言われるように、『生徒の準備ができていれば、先生は自然と姿を現す』のよ。この言葉はあたっていると思う。

あなたがはっきりと心を決めていて、学ぶ準備ができていれば、すばらしいアドバイスをしてくれる人がひょっこり現れるかもしれないわ。

三つ目は女性のための投資グループを探すことよ。前にも言ったように、私は、女性はほかの女性から上手に学ぶことができると思っている。女性だけで投資の勉強をする会を作るようにみんなに勧めるのはそのためよ。繰り返しになるけれど、私が勧めるのは、お金を集めて一緒に投資をするためのグループではなくて、教育に焦点を合わせたグループよ。投資のパートナーは賢く選ばなくてはいけないわ。

投資グループを実際に作る時には、メンバーの選考基準を厳しくしなくてはだめよ。グループに誘う女性は、自分の将来の経済状態について真剣に考えていて、自ら進んで学ぼう、行動しようと思っている人に限ること。同じような考え方をしていて、自分と違う考え方に対しても柔軟性があって、新しいアイディアやチャンスに積極的に取り組もうという人がいいわ。

こういうグループの集まりは、仕事上のミーティングのようにきちんと運営することが大事よ。お金を管理するのは一つの仕事ですもの。集まりは時間通りに始めて、時間通りに終えること。毎回、テーマをあらかじめ決めておくことも大事よ。私もこういう女性だけのグループに何度も出席したことがあるけれど、一番効果をあげていて、成功しているグループは、最初から厳しい基準を設けてメンバーを選んでいるグループよ。

投資クラブはまた、知識を増やすために、ゲストスピーカーとして専門家を招く場としても最適よ。投資の世界にはとても頭の切れる人たちがたくさんいる。私の見たところ、一番頭がよくて、一番成功している人というのは、自分の知っていることを喜んでほかの人と分かち合おうとする人だわ。そういう人は、個人的にアドバイスを与えるよき師になるまでの時間的余裕はないかもしれないけれど、たいていは、本当に興味を持って聞いてくれる人たちを相手に一時間話すくらいなら、喜んでやってくれるわ。

投資だけではなく人生のあらゆる側面について言えることだけれど、一番大事なのは、あなたの回りにいる人を選ぶことよ。つまり、あなたを励ましてくれるような人、あなたに対して正直に意見を言ってくれる人、山あり谷ありの道を進む間、あなたが歩み続けられるように励まし、ゴール——特にお金に関する目標——に到達するのを助けてくれるような人たちに囲まれていることが大事なのよ」

●成功する投資家になるための第七の鍵

「投資のこととなると、たいていの人は『どうしたらいいか教えて』『面倒なことは抜きで答えだけ教えて』『五千ドル持っているんだけれど、どこに投資したらいい？』など、手っ取り早い耳寄り情報をすぐに欲しがる。

そういう人が欲しがっているのは即効性のある特効薬よ。投資家として成功したいと思っていたら、次のことをしっかり頭に入れておく必要があるわ——

投資はプロセスだ

経済的な独立を目指して努力する道は一つのプロセスよ。一朝一夕では決して到達しない。短期間で金持ちになって、その状態を維持できるような方法はない。新しい外国語を学ぶのと同じよ。一日では決して流暢に話せるようにはならない。まずいくつかの単語や文章を覚え、次に語彙を増やしていく。そして実際に何度も使ってみて、それでやっと何とか通じる会話ができるようになる。その過程で、恥ずかしい間違いを何度も犯すかもしれない。それでもやめずに学び続ければ、いつかはきっと流暢に話せるようになる。

間違いをするたびにあなたは賢くなる。それは単純なことよ。私は、バックミンスター・フラー教授がジオデシック・ドームを作っているところのビデオを見たことがあるわ。このドームは教授の発明のうち最もよく知られているものの一つよ。そのビデオには、大学生たちがそのドームを作っているところが写っていた。教授はそれまでにも何度も製作を試みていたけれど、なかなかしっかりしたものが作れなくて、いつも崩れてしまっていた。学生たちは、今回こそは正しい仕様で作ったから、ドームは崩れないだろうと確信していた。ところが、もう少しで完成という時、上からフラーが見ているその前で、ドームはまたしても崩れた。学生たちは目の前で起きたことが信じられないといった表情だった。とてもがっかりして、意気消沈していた。一方、フラーは大喜びで、興奮のあまり小躍りしていた。そして、こんなことを言っていた。『どこがいけなかったか、わかったぞ！　こいつはすばらしい！　ドームを完成させるのに一歩近づいたぞ！』フラーはドームがもちこたえられなかったことに腹を立てたりしなかった。自分が一つのプロセスの途中にいることを充分知っていて、そのプロセスの段階を一つクリアするたびに、自分たちが賢くなり、ゴールに一歩近づくことがわかっていたのよ。

私の場合、プロセスに終わりはない。今も毎日学んでいるわ。私は間違いが学習プロセスの一部であることを知っている。間違いを犯すのが好きかと聞かれたら、もちろん答えは『ノー』よ。間違えた時はとても惨めな気分になる。でも、学ぶため、そして欲しいものを最終的に手に入れるためには、間違いを犯さなければならないことを知っている。一九八九年にはじめて投資をした時、何百万ドルもの価値のあるオフィスビルを手がけてそれがうまくいっていたとしたら、たぶん次のような二つのことが起こっていたと思う。一つは、本当はただ幸運に恵まれただけなのに、自分は頭がよくて、投資について何か知っているのだと思い込んだだろうということ。二つ目は、自分が頭がいいと勘違いして、また同じようにやればいいと思って次をやってみて、おそらく失敗して結局は大損していただろうということよ。二回目の失敗は、一回目の成功の原因が何か、本当のところがわかっていないから、それを繰り返すことができないために引き起こされる。一方、着実にプロセスをこなし、それぞれの段階で学んでいけば、成功を何度でも繰り返すことができるようになるはずよ。

女優のエリザベス・テイラーはこのプロセスの仕組みをよく理解していたわ。彼女はこう言っている——

大事なのは持っているかどうかではなく、どうやって手に入れたかだ」

●成功する投資家になるための第八の鍵

「人間として成長を続け、投資を増やすための方法は次の一言に尽きるわ――

つねに学び続ける

これこそが本当の成功の鍵よ。この世の中で変化しないものなんてない。市場はつねに変化しているし、ルールもつねに変化している。勝てる投資家になるためには、市場の動向の変化と共に変化しなければいけないわ。それはつねに学び続けなければならないことを意味する。変化に対してあなたがとれる立場は三つある。変化についていくか、変化の先をいくか、変化に遅れをとるか、その三つよ。

不動産投資家としてとても成功しているカレンという人の話なんだけれど、ある時、彼女が私の友達に、ある会社が主催する二日間の不動産セミナーに参加するつもりだけれど、一緒に行かないかと言って誘ったんですって。

私の友達はカレンにこう聞いたそうよ。『なぜ不動産セミナーなんて行くの？ それってあなたが毎日やっていることじゃない。こんなに成功しているあなたが、そんなところでこれ以上何が学べるというの？』

カレンはこう答えた。『私が平均的な不動産投資家よりも多くの成功を収めているのはそのためかもしれないわ。私はいつも、どうやったら人より一歩先をいけるか考えているの。新しい情報はとてもたくさんある。だから私は決して学ぶことをやめないわ』

私の友達はカレンと一緒にセミナーには参加しなかった。この友人もカレンと同じ不動産投資家なんだけれど、彼女の問題は、昔のやり方がもう通用しなくなっているのに、新しい答えを積極的に探そうとしないから、もう三年以上、物件の売買をしていないことよ。彼女は学ぶのをやめてしまうことに決めたのよ。

それから、前にも話したけれど、友達のフランクの話もあるわ。フランクは八十歳だけれど、決して学ぶのをやめないから、いつまでも長生きすると思う。彼は毎週私に、世界経済と投資に関する記事を送ってくれる。自分が株式を公開した金の採掘会社の視察のために中国にいたかと思うと、次の週にはカナダのバンクーバーで絵画教室に参加している。アリゾナ州スコッツデールに新しいコンセプトに基づくマンションを建てるからと、内輪のオープニングレセプションにロバートと私を招待してくれたこともある。フランクは私たちが主催するリッチダッド・セミナーにもよく参加してくれる。ビジネスをより効率的にするために、最新、最高のコンピュータ技術も取り入れて、それを理解している。決して学ぶことをやめない人よ。私は幸運にも、そういう人から学び続けているのよ。

学習を継続するには努力が必要よ。インターネットを検索して情報を仕入れたからといって、それだけでハーフマラソンを走り抜く方法が学べるわけじゃない。靴を履いて外に出て、足を踏み出さなくてはいけないのよ。コーチを見つけることが必要な場合もあるし、まず短い距離から始めて、途中でへたばったりせずに十三マイル走り切れるようになるまで、徐々に距離を伸ばしていくことが必要な場合もあるでしょうね。それには体力だけではなく、精神的なスタミナも必要だわ。自分の心も鍛え続けなければいけないのよ。

要するに、身体の健康を維持するためにも、お金の面で成功するためにも、学び続けることが大事だということよ」

●成功する投資家になるための第九の鍵

「さあ、最初によく言っておくけれど、次の九番目の鍵は決して忘れないでね。もしかすると一番大事なことかもしれないから。あなた自身に関するこの大事なルールを絶対忘れないって、自分に約束してね。いい？」私はそう聞いた。

「約束するわ！」みんな素直にそう答えた。

「第九の鍵はこれよ――


楽しむこと！


「ゴールに至る途中で勝利を手にしたら、そのたびにお祝いすることをぜひ勧めるわ。成功した時には自分をたっぷり褒めてあげて。ここで成功というのは、お金を儲けることだけじゃなくて、何か障害を克服したり、恐怖を乗り越えて何かやってみたり、気が付いてみたらもう何ヵ月もお金の心配をしないで暮らしていたり、自分の人生を自分でコントロールしている感じがしてきたり、百パーセント自分に自信が持てるようになったり……といった、いろいろなことを指しているのよ。この道の途中にはたくさんの成功が待っているわ。成功するのは楽しいことだし、お祝いをするだけの価値はあるわ！

ほかにも楽しいことはたくさんあるわよ――次の投資を探すこと、これまで手に入れた投資の成長ぶりを見ること、投資からの収入やキャッシュフローを増やす方法を探すこと、次の投資をさらにいいものにするために役立つ新しい知識を仕入れることなど。特に楽しいのはもちろん、お金が入ってくるのを見ることだけれど、今挙げたこともどれもとても楽しいわ！」

●まとめ

「今話したのが、成功する投資家になるために私が使ってきた九つの大きな鍵よ」私は最後にそう言った。

「何か質問がある？」

「どっさりあるわよ」レスリーがそう言った。「楽しむのが大事だというのは、私にぴったりだわ」

「約束したことを忘れないでよ」私はそうからかった。

「いろいろなことが少しずつはっきり見えてきたわ」トレーシーが言った。「これがプロセスだということが本当によくわかったわ。投資を続けている限り、プロセスは永遠に終わらない。なぜなら、そこにはいつもさらに学ぶべきことがあるから……」

「ところで、私、九つの鍵についてしっかりメモしたから、コピーを作ってみんなに回すわね」いつも手際のいいパットがそう言った。

第二十二章……

「プランを見せて！」

「女性はティーバッグに似ている。熱いお湯につけると強くなる」
――エリノア・ルーズベルト

そのあと夜まで、私たち四人はいろいろなアイディアを出し合ったり、それぞれが欲しいと思っているものをもっとはっきりさせて、それを手に入れるためにどうしたらよいか、現実に照らし合わせて考えたりした。

二日間の日程が終わる頃には、部屋にはみんなのやる気がみなぎっていた。私たちはまるで、激しいエクササイズを終えた時のようにへとへとになっていたが、とてもいい気分だった。やろうと計画していたことをやり遂げたのだから！

みんな自分の行動計画はできあがっていた。「うちに帰って、この計画を実行に移すのが楽しみだわ！」レスリーがそう言った。

トレーシー、パット、レスリーの三人は、自分が求めているものが経済的な独立であることをはっきり認識するようになっていた。ただし、それを達成するための具体的なプランはみんな違っていた。この二日の「合宿」を終えるにあたって、私たちは一人ずつ、自分のプランの概要をみんなに発表した。

●レスリーのプラン

まずレスリーが話し始めた。

「私はここに来る前から、自分の最終的プランが、キャッシュフローを増やして、生活費を稼ぎ出すために仕事をしなくてもよくなることだとわかっていた。みんなにも言ったように、私はお金の心配をするのがとてもいやだし、それ以上に、仕事場に何時に来いと他人に命令されたり、自由な時間をいつとれるか他人に決められたりするのがとてもいやなの。これから私がやろうと思っているのは、とりあえずは今のまま働き続けること。今はそれしか収入の道がないから仕方がないわ。でも、自分が稼ぐお金の総額から、まずは二十パーセントを差し引いて、それを投資用の口座に入れるつもりよ。そのためには少し無理をしなくちゃいけないけれど、早くたくさん貯めたいのよ。

私が興味があるのは不動産よ。賃貸不動産を所有して、不動産に関わる人たちとネットワークを作って、そこに住む人のために住みやすい環境を作ってあげる……そういうのが私にはしっくりくる。うちの近所に、賃貸住宅を持つのによさそうな地域がいくつかあるのは前から知っていたわ。帰ったらすぐ、その地域を調べ始めて、あなたがさっき言ったように、限られた二、三の地域に関しての専門家になるわ。それに、パートナーになることを真剣に考えてくれそうな人も二人思いついたわ。よく知っている人よ。この点に関しては慎重にするけれど。二人とも自分で仕事をしている人だから、話をするだけでも何か学べると思う。やらなくてはいけないことがたくさんあるのはわかっている。でも、それに取り組む覚悟はできているわ」

●トレーシーのプラン

トレーシーのアプローチはレスリーとは少し違っていた。

「勤めている会社が売却されたことで、私は本当に目を覚まさせられたわ。自分の人生をコントロールする力をどんなに少ししか持っていないか、会社での仕事に自分がどんなに依存しているか、これまで全然気付いていなかった。私はビジネスの世界がとても好きだし、自分自身のためなら喜んで働くわ。今は絶好のタイミングだと思う。たとえ会社が私をクビにしなくても、先があるとは思えない。その理由は、これまで私が会社でうまくやってこられたのは、人生を会社と仕事に捧げようと決めたからですもの。朝六時半にはオフィスにいて、夜八時前に家に帰ることはめったにないわ。そして、仕事をしていない時も仕事のことを考えている。だから、今こそ大きな変化が必要なのよ」

「私のプランはこうよ」トレーシーは説明を始めた。「まず、夫と膝を突き合わせて、うちが今必要としているお金や、家計の状態を細かく見直してみる。それから次の二つのことをしたい。一つは自分自身のために働き始めること。実は、私がそうしたいと思えば、明日にでも三つのプロジェクトを選んでフリーで働き始めることができるのよ！　今の会社に関係のない知り合いの何人かが、プロジェクトごとの委託で管理を手伝ってくれないかと声をかけてくれているの。だから、独立するには今が絶好のチャンスだと思う。すぐに始められるプロジェクトが三つもあるんですもの。それをやっても私の全部の時間がとられるわけじゃない。もちろんこんなの朝飯前だなんて言って自分をだますつもりはないけれど。この三つのプロジェクトを扱うだけで、今以上とは言わないけれど同じくらいは稼げる。

二つ目にやろうと思っているのは、きちんとした投資を増やしていくための時間をとることよ。私もレスリーと同じで、キャッシュフローを生み出してくれる資産を手に入れることだけを目指したい。自分がやりたい投資が具体的に何かはまだはっきりしていないけれど。興味があるのは不動産投資と、自分は経営に参加しないビジネスへの投資よ。これなら夫と二人でできそうな気がする。こういった話を全部したら、夫はきっととても乗り気になると思う。だから、二つ目のステップは、夫と私がこれから先やっていきたいと思うキャッシュフロー投資の種類を決めることになるわね。その答えは一週間後にみんなに知らせるわ。約束する。この二日間でついた弾みを失いたくないの。わかる？　私が今一番わくわくしているのは、自分の人生をコントロールする力をやっと取り戻したような気がしていることよ！　前にそんな気持ちでいたのがいつのことだったか、もう思い出せないくらいだわ」

●パットのプラン

「私の場合は株式オプションが性にあっているみたいだわ」パットがそう言った。「調査が大好きだからかもしれないわね。インターネットでいろいろ調べるのは苦にならないし、オプション取引の世界はとても面白そうで、胸がわくわくする。白状すると、この二、三カ月、私が調べていたのはほとんどオプション取引についてばかりよ」

「だから、私のプランはこうよ」パットは続けた。「私は株式オプションを売ったり買ったりする方法を学ぶことに集中するつもり。これまでにわかったことから判断して、これは簡単なテーマではないから、最高の先生から学びたいわ。このテーマについて教えているコースの中で一番いいもの、一番優秀なインストラクターがいるところを探して、そこで学ぶ。そして、とても小さく始める。つぎ込むお金も少しにする。考えるだけで、わくわくして、やる気が出てくるわ！」

パットはさらに続けた。「書くことを完全にあきらめたわけじゃないわ。これまでにいくつか仕事を頼まれて、それで稼いだへそくりも多少ある。そのお金の一部を自分の教育に回すわ。今回わかったけれど、投資対象の売買を通して儲けたお金はキャピタルゲインで、私が最終的にやりたいと思っているのはキャッシュフローを目的とした投資よ。だから、株式オプション取引で稼いだお金はすべて、キャッシュフロー投資のための口座に入れる。そして、いつかそのお金で、キャッシュフローを生み出す投資を買うわ。

つまり、まず株式オプション取引でお金を儲けて、次にそのお金でキャッシュフロー投資を買うというわけよ。このプランは私にぴったりだと思う。なぜなら、こうすれば夫に頼ることなく、自分で自分のお金を稼げるからよ。夫が一緒にやりたいと言ったら、それはすばらしいわ。そうしたら二人でこのプランをもっと速く進めることができると思う。そうなるのが私の理想だけれど。でも、もし夫が一緒にやってくれなくても、私が経済的独立に続く道を歩み続けることに変わりはないわ。

あと二つ付け加えたいことがあるの。うちの近くに、投資の勉強会を始めたいという女性が二人いるんだけれど、その二人ともう電話で話したのよ。帰ってから会って、どれくらい真剣にそう考えているのか様子を見てみるわ。こういう継続的なサポートはとても役に立つと思うの。それからもう一つ。ちょっと突拍子もないアイディアなんだけれど、とても面白いことを思いついたのよ。本の印税というのは不労所得のいい例でしょう？　物を書く人間として、私はいつも、それができたら……と思っていたわ。そう、小説を書くのよ！　実際に本の出だしを書きかけたこともあって、それは何年も前から私のコンピュータの中で出番を待っているわ。実現の可能性がとても少ないことはわかっている。でも、これまで一度も、本を書くことがキャッシュフローや不労所得を生み出すことにつながると考えたことがなかったの。ものを書く人間として、いつか自分の本を出版したいという夢を持っているだけだった。でも今はわかる。ものを書くことに対する自分の情熱を、ファイナンシャル・プランに組み入れることができるんだわ。これからは新聞や雑誌に記事をどんどん送って、原稿料を投資のための資金に回すわ。トレーシーと同じように、私が今一番目指したいのは、この二日間でついた弾みを維持することよ。私もとってもわくわくしているわ！」

●すること vs 持つこと

「それが肝心よね」レスリーがパットの話に付け加えた。「やるべきことはたくさんあるから、うちに帰っても今のこの集中力を失いたくないわ。私にとって、自分と同じ道を歩む人にそばにいてもらうことが大事なのは、まさにそのためよ。でも、やるべきことが多すぎてそれに押しつぶされないようにするにはどうしたらいいのかしら？」

「それはいい質問ね」私はそう答えた。「やるべきことすべてに焦点を合わせようと思ったら、あまりの量に圧倒されてやる気がなくなってしまうこともあるわ。何年も前に私も同じ質問をしたことがある。その時、私がとても尊敬するある人物が次のような説明をしてくれたの。

みんなも『BE（なる）―DO（する）―HAVE（持つ）』という考え方を知っているかもしれないわね。BEというのは自分がどんな人間か、DOは何をするか、HAVEは何を持っているかを表している。つまり、あなたがどんな人間で、何をするかが、何を持つかを決めるというのがこの考え方よ。たとえば、赤ちゃんが欲しいと思ったら、何になるべきかと言えば妊産婦で、何をしたらいいかと言うと、妊娠して、お医者さまの診断を受け、健康に注意して出産に備え、そして最後に赤ちゃんを産めばいい。ここで大事なのは、最初の段階からあなたが焦点を合わせているのは、自分がやらなくてはいけないいろいろなことではなくて、自分が欲しいと思っている対象、この場合は赤ちゃんだということよ」

私はさらに説明を続けた。「あなたが焦点を合わせるべきなのは、欲しいと思っているものだけよ。なぜなら、持ちたいと思う気持ちの方が、やらなくてはいけないと思う気持ちよりずっと強い動機になるからよ。パット、もしタイム誌に記事を載せたいと思ったら、あなたはどんな人にならなければいけないかしら？」

私はそう聞いた。

「一流のライターにならなくてはいけないわ」

「で、そのためにやらなくてはいけないことは何？」

「タイム誌がどんな記事を求めているかを知らなければいけないわね。私の場合はさび付いた腕を磨くために、ライター向けの講座をいくつかとらなければいけないかもしれないし。それから記事を書くための調査をして、やっと書き始めることになるわ。次に、誰のところに記事を送ったらいいか調べて、その人に送ってから、その後のフォローアップをする。もし記事がボツになったら、採用されるまでこのプロセスを繰り返すことになるかもしれない。そのプロセスの細かいところまで、今すべてを知るのはむずかしいわ。実際のところ、そのステップをもしすべて知ったら、恐れをなして、そもそもやってみようとも思わないかもしれないわね」パットはそう答えた。

「私が言いたいのはそこよ」私はそう言った。「何を手に入れたいかに焦点を合わせていれば、そのためにやらなければならないことは自然にこなせる。これまでを振り返ってみたらわかるわ。今あなたがどんな人間でどんなことをしているか、それが、今あなたが何を持っているかを決めている。もしこの先、違うものが欲しいと思ったら、つまり持っているものを変えたいと思ったら——まさにこれについて私たちはこの二日間話してきたわけだけれど——、自分がどんな人間か、何をやっているかを変えなくてはいけない。それを変えなかったら、持っているものも変わらない。でも、あなたがたの話を聞いている限り、みんな今自分が持っているものを変えたい、よりよいものにしたいと思っている。そうでしょう?」

三人は大きくうなずいた。

「自分がどんな人間か、それはどうやって変えたらいいの?」トレーシーが聞いた。

私はこう答えた。「パットを例にとるわね。もしパットが自分の書いた記事を売りたいと思ったら、一流のライターにならなければいけない。でも——気を悪くしないでね、パット——今のパットは練習不足で、超一流のライターとは言えない。つまり、今の自分から変わらなくてはいけないのよ。パットが言っていたように、もの書きとしての腕を上げるためにライター向けの講座をとる必要があるかもしれないし、記事を書こうとしている媒体について最新の情報を仕入れたり、もしかしたら、編集主幹たちに会ってコネを作る必要もあるかもしれない。そして、記事が採用されなかった時にはその事実を受け入れて、また書いて送ることを繰り返す。そういったすべてのことをやりながら、パットは自分を変えていく。並みのライターから偉大なるライターへと変身するのよ。このたとえでわかる?」

「よくわかるわ」トレーシーが答えた。「つまり、私の場合は、ゴールに到達するためには優秀な投資家になると同時に、ビジネスを成功させられるビジネスオーナーになる必要がある。で、今の私はそのどちらでもない。私がなるべき人間、すべきことは、私が持ちたいと思っているもの、目指すゴールによって決まるということね」

「その通りよ。たいていの人は、やらなければならないことにまず焦点を合わせるけれど、それは手に負えないほどたくさんあるように見えるから、自分が欲しいと思っているものが決して手に入らないのよ」私はそう付け加えた。

パットが自分の思いを口にした。「『どんなに大変かわかっていたら、こんなこと絶対に始めなかったわ！』と言いたくなる時があるけれど、それと同じね」

「本当にその通りだわ」レスリーが言った。「自分が持ちたいと思っているもの、私の場合はまず一件目の賃貸不動産だけれど、それだけに焦点を合わせるわ。そうすれば、プロセスの中でどんな人間になるか、あるいはそこに到達するために何をしたらいいかは、自然と姿を現してくるのよね」

●自分を信じる

「もう時間がなくなってきたのはわかっているけれど、最後に一つ質問があるの」トレーシーが別の話を持ち出した。「仕事をしていて何かむずかしい決断を迫られた時、いったん事実を自分にインプットすると、決断を下す決め手が自然と自分の中に見つかったり、何となく直感的にわかってくるということがあるの。これって投資の場合にも使えるかしら？　『女性の勘』ってうまく使えばプラスになるんじゃないかしら？」

「その質問に対しては、私の体験談を話してあげることしかできないわ。はじめての賃貸物件を買った時のことよ。契約をまとめる前日になってもまだ私は迷っていた。買うべきだ、いや買うべきじゃない……と延々と考え続けて、頭がおかしくなりそうだった。とうとう最後に私は自分にこう言った。『あなたはできる限りの情報を集めた。今は自分自身を信じるべきよ』とね。そして聞いた。『やるかやらないか、あなたはどちらがいいと思うの？』答えは『やる』だった。その次の日、私は契約をすませてその物件を買った。そして、結局それはすばらしい投資だったことがわかったのよ。

もし私が何も調査せず、事実を知らないまま『やるかやらないか』という質問を最初にして、自分の直感だけに頼って答えを出そうとしたのだったら、それはまったくばかげている。また、これも経験からわかったことだけれど、取引を重ねれば重ねるほど、この直感は鋭くなるわ。私は時々、自分で人に質問をしておいて、『なぜあんな質問をしたのかしら?』と思うことがある。でも、あとになってその質問が取引全体に関わる大事な鍵だったことがわかる場合がよくあるわ。

投資を始めてまもない頃、共通の友達の紹介で知り合った株式ブローカーを通してコカコーラの株を買ったことがあるの。買ったまましばらく何の注意も払っていなかったんだけれど、ある時、ふと気が付いて株価をチェックすると、かなり上がっていることがわかった。そこでブローカーに電話して、株を売りたいと言ったのよ。

ところが彼はすぐに、『今売ってはだめだ。このまま上がり続けると思うから。ぼくはこの道のプロだ。こういうのはよくわかっている』と答えた。

そこで私はこう言った。『確かにまだ上がるかもしれないけれど、今の儲けで充分だから、売りたいの』ブローカーは、この先もっと利益が出るだの、今日売ったらあとで後悔するだのと話を続け、とうとう私は説き伏せられて売らないことにした。一週間もたたないうちに、コカコーラの株価は下がり始め、結局私は損を出したままそれを売った。これは自分自身と自分の直感を信じなかったいい例よ。

投資に関することばかりでなく、私がこれまでの人生で犯した最悪の間違いのほとんどは、自分を信じなかった時に起きている。つまり、人に説き伏せられて、自分ではあまり乗り気ではないけれど、ともかく言われるままにやってみようと思って何かをやった時にね。私が一番よくトラブルに巻き込まれるのは、自分に忠実でなかった時、自分の考え方や信念に反することをやった時よ。

トレーシー、個人的にはあなたの意見に賛成よ。投資の世界で直感は大きな役割を果たすわ。そういう話はよく耳にするもの。ただ、直感だけをあてにして投資はしない、最初からそれを使って何か決めようとはしないということよ。でも、私はいつも自分の直感に注意を払っているわ。宿題をきちんとやり、集められるだけの事実を集めたら、そのあと自分の直感に耳を傾ける。もしすべてが一つの方向を示していれば、私は先に進む」

「私の直感によると、みんなが今やろうとしていることは、きっととてもうまくいくわ」レスリーがそう言って笑った。

「ちょっと休憩しましょう。そのあとお開きにする前に、最後に一つ話をするわ」私はみんなに向かってそう言った。

第二十三章……

エンジン全開！

「港に泊まっている船は安全だ。だが、船はそのために造られたわけではない」

――グレース・ホッパー

「最後に一つ話をさせて。それが終わったら、お祝いよ」私はそう言って話を始めた。

●特別なプレゼント

「二〇〇四年のクリスマスの日、ロバートが私にプレゼントの包みを渡し、開けるように言った。このプレゼントは何か特別なものらしく、ロバートはいつになく興奮した様子だった。視線は包みに釘付けで、いかにも待ち遠しそうで、きれいに包装紙をとく余裕はなかったわ。包装紙を破いて小さな箱を開けてみたら、何と、中の紙にこう書いてあったのよ。

四日間グランプリ・ドライビングコース

ボンデュラン・ハイパフォーマンス・ドライビングスクール

アリゾナ州、フェニックス

私は『何これ?』という目で彼を見たわ。こんなの、私のクリスマスプレゼントのリストにはどこにもなかったはずですもの。

『きみとぼくとに買ったんだ!』彼は大きな声でそう言った。

『ああ、なるほど』と私は思った。『自分にプレゼントを買って、私に開けさせるために包装したのね』

『レーシングスクールなんて。なぜ?』私は聞いた。

『おもしろいと思ったんだ。』とロバートは答えた。『それに、ぼくたちは一緒に学ぶのが好きだから、これも一緒にできると思ってね!』

レーシングスクールなんて、私が死ぬ前にやりたいことのリストの上位には絶対なかったけれど、ともかく私たちは申し込みをして、日にちを決めた」

●レーシングスクール一日目

「スクールの初日、私たちは高速道路に乗り、町の外の砂漠の中にあるボンデュラン・ドライビングスクールまで車を走らせた。何が待ち構えているか見当もつかなかった。正直言って、二人とも少し緊張していたし、不安でもあった。私はそれまで一度もサーキットに足を踏み入れたことがなかった。現地に着いた私たちは登録をすませて教室の席についた――ここまではよかったの。それからインストラクターたちが入ってきて、歓迎の言葉を述べ、少しばかりはじめのあいさつをした。次にインストラクターの一人が保険に入ることを勧めた。車を破損した場合は修理代を払ってもらわなくてはなりませんからと言うのよ!

『車を破損する?』私は思ったわ。『車をぶつけるかもしれないってこと?』『なんてすてきな話なの!』もう緊張などしている場合ではなかった。緊張は恐怖に変わった。

それから、一人一人立ち上がって、なぜここに来たのかみんなの前で言うように言われた。そのクラスには十二人の生徒がいた。みんなが自己紹介をしている間、ロバートと私は『大きな間違いをしてしまったようだ』という表情で顔を見合わせた。だんだんにわかってきたんだけれど、クラスにいるほかの十人はプロやアマのカーレーサーで、自分たちの技術をみがくためにそこに来ていた。地元のアリゾナから来たのはロバートと私だけ。残りのドライバーたちはヨーロッパや南アメリカ、日本、アメリカ国内の各地から来ていた。順番がきた時、私は立ち上がって震える声で『私は楽しむためにここに来ました』と言い、すぐに椅子に座った。どうしたらいいかわからなくて、ただそこから逃げ出したかった。そうそう、おまけにそのクラスで女性は私一人だったのよ！

インストラクターが話を続け、一時間目に何をするか説明した。『きみたちに一台ずつコルベットを割り当てる。まずいろいろな障害コースやスピードテストをやってもらう。最後のテストでは、きみたちは直線コースをフルスピードで走り、私たちが合図をしたらブレーキをできるだけ強く踏み込んで、数秒以内に車を完全に停止させる』

ええ、もちろん、私は怖くてたまらなかったわ。

生徒はつなぎの赤いレーシングスーツとヘルメットを自分で選び、身につけた。車に近づくにつれて、心臓がドキドキしてきた。私はずっと心の中でつぶやいていた。『自分で蒔いた種とは言え、一体何てことをやるはめになったんだろう！』

私は車体に『4』と番号のついたコルベットの運転席に慎重に乗り込んだ。座席をちょうどいい位置に動かしてミラーを調節し、何とかシートベルトをかけ終わると、深く息を吸い、キーを回してエンジンをかけた。

インストラクターのレスが頭を傾け、私の車の窓に顔を近づけて言った。『一台ずつ一列になって、サーキットまで先頭車のあとをついて行くんだ。せいぜい楽しんでくるといいよ！』

何だって『楽しむためにここに来ました』なんて言ってしまったんだろう？　私は自分にそう聞いた。あんなこと言わなければよかった。足をアクセルペダルに置くと、もう後戻りなどできないことを実感した。

ボンデュラン・ドライビングスクールの教え方のすばらしさは賞賛に値するわ。私のようにレース経験のまったくない人間が、彼らの指導によって、息絶え絶えになりながらもあんなにたくさんの実習をやり通したんですもの。時にはインストラクターが、私にやってほしいことをもっとよくわからせるために、車の運転席や助手席に座ってやって見せてくれたりした。だから私は、必要な時にはいつでもセーフティネットがあるんだと安心していられたのよ。これは絶対お勧めのプログラムよ。ボンデュラン・ドライビングスクールは、自分が行けると思っていたところよりずっと遠くまで、私を確実に連れていってくれたわ。でも、もしこれに参加しようと思ったら、これだけは覚えておいてね。あの四日の間に私が経験した感情は二つだけだった。まぜ物なしの本物の恐怖と異常なまでの高揚感。その中間の感情は何もなかったわ」

●レーシングスクール二日目

「私は毎日新しいレベルの恐怖を経験した。二日目の朝、その日に何をやるかざっと説明を受けた。私が思うに、これが実際に運転するよりも怖い。教室に座って、これから何をするか聞いていると、どれもとうてい不可能な話に聞こえた。今日は実際にサーキットを走る、生徒同士でレースをする……。私は少し離れたところに座っていたロバートをちらりと見て思った。『このクレイジーなアイディアを思いついたのはあなたよ。こんなところで私たちは一体何をしているの？　忘れないでよ。みんなあなたのせいよ！』

結局、私はスケジュールを全部こなした。その日、私にとって最大の勝利の瞬間は、レースのスタートの練習をしていた時に訪れた。私たちはコース上で一塊になって自分の場所を確保するように指示された。そして、そのまま、実際のグランプリレースのスタートさながらに、ゆっくりと車を走らせた。

私たちは一団となってコースをゆっくり回った。フラッグが振られるまでは誰もほかの車を抜いてはいけない。インストラクターがフラッグを持って立っているタワーの方を見ながら、私たちは合図を待った。次に不意にフラッグが振られ、私たちは飛び出した！　どのドライバーも先頭に立とうと、いい位置に殺到した。その日、このスタート練習は何度も繰り返された。最初の一、二回は、私は前には出ないで、ほかのドライバーたちを先に行かせた。恐怖に負けていたのよ。三回目のスタートの時、もっと強気でいかなきゃいけないんだってわかった。車が一塊になって最初の位置に並んだ。私の車は今回は集団の前の方にいた。みんなギアをセカンドに入れて、フラッグが振られるのを待ってコースを回っていた。私がじっと目を凝らしていると、インストラクターがフラッグを振った。私は思いっきりアクセルを踏んだ。まわりの集団から抜け出すと、前にはたった一台、フラッグの合図に出遅れてもたもたしている車がいるだけだった。私はその車を抜いて一番に躍り出た！『女にしては悪くないわね』私は皮肉たっぷりにそう思った。あとでわかったんだけれど、私が追い越した男の人は抜かれたことに相当腹を立てていたんですって。特に女性に抜かれたってことにね。それを聞いて勝利の喜びが一段と増したわ」

●レーシングスクール三日目

「三日目も前の二日間と同じくらい怖くて、それと同時に気分爽快だった。私がちょっとホッとして、つかの間の静けさを楽しみ始めたと思うとすぐに、インストラクターがまたハードルの高さを上げた。訓練はどれも、少しずつ難易度が上がるようになっていたのよ。

三日目が終わり、教室に戻ってからのその日一日の報告会の席で、四日目の時間割が発表になった。インストラクターはこう話し始めた。『今までの三日間、きみたちは基礎を学んできた。スライドやスピン、ターンに対してハンドルをどのように操作したらいいか習ってきた。明日はすべてをまとめてやる。コルベットを返却してもらって、F1用のレーシングカーを割り当てるから、サーキットでフルスピードでレースをするんだ。フォーミュラカーには一人しか乗れない。だから、インストラクターはきみたちがピットに寄った時にしか指導できない。車に一緒には乗れないんだ。きみたちは自分で何もかも決めるんだ』

レースになじみのないあなたたちのために言うけれど──私もなじみなんてなかったのよ──フォーミュ

ラカーというのは本当のレーシングカーよ。車のコックピット、つまりドライバーが座る場所はとっても狭くて、足をペダルの上に置き、膝をまっすぐにしてその上に上体を折り曲げるようにして、座席に文字通り滑り込まなければならないのよ。

体中をアドレナリンが駆け巡り、ドクドク音を立てていた。インストラクターが話しているのを聞いていると、これまでとまったく違った、さらに大きな恐怖が襲ってきた。その日の夕方、家に帰る車の中で、ロバートも私もほとんど話をしなかった。私の頭の中には、次の日にやろうとしていることが渦巻いていた。頭に繰り返し浮かぶのは、スポーツ専門のＥＳＰＮチャンネルで見るようなレースカーの激突シーンばかり。その夜は寝られなかったわ」

●レーシングスクール四日目

「いよいよ正念場がやってきた。教室に入ると、いつもよりさらに静かだった。話をしているのは最も経験豊富なプロのドライバーだけだった。私とロバートを含めた残りの生徒たちは、黙ったまま、死ぬほど怖がってなんかいないというふりをしていた。

インストラクターが部屋に入ってきて、その日することを説明し始めた。私がびっくりして、思わず耳をそばだてたのは彼の次の言葉だった。『車がコントロールを失ってスピンした場合、あるいはコースを外れた場合、車を破損したりほかのドライバーとぶつかったりした場合……』そのあとはぼーっとしてよく聞こえなかった。

説明を聞いたあと、レーシングスーツに着替えるために女性用ロッカールームに行った。女性は私一人だったから、ロッカールームではいつも一人きりだった。よけいな時間があったおかげで、恐怖がさらに大きくなった。『こんなことをするためにお金を払ったなんて信じられない!』私はそう思った。『これは今まで私がしたことの中で一番常軌を逸している。最初の日に保険を買わされた時に気付くべきだった。そのあとも、いつだって具合が悪いふりをすることもできたのに。ちょっと待って、ふりをするって、どういうこと？　実際具合が悪いのよ！』そんなさまざまな思いが私の頭の中を駆けめぐった。

外に出ると、ロバートが私を待っていた。私たちは黙って手をつなぎ、厳粛な表情で駐車場を横切ると、フォーミュラカーが保管されている倉庫まで歩いた。私は初日と同じ気分をまた味わっていた。インストラクターは生徒たち全員が車に正しく乗り込んでいるか、時間をかけて確認した。私もその日自分が運転する車のところに連れていかれた。担当のインストラクターのレスは、にっこりして、私から恐怖心を取り除くために少し冗談を言ってくれた。「コックピットはとても窮屈で、運転席に滑り込むのは、二サイズ下のジーンズをはくみたいだった」

●レースの開始

「シートベルトを締めてミラーを調節するとすぐ、ギアチェンジを練習してみたけれど、今まで乗っていたコルベットとはまったく違っていた。倉庫の大きな扉が開いて、『オーケー、みんな、エンジンをかけて！』という声が聞こえた。私は大きく息を吸い、ビクビクしながらエンジンをかけた。三度目にやっとエンジンがかかった。それから、一台ずつ、一列になってゆっくりと倉庫から出て、コースのピットへ向かった。ヘルメットをかぶっていると自分が呼吸する音が一回一回はっきりと聞こえた。私は車をコースに入れることだけに気持ちを集中し、ほかのことは考えないようにした。ピットにたどり着くと、インストラクターが最後の指示をいくつかくれた。『準備ができたらコースに入り、ゆっくり何度か回って車の感覚をつかむんだ』

私は持っていた勇気のすべてをしぼり出し、とてもゆっくりとピットから出て、慎重にコースに向かった。もっと経験豊富なドライバーの多くは、この時にはすでにコースに出て、かなりのスピードで走っていた。最初のカーブにさしかかった時、私は何をしたらいいか、大声で自分に指示を出した。『シフトダウン！　シフトダウン！　インコース！　インコース！　インコース！　アクセル！　ゴー！　ゴー！　ゴー！』私は最初のコーナーを何とか切り抜けた。体内のアドレナリンの量が急上昇していた。私は車の速度を上げた。ラップを重ねるごとにだんだん自信がついてきた。しばらくすると、インストラクターがみんなにピットに戻るように合図した。それから、私たちはコース上でインストラクターの指導のもとに、訓練を二つ三つ通してやった。

二時間ほどコースを運転して私たちが車になじんできたのを見て、インストラクターはレースをする準備ができたと判断した。『チェッカーフラッグが振られたら、それはコースから離れる時間が来たことを意味する。フラッグが見えたら、一周回ってクールダウンしてからピットに戻ってくるんだ』インストラクターの一人が注意事項を確認した。『速い車は先に行かせること。コース上でトラブルにあったら手を挙げろ。誰かが助けに行く。三日間の成果の見せどころだ。幸運を祈る！』

その言葉と同時に、私たちはヘルメットをかぶり、車に乗り込んでコースに向かった。私はここまでやって来た自分にかなり満足していた。走り出して十周目くらいで、直線に入る手前のカーブに近づいた。コーナーに入った時、私はシフトダウンし損ねて、ものすごい勢いでカーブに突っ込んだ。車をコントロールしようと四苦八苦していると、スピンし始めた。私は考える間もなく無意識に反応し、二日前に教わったことを忠実にやった。で、四度か五度、三百六十度のスピンを繰り返したあと、車はコースの真ん中でうしろ向きになって停止した。『ワオ！　やったわ！』私はそう思った。『レースで私が一番怖かったのは、車のコントロールを失うことだった。その事態をたった今乗り切ったのよ！　コントロールを失ったけれど、何事も起きなかったわ！』それができた自分を思うと、興奮で胸が高鳴った。私の自信は秒単位でどんどん大きくなっていた」

●人生を大きく変えた教え

「私は車の向きをもとに戻し、もっとラップを重ねようと出発した。でも、それからしばらくして気が付いたのよ。実際にレースに参加し、ラップも重ね、車をコントロールして走らせているにもかかわらず、自分がイライラし始めていることにね。コルベットを運転していた時はほかの車に抜かれもしたけれど、私もたくさんの車を抜いた。ほかのみんなについていっていたのよ。でも、フォーミュラカーに乗ってからは、みんなが私を抜いていくばかりで、私は誰も抜いていなかった。なぜだかわからなかった。何とか抜こうとがんばってもう何周かしたけど、結局ピットに車を寄せた。

レスが私のところにやってきた。『コースで悪戦苦闘しているみたいだね?』彼はそう聞いた。

『ええ。なぜだかわからないわ。』私はそう答えた。『コルベットではほかの車を抜くのに何の問題もなかったのに、今日はみんなが私を抜いていく。私、すごく遅いみたい』

そして次に、レスは私の人生を大きく変えることになる言葉を口にした。レスはこう言った。『ちょっと聞くけど、きみはエンジン全開で走っているかい?』

『エンジン全開? アクセルペダルを完全に踏み込んでいるかってこと?』

『そう。そういうことだ。エンジン全開で走っているかい?』

私はすぐに答えた。『いいえ。そうじゃないわ』

レスはコースのほうを指さして言った。『彼らはそうしている』

『だから私を抜いていくって言うの? エンジン全開で走っているから? でも私にそんなことができるかどうか、わからないわ』

すると、レスは私の目を見て微笑み、その魔法の言葉を言った。『キム、ここまでがんばって来たのは、今ここで物足りないまま終わるためじゃないだろう?』レスはそれだけ言うと立ち去った。

『何よ!』と私は思った。『キリがないじゃない。あと数時間ですべての課程が終わるという今になっても、まだ先へ行けというの!』

私はしばらくピットに止まったままでいた。レスがこっちを見ているのがわかった。私はコースの入り口までゆっくりと車を走らせた。これからどうするか、自分でもよくわからなかったけど、ともかく車の切れ目を待ち、スピードを上げてコースに戻った。一周する間、レスの言葉が繰り返し耳に聞こえてきた。『ここまで来たのは、今ここで物足りない結果に終わるためじゃないだろう?』そして二周目に入る時、私はペダルを思い切り踏み込んだ。ドライバーたちがよく言うように床にぴったりつくまでね。数秒の内に、私はエンジン全開で走っていた。そして、二周目が終わる前に最初の車を抜いた私は、うれしくてたまらなくて、ありったけの声で叫んでいた。私は完全にレースに戻っていた。

驚いたことに、運転したりコーナーを曲がったりするのは、尻込みしている時よりもエンジン全開で走っている時の方が実際簡単だということに私は気が付いた。気分爽快だったわ! 運転すること、毎回コーナーをうまく曲がることにすっかり集中していたから、チェッカーフラッグなんて全然見ていなかった。直線まで来た時、三人のインストラクターがコースの中央に立ちふさがって、全員がチェッカーフラッグを振っていた。コースに残っていたのは私だけだったのよ。ほかのみんなはしばらく前にピットに入っていた。クールダウンのために一周してピットに入る間、私は一人で笑っていた。

私は車を止めて、顔を輝かせながらヘルメットを脱いだ。レスはすぐそこにいて、『やったな! おめでとう!』と声をかけてくれた。

『最高だったわ! エンジン全開で走った方がうまく運転できたような気がするわ。エンジン全開!――これは私の人生の新しいモットーよ!』私は叫んだ。

次にレスは『きみに教えなかったことが一つあるんだ』と言った。『やらないことを正当化する理由や言いわけを与えたくなかったからね』

『何のことを言っているの?』私はそう聞いた。

『このコースを体験するほとんどの女性は、フォーミュラカーではじめて走る時、最初はエンジン全開にはしない』レスはそう話し始めた。

『私もそうだったわ』

『そう、ただし一つだけ違いがある』レスはそう続けた。

『違いって何?』

レスはこう答えた。『そういう女性たちがピットに入ってくると、私はきみと交わしたのと同じ会話を交わす。それでも、九十パーセントの女性はエンジン全開では走らない。その結果、彼女たちは物足りないまま終わる。精一杯やってみようとしないんだ。私がこのことをきみには言わなかったのは、きみに『ほとんどの女の人がやらないのなら私もやる必要はない』と思ってほしくなかったからだ。ここで大事なのは、エンジン全開で走らなかったら、このスポーツの一番肝心なところをきみは経験しそこなうということだ』

私は心の中で自分に向かって言った。『そして、人生でも同じ。エンジン全開で走らなかったら、人は人生の一番肝心なところを手に入れそこなう……』

あのコースのおかげで私の人生は大きく変わった」

第二十四章……新しい出発を祝して

「女性に必要なのは、誕生から十八歳まではいい両親、十八歳から三十五歳まではいいルックス、三十五歳から五十五歳まではいい性格。五十五歳から先はいいお金が必要だ」

——ソフィー・タッカー

「あなたはハードルをまた一段高く上げたんだと思うわ」トレーシーがそう言った。

私はただ微笑んだ。

「オーケー、今日、と言うか今回はこれで終わりにしましょう」私はそう言って二日間の終わりを宣言した。みんな、やるべきことはやって、すてきなディナーでくつろぎたい気分になっていた。

私たちは服を着替えて車に飛び乗った。そして、エンジン全開とはいかなかったが、近くにある、自家製パスタと新鮮なイカのフライが有名な、すてきなイタリアン・レストランまで車を走らせた。駐車係にキーを渡してレストランに入ると、案内係が私たちを迎えてくれた。「お席はご用意してあります。ゆっくりお楽しみください」

「そうするわ！」レスリーが答えた。

ウェイターが近づいてきた。「何かお飲み物をお持ちしましょうか？」

「シャンパンをちょっと飲みたい気分じゃない？」いつも手際のいいパットが提案した。

みんなそれはいい考えだと思った。

パットがみんなに代わって注文すると、ウェイターはシャンパンをとりに立ち去った。

「この二日間は、私にとって、人生を変える二日間だったわ」レスリーがそう言った。

「みんなからいろいろなことを学んだおかげで、今、頭が猛烈な勢いで回転している。ありがとう」

私たちはテーブルに座った順番に一人ずつ、みんなで過ごしたこの二日間が自分にとってどんな意味があったか、これからどんなことをするつもりか、報告した。

最後にトレーシーが締めくくった。「私の人生は完全に変わったわ。ここに来る前は、会社でいろいろな変化があったり、お金のやりくりに苦労するばかりで、もし自分が今やっていることを変えなかったら、何にも変わらないどころかもっと悪くなるだろうとわかっているだけだった。今は、人生をまた自分でコントロールできるようになった気分がする。こんな気分はもう何年も味わったことがなかったわ」

その時、ウェイターがパットの選んだシャンパンとグラスを四つ持って現れ、グラスをテーブルに置いてシャンパンを注ぎ始めた。

「私が音頭をとるわ！」レスリーがそう言った。

私たちは全員グラスを掲げた。

「みんな、おめでとう。正直言って、こんなに助け合い、励まし合えるなんて、びっくりしたわ。おたがいに、金銭的なことに関してその人なりに決めたゴールに到達してほしいって願っていることがよくわかったわ。もし私が自分のゴールに達しなかったら、みんなをがっかりさせてしまうような気がする。そう思うだけでもやる気が出てくるわ！　このグループの一員であることに感謝するわ。私たちに、乾杯！」

「私たちに！」みんな声を合わせてそう言った。

「私たちに、そして、私たちの経済的独立に！」トレーシーが付け加えた。

その声に合わせて、私たちはまたグラスを上げた。

●考え方の変化

パットが話し始めた。「今朝起きた時、二十年前、ホノルルでみんなでランチを食べた時のことを考えたの。あれはある意味、未来を予言していたわね。あの時の私たちはどちらかというと考え方が似ていて、みんな仕事の上での目標を追い求めていた。あれ以来、どんなにばらばらの方向へ歩んでいったか、考えてみるとびっくりだわ。でも今、二十年たって、仕事の上での目標をひたむきに追う代わりに、またそれぞれが似たような考え方を持って、今度は投資の世界で目標を追い求めることになった……」

「それって、私にとってはとても大きな変化だわ」レスリーがそう言った。「クレヨンをやっと持てるようになった頃から、ずっと芸術家として生きてきたこの私が、丸二日、お金や投資について勉強したり話をしたりして過ごしたのよ！　おまけに経済的に独立するための自分のプランを立てるだなんて、ただただびっくりよ。こんなことをやるなんて、夢にも思ってなかった。金融とか投資なんてものは、まったく私には歯が立たないものだっていつも思っていたけど、今はわかる。私にだってできるんだって。それだけじゃないわ。そう考えるだけで、胸がわくわくする！」

トレーシーが話に加わった。「夫が職を失うことや自分が解雇されることを恐れていた理由が、他人に人生をコントロールさせていたからだとは思ってもみなかったわ。私はこれまで、自分のこれから先の十年間がどうなるか、上司が決めてくれるのを待っていたのね。これから家に帰るけれど、今はそんなこと、もう全然心配じゃない。もっと早くに気付かなかったのは悔しいけれど、遅くても気付いただけましよね。今私は密かに楽しみにしていることがあるのよ。それは、解雇されたらいいな……ということ。だって、そうしたらいくらか退職金が入ってきて、自分の新しいビジネスに回せるでしょう?　ねえ、これって考え方の変化よね！」

「まさにその通りよ、トレーシー」私はそう答えた。「考え方を変えることが肝心なのよ。考える方向を変えるの。あなたはもう、仕事や給料が生活の支えだなんて思ってないでしょう?」

「全然。今まではずっと、お金を得る方法はたった一つしかないと思って生きてきた。給料をもらうしかないってね。そして、誰かが喜んで私に払ってくれるだけのお金しか、つまり、限られた額しか稼げなかった。今はもう考え方が変わったわ。私が稼げるお金は無限だと思える。自分のビジネスや投資を使ってどのくらい稼ぐかは私が決めるのよ。これなら本当に無限だわ。こう考えられるようになっただけでも、この二日間にはお金では買えない大きな価値があったと思う」

レスリーがまた会話に入ってきた。「こういう話をみんなで始めるまでは、収入を増やす唯一の方法は、副業を持ったりして、よけいに働くことだと思っていた。もちろん、給料が一番の収入の道だとも思っていた。でも仕事をいくつもかけもちするなんて、考えるだけでうんざりだったわ。今は、今の仕事を、経済的自由という真の目的を達成するための単なる道具と見ている。これからは画廊での仕事にまったく別の観点から取り組むつもりよ。ほかにもいろいろなことに新しい観点から取り組むことになると思うわ。だって、請求書の支払いを気にしたり、やりたいことができるかどうか心配しながら過ごしてきた時間がとてもたくさんあるんですもの。トンネルの先にやっと光が見えてきた感じよ。これからはもう、そういうことを気にする必要はないんだわ。ただ前進あるのみよ!」

●変化は自分から始まる

「自分が変わるとまわりがどんどん変わっていく。面白いようにね」私はそう付け加えた。

「本当にそうだわ」レスリーが同意した。「今の私は、自分の仕事を前とは違う目で見ている。上司も、あるいは請求書さえも違ったふうに見える。でも仕事や上司、請求書自体は前と同じで全然変わっていない。私が変わったのよ! 別れた夫も違ったふうに見えるのかどうか、ちょっと興味があるわね。奇跡って起こるものなのね!」

パットが笑った。「あなたの言っていること、よくわかるわ。私、夫が変わってくれれば……って思ってここに来たけれど、変わらなければいけないのは彼ではなくて私の方なんだわ。彼なしではこんなことはできないと思っていたけれど、今は、私が最初の第一歩を踏み出さなければいけないって思うようになった。ゆくゆくは一緒にやってほしいとはまだ思っているけれど、これをやるかやらないかは私次第なのね。肩の荷が降りたような気分だわ」

私はこう付け加えた。「あなたの考え方が変わった今、帰ったらご主人が思いがけなく変わっているなんてことがあるかもしれないわよ」

パットはそのことを思ってにこりとした。

「私がグループのまとめ役みたいなので言うけれど」パットが話し始めた。「一つ提案があるの。この二日間でついた弾みを失わないためにはどうしたらいいかっていう話が出たわよね。これってとっても大事だと思うの」

「あなた、私が考えているのと同じようなことを提案するつもりだと思うわ」レスリーが言った。

「これから六カ月間、一カ月に一度、一時間の電話会議を四人ですることを提案するわ」パットが続けた。「トレーシーもレスリーも私もこれを始めたばかりだから、そうすればとても心強いと思うの。そして、もしキムがアドバイスしてくれれば、より大きな成功を手に入れられるだけでなく、実りのある話ができると思う。みんな、どう?」

みんな大賛成だった。パットはきちんとその場で最初の電話会議の日にちと時間を決めた。

ちょうどその時ウェイターが近づいてきた。「お客様四人が、今晩何かとても大切なことをお祝いしていらっしゃるご様子でしたので、店の主人からグラス入りシャンパンを四つお届けするように言われました。『おめでとうございます』とのことです」

私たちは喜んでそのプレゼントを受け取り、ウェイターとオーナーに感謝の言葉を述べた。

今度はトレーシーが立ち上がって音頭をとった。「乾杯。みんなどうもありがとう。私はやっと、自分の人生を自分でコントロールしている気持ちになれたわ。私たちみんなのすばらしい人生に、健康で幸せな人生に！　そして、夢にも見たことがないほどたくさんのキャッシュフローに、乾杯！」

「乾杯！」

●終わりに——後日談

レストランから戻ると、パットが携帯電話の留守録をチェックした。ジャニスからのメッセージが入っていて、彼女の大声が聞こえた。「私、何を考えていたのかしら?!　頭がおかしかったとしか思えないわ！　あの男、きちんとした付き合いを求めていたわけじゃなかったのよ。ただ乗りを期待していただけだったのよ！　何て情けないやつなの！　そんなこともわからなかったなんて、自分が信じられないわ。ハンサムでもなかったのよ！　みんな、実りのある二日間を一緒に過ごしたんでしょうね？　そっちに行けばよかったわ。一番腹を立てているのは、あんな男を私の未来だと信じて、時間をむだにしてしまった自分に対してよ。その時間を使って、あなたたち四人と一緒に、自分の未来を作り出すことができたかもしれないのに！」

最後に一言……

人生で一番大事なのはお金ではないと言う人は多い。それは正しいかもしれない。でも、人生で大切なもののすべて、たとえば健康、教育、生活の質といったものにお金が影響を与えることは確かだ。

結局のところ、お金はあなたに次の二つのうちの一つを「買って」くれる。その二つとは、束縛と自由だ。お金と引き換えにあなたが手に入れる束縛と、仕事や借金による束縛だ。時には人間関係における束縛もあるだろう。一方、お金はあなたが自分が選んだ生き方で人生を生きる自由も買ってくれる。

お金を人生で大事なものの一つにすることで、私は自由を買った。このことは私にとって大きな意味を持っている。その理由は簡単だ。私はああしろこうしろと他人に命令されることが大嫌いだからだ。

この本を読んでくれてありがとう。

一般的な金融・投資用語

ＣＰＡ（公認会計士）　Certified public accountant の略称。国家試験に合格しＣＰＡの称号を与えられた人。いろいろな専門分野があり、すべてのＣＰＡが税金の専門家というわけではない。会計検査官や最高財務責任者（ＣＦＯ）として会社の財務会計上の問題を解決したり、会計監査役として財務諸表を監査したり、節税対策を立案するなど、多様な仕事をする。イギリスなどでは Chartered Accountant（勅許会計士）と呼ばれる。

キャッシュ・オン・キャッシュ・リターン（率）　投資の最終的損益の大きさを表す数字。投資総額に対してどれだけ得をするか、あるいは損をするかをパーセンテージで表したもの。投資収益率の一つ。

キャッシュフロー　収入としてあなたのポケットに入ってくる現金と、諸経費や借入金返済・支払金利などの支出との差額。キャッシュフローはプラスにもマイナスにもなる。

キャピタルゲイン（資本利得、資産売却益）　投資対象を購入した金額とそれを売却した金額との差額から、たとえば不動産の場合は改修費・売買手数料など、その投資のために費やしたお金を差し引いて残った利益。

勤労所得　あなたが働いて得る収入。

現金　一般的には、紙幣や硬貨といった通貨のほかに、普通預金、マネーマーケットファンド（ＭＭＦ、公社債を中心とする投資信託の一種）、譲渡性預金（ＣＤ、他人への譲渡可能な定期預金）など、すぐに通貨に換えられるものも含む。

財務諸表　財務諸表には数種類ある。損益計算書は一定期間の収入と支出の詳細な記録で、貸借対照表はある特定の時点の資産と負債・資本の状態を示す。また、キャッシュフロー計算書は入ってきた現金と出ていった現金の詳細を示す。個人、土地建物、ビジネス、どれに関しても財務諸表を作ることができる。

資産　あなたが働こうが働くまいが、あなたのポケットにお金を入れてくれるもの。不動産やビジネスのほかに、株式や債券、投資信託といった紙の資産も含む。

税理士 帳簿の付け方だけでなく、会計全般に関して正規の教育を受けている専門家。財務諸表の作成を含め、個人や会社の毎日のお金の管理のために必要なさまざまなことを取り扱う。納税申告書を作成することもできる。

知的財産 発明や新製品、会社のブランドなど、新たに生み出されたもので、無形資産として特許権や商標、著作権によって保護できるもの。

帳簿係 帳簿方、簿記方とも言う。正式な会計帳簿をつける人。請求書の支払いや、それらの適切な分類、売掛金や買掛金の支払い状況のチェック、従業員への給料の支払い、財務諸表作成のための準備など、お金に関する業務を一手に引き受けてくれる帳簿係がいると便利だ。財務諸表や納税申告書を作成する会計士や税理士のために情報を集めてくれる帳簿係もいる。

投資収益率(ROI) 投資物件からあなたが受け取る収益を、その投資物件に投資した総額で割ったもの。キャッシュ・オン・キャッシュ・リターン(率)はその一つ。

負債 あなたのポケットからお金を取っていくもの。クレジットカードの借入金、住宅ローン、自動車ローン、教育ローンなどが含まれる。

不労所得 あなたが出資したビジネスや賃貸不動産から入る収入、特許権使用料、著作に対する印税など、働かずに得る収入のこと。

ポートフォリオ所得 株式や債券、投資信託などの紙の資産から発生する収入。「ポートフォリオ」は個人が持っている各種投資の全体を示すこともある。

裕福度 バックミンスター・フラーによる裕福度の定義は、今と同じ生活水準を維持しながら、お金のために働かずに生き延びることのできる日数。

レバレッジ 本来は「てこの作用」の意味で、少ないものでより多くをすることを意味する。投資の際の借入金の利用はレバレッジの一種。

不動産用語

アンダーライティング 購入者のローン返済能力や担保物件としての不動産の価値などを調査・評価すること。

売主直売 プロの不動産業者を介さず、売主自身によって売りに出されている物件。

エスクロー ある条件が満たされるまで、第三者に代金や物件を寄託しておくこと。あるいは寄託される代金や物件。アメリカでは不動産取引の際に、エスクロー業務を扱う会社がよく利用される。

買付申込書　購入申込書（証明書、同意書）とも呼ばれる。特定の物件の購入意志とその条件を伝える書面。

カウンターオファー　買付申込みに対する返答。これによって売主側から新しい条件や価格が提示される。

禁反言宣誓書　現在支払っている家賃の額と、残りの賃貸期間中に関して家主から何か有利な条件を約束されているかどうかを記した、借家人から提出される宣誓書。覚書、念書のようなもの。

繰延補修　必要だが売り手がそのままにしておいた修繕や補修。このような修繕、補修箇所があると値引きの交渉に使えるので、取引において有利な材料となる場合もある。

権利証　特定の物件の所有者を証明する法的文書。

コストセグリゲーション　不動産の減価償却率を次第に増加させる会計上の戦略。

差し押さえ　ローンの抵当となっていた物件の所有権が、ローンの貸し手に移される法的処置。差し押さえは、通常、支払い不履行があった場合に行われる。

査定価格　不動産の分析や評価を専門とし、公平な立場にある人間によって見積もられた不動産の価値。

事前通告期間　ある行為を実行に移す前に、その旨を正式通知すべき期限。賃貸借契約書には、通常、物件を点検したり、延滞料金を請求したり、立ち退きの手続きを始めたりする前に、家主が借主に与えなければならない事前通告期間について明記されている。

純資産価値　ローンやその他の負債を差し引いたあとの不動産物件の価値。

立ち退き　居住者を賃貸中の部屋あるいは建物、土地から合法的に移動させる手続き。立ち退きは、賃貸料の不払いや、賃貸契約の不履行があった場合に認められる。

賃貸借契約書　家主と借主の間で交わされる、賃貸物件の占有に関する合意書。法的に拘束力のある契約。しっかりした賃貸借契約書には、家主と借主の間で取り決めておくべきすべての条件が含まれている。

デューデリジェンス（適正評価手続き）　建物・設備が物理的・法的にきちんとした状態にあるか、金銭的な面に問題はないかなど、その物件に関する正確かつ完全な情報を得るための調査のプロセス。

都市計画法　土地の利用用途、建物の大きさや用途を規制する法律。用途地域指定は地方自治体によって行われ、社会・経済の変化によって見直される。

売買条件　取引を進める際に満たされていなければならない条件。買付申込書や契約書に明記される。

フィクサーアッパー　大掛かりな修繕および改修が必要な物件。あるいは、そのような物件を買い取り、手を加えて転売する業者。

物件引渡し　売買契約履行の最終段階。物件の所有権を売り手から買い手に移す手続き。権利証の引渡し、固定資産税などの清算、書類への署名（捺印）、売却の完了に必要な諸費用の支払いなどが含まれる。

不動産　土地と建物。

不動産売買契約書　不動産を売買する際の条件を明記した契約書。買い手と売り手の間で取り交わされる。

不動産売買諸費用　不動産売買の手続きの際に生じる各種費用。

不動産売買手続き代理業者　当事者以外の第三者で、あなたが選んだ弁護士、エスクロー業者（取引を公正な立場から監視する）、売買手続き代理業者など。実際の売買業務を全面的に取り扱う。

メンテナンス契約　庭師、配管工、電気技師、便利屋といった、定期的な補修および随時必要な修理を行うメンテナンス業者との契約。複数の物件を所有し、点検修理の要請がひんぱんに起こる場合に役に立つ。

融資条項（ローン条項、ローン特約条項）　ローンが不成立の場合は契約を白紙に戻すことを定めた条項。利用可能な各種ローン（新規にローンを組む、売り手から借りる、売り手のローンを引き継ぐなどの方法を含む）や、融資額、また、予想される利率などを明示する場合もある。

不動産購入のための融資に関する用語

PITI　元金（principal）、利息（interest）、税金（taxes）、保険（insurance）の略語。月々の抵当ローンの返済に何が含まれるかを表示する際に使われる。

アシューマブル・ローン　不動産にローンがまだ残っている場合、買い手が売り手から引き継ぐことのできるローン。

頭金　不動産売買の最終段階、つまり売買契約時あるいは物件引渡しの際に買い手が支払う、購入価格の一部。

アップフロントフィー（ポイント）　ローン開始時に、斡旋あるいはサービス料として貸し手が課す追加手数料。アメリカでは融資額の一パーセントを一ポイントとして表示することが多い。

貸付利子　貸付に際して、貸し手が借り手に課す利子。普通、貸付金の総額の何パーセントという形で表される。

割賦返済　ローンの分割払いの方法。元金と利息の両方を減らす形で、定期的に分割払込金を支払い、借金を徐々に返済する方法。

元利支払い総額　不動産を購入するための借金、抵当貸付の返済総額。利子支払い額と元本返済額の合計。

繰上げ返済手数料　抵当貸付の返済期日前に完済あるいは一部返済した場合に、借り手に請求されるペナルティー料金のこと。

固定金利型ローン　一定期間、あるいは全期間を通して利率が固定されているローン。一般に、変動金利型ローンより利率は高い。

住宅ローン(抵当貸付)保険　アメリカでよく利用される、抵当貸付の返済不履行に対する保険。このような保険は、一般に、頭金が二十パーセント以下のときに要求される。

上限利率　変動金利型ローンの契約条件に基づき、貸し手が課すことのできる利息の最高限度のこと。普通パーセンテージで表示される。利率の予想外の大幅な引き上げから借り手を保護する。

信用調査報告書　消費者信用調査機関によって提供される、個人の負債返済能力についての査定報告書。

セラー・ファイナンシング　売り手が銀行の役割を果たし、買い手に購入価格の一部を融資すること。買い手は売り手に、合意によって定めた頭金と利息を支払う。(ただし、日本では法に触れる場合がある。)

抵当証書　ローン返済の保証として、物件に対する権利を貸し手に与える旨の契約書。

年利率　普通、ローンの実効(実質)利率、つまり実質的な金利を指す。アメリカでポイントと呼ばれる手数料やローン申請手数料など、そのローンに関わるすべての費用を考慮に入れたもので、一般に、契約上の金利である表面金利より高くなる。

バルーン型ローン　借入金の一部を分割返済後、所定の期日に残金を一括返済する住宅ローン。利率は有利な場合があるが、返済期日にローンの残額を完済する(あるいは新しいローンを組む)準備ができている必要がある。

不動産担保ローン　住宅ローン、不動産を抵当としたローン。

返済期間　その間にローンをすべて返済しなければならない期間のこと。

返済期日　ローンがすべて返済されていなければならない日。融資金完済期日。

変動金利型ローン　利率がローン返済期間中、定期的に変動する住宅ローン。

モーゲージブローカー　お金を借りたいと思っている投資家に貸付金融機関を斡旋する人。アメリカには専門の業者がいる。

融資開始手数料　ローン開始に伴う費用や手数料。借り手にかかる費用で、貸付額の何パーセントという形で表される。

融資取扱事務代行サービス　不動産を抵当とした貸付（住宅抵当貸付、住宅ローン）の処理に伴う事務を一括して代行するサービス。不動産業者が提供する場合もある。

レバレッジ　不動産投資におけるレバレッジの一例は、物件を購入するために融資を受けること。例えば、代金の一部を頭金として支払い、残りは銀行から融資を受け、物件を百パーセント自分のものにする方法。

ローン資産価値比率　購入物件の価値に対する抵当貸付の割合。八万ドルのローンのついた十万ドルの家は、ローン資産価値比率八十パーセントとなる。

不動産物件を分析するための用語

一平方フィート(メートル)あたり価格　物件の提示価格もしくは購入価格を賃貸可能な総面積で割ったもの。

一平方フィート(メートル)あたり賃貸料　一戸の賃貸料をその面積で割ったもの。似通った物件の賃貸料と比較する時に役立つ。

一戸あたり平均価格　複数戸数を有する物件の場合、その提示価格（オファー価格）もしくは購入価格を総戸数で割ったもの。

営業純利益　総収入から総経常経費を引いたもの。

キャッシュ・オン・キャッシュ・リターン(自己資金収益率、投資収益率)　不動産においては、その物件から入る年間のキャッシュフローを、その購入のために自分が支払った現金の総額（一般的には頭金と契約手数料）で割って求めたパーセンテージのこと。

キャッシュフロー　投資物件からの利益や損失。徴収した賃料総額－経常経費－ローン返済額＝キャッシュフロー

空室率　総戸数に対する空室の割合、あるいは、一つの部屋が空いたままになっている期間が一年間にどれくらいあるかを示す割合。空室からは当然賃貸料がとれないから、総収入が千ドルで空室率が十パーセントなら、あなたが実際に手にする収入は＄1000－＄100＝＄900となる。

経常経費　これには物件の管理にかかわるすべての費用が含まれる。

収支見積書(プロフォルマ)　一般的に、実際の数字ではなく予想に基づいた収入、支出、借入額などを示した、見積もり上の財務諸表。

総収益　月、あるいは年ごとの賃貸収入の総額。複数戸数を有する物件の予想総収益には、実際に賃貸に出されていない部屋からの収入も含まれる。

その他の収益　物件に付随して設置されたコインランドリー、駐車場、自動販売機などから得られる追加収入のこと。

賃貸損失　相場を下回る家賃で賃貸している時に発生する損失。賃貸料の相場からあなたが実際に受け取っている賃貸料を引いた差額。

内部収益率（ＩＲＲ）　投資収益率を計算する手法の一つ。受け取るすべての収入をすぐに再投資し、そのお金に対しても見返りを得られると仮定した上での収益率。

表面利回り　総家賃収入を不動産の購入価格で割ったもの。その物件の価値の指標となる。一般に、表面利回りが高ければ高いほど、実際の価値に比べて物件価格が低く、お買い得物件と考えられる。反対に、低ければ低いほど、実際の価値に比べて物件価格が割高と考えられる。

ユニット構成　ワンルーム、1DK、2LDKなど、集合住宅内にどのようなタイプのユニットがあり、それぞれのタイプが何戸あるかなどの情報。

紙の資産に関する用語

アメリカン証券取引所（Amex）　前身であるニューヨーク・カーブ（縁石）取引所は一八四二年に設立され、その名前の通り、そこでの取引は、一九二一年に屋内に移るまで実際に路上で行われていた。一九五三年にアメリカン証券取引所と改名。

オプション　株式などの金融商品を特定の期日、あるいは期間内に、特定の価格（行使価格）で買う、あるいは売る権利のこと。

▽**コールオプション**　オプションのうちの「買う権利」

・買い――行使価格である特定の期日または期日までに、ある商品を買う権利を買うこと。

・売り――行使価格である特定の期日または期日までに、あなたからある商品を買う権利を売ること。買った人が権利を行使すれば、あなたはその商品を売らなければいけない。

▽**プットオプション**　オプションのうちの「売る権利」

・買い――行使価格である特定の期日または期日までに、ある商品を売る権利を買うこと。

・売り―行使価格である特定の期日または期日までに、あなたにある商品を売る権利を売ること。買った人が権利を行使すれば、あなたはその商品を買わなければいけない。

株式ブローカー　証券取引所のメンバーで、株取引の仲介をする会社の従業員。顧客の口座を管理する。

株式分割　一株を複数に分けること。一株当たりの価格は分割した割合に応じて下がる。株主は、分割によって損得はないが、分割後株価が上昇することがある。

株式併合　複数の株式を一つにまとめること。株式併合があると、たとえば十株を五株と交換することになる。株価はその比率に応じて上昇する。株式分割と同様、理論上、株主に株式併合による損得は生じないが、結果として株価が上昇することがある。

株主資本利益率（ＲＯＥ）　株式資本に対して企業がどれだけ利益を出しているかを示す数字。株式会社の一株あたり利益を一株あたり純資産額で割ったもの。

株主持分（エクイティ）　債券ではなく株式の形で、株主が持っている会社の持分。

空売り　売り手が所有していない有価証券や商品先物契約を売却すること。その目的は①予測される価格の下落を利用する、あるいは②買い持ちにおける利益を守ること。

債券　国債、地方債、社債など。発行する側は借金をしているのと同じで、購入者に利子を支払う。

▽**社債**　会社が投資家に対して発行する債券。事業拡大、その他の活動に使う資金を得るために、会社は銀行からの融資よりも社債をよく使う。

▽**地方債**　アメリカでは、建設、その他のプロジェクト費用をまかなうために、百万種以上の地方債が州や市、その他の地方自治体によって発行されている。地方債の利点は、非課税のものがある点。つまり投資家は自分たちの収益を税務署と分かち合う必要がない。

▽**米国債**　アメリカ財務省が発行する国債には、短期、中期、長期の三つの種類がある。各種国債の最大の違いはその償還期間で、十三週間から三十年間までさまざまなものがある。

・**米長期国債と米中期国債**　各種事業を継続し、国の債務の利子を支払うために連邦政府が発行する、中期から長期の国債。長期国債は償還期間が十年以上のもの。

・**米短期国債**　米短期国債は、マネーマーケット（短期金融市場）で最大のシェアを占める。政府は直ちに必要な支出をまかなうため、長期国債や中期国債よりも低いレートで短期国債を発行する。償還期間は一年以内。

▽**機関債**　アメリカで最も人気があり、よく知られて

いる機関債は住宅抵当金庫の債券で、ジニーメイやファニーメイ、フレディマックの名で呼ばれている。しかし、多くの連邦政府あるいは州政府の機関もまた、自分たちの活動や事業の資金を調達するために債券を発行している。

先物取引　穀物や金などの特定の商品を、特定の日に、あらかじめ取り決めた価格で売買する契約のこと。

証券取引委員会（SEC）　世界大恐慌と、それによって明らかにされた、株式取引にまつわる不祥事をきっかけに、アメリカ政府は一九三四年に証券取引委員会（SEC）を創設した。その役割は健全な証券取引が出来るように市場参加者を監視・指導し、取締まること。

商品（コモディティ）　商品取引所で取引される商品。主として農・鉱業産品で加工品の原料となるもの。たとえば、パンの原料となる小麦、イヤリングを作る銀、ガソリンの原料となる石油、豚肉、その他何千もの商品がある。商品の価格は需要と供給に基づいて決まる。

新規株式公開（IPO）　株式を新たに公開（上場）すること。これにより、投資家がその株式を市場で買うことが可能になる。経営者が新規株式公開（IPO）を行う。

ダウ平均株価（DJIA）　ダウ工業株三十種を構成するアメリカの代表的な三十銘柄について、株価の市場での実績を示す指数。

デリバティブ（金融派生商品）　伝統的な金融取引の相場変動によるリスクを回避するために開発された金融商品の総称。株式、債券、為替などの金融商品から派生したもので、オプション、先物などが含まれる。

店頭取引（OTC）　証券取引所外で行われる株取引のこと。アメリカでは二万八千以上の小型株あるいは新株が店頭市場において取り引きされている。英語のover the counter（カウンター越しに）という名前の由来は、地元のブローカーから店頭カウンター越しに株式を買っていた時代にさかのぼる。

投資信託　資金運用の専門家によって管理された、株式や債券を集めたポートフォリオ。

ナスダック　全米証券業者協会による相場報道・取引システム。アメリカの一流成長企業、およびアメリカにおいて株を取り引きしている国際企業にとって重要な意味を持つ取引市場。ナスダックのリアルタイムの株価は、国際コンピュータ・情報通信ネットワークを通じて、八十三カ国一千三百万人以上のユーザーに発信されている。

ニューヨーク証券取引所（NYSE）　ニューヨーク証券取引所は、株式上場や株式取引のための規則を定め、その取引の場を提供する。株価の形成には一切関わらない。株価は需給と供給、そして取引のプロセスで決まる。

配当　会社の利益を株主に分配すること。利益は証券の種類によって配分され、現金や株式、証書《スク》（仮証券《リプト》）配当、まれに会社の製品や資産といった形で支払われる。

配当利回り　普通株もしくは優先株で投資家が得る利益の年率。予想配当金と呼ばれる一株当たりの年間配当金額を、その株の一株当たりの現在の市場価格で割ったもの。

一株当たり利益　会社の利益を株式数で割ったもの。株式数の減少がない状態でこの数字が年々増えていれば、その会社は成長していると考えられる。

普通株式　会社が発行する株式で、購入者は株主として会社の所有権を持つ。まず会社によって販売され、次に投資家の間で売買される。それらを買う投資家は、利益の一部として配当金を得ることを期待し（配当がある株式とない株式がある）、自分たちの投資がより価値あるものになるよう、株価が上がることを願う。普通株には実績保障はないが、今までのところ、長期的に見て、他の投資よりも利益幅が大きい。

ブルーチップストック（優良株式）　ポーカーからの借用語。ポーカーで使われるチップは青色のものが最も高額であることから、大規模で、安定して利益を生み出す企業の株をこう呼ぶ。含まれる企業は一定の規準があって公式に選ばれたものではなく、変わることもある。

ヘッジファンド　「ヘッジ」は「防護手段」の意味。リスクを軽減しながら高いリターンを求める投資ファンド（企業の株式などに投資をする基金）。少数の機関投資家や富裕層を対象としたものが多い。投資手法は多様で、市場の上昇を狙った買い持ち（ロング）や下降を狙った売り持ち（ショート）の両方で利益を得ることを目的とした運用手法が代表的。借入金などのレバレッジやデリバティブを利用し、複数の市場に投資するといった手法もとられる。

ベンチャー・キャピタル　リスク・キャピタルとも呼ばれる。リスクはあるが、将来的に平均以上の利益を上げる可能性のある新しい事業に乗り出そうとしている、新設あるいは既存企業に投資、貸付をする会社、あるいはその資金。

簿価　帳簿（貸借対照表）上の会社の純資産価値。資産と負債の差額がこれにあたる。多額の債務で簿価が低い場合は、たとえ取引量は多くてもその会社の利益は限られていることを意味する。一方、低い簿価が、資産が過小評価されていることを意味する場合もある。投資の専門家は後者のような会社をいい会社と見なす。

目論見書　有価証券を売却する際の、書面による正式なオファー。投資家が充分な情報に基づいた判断を下すために必要な事業計画案や数字、あるいは既存の実績を開示するもの。

優先株式　普通株式と同じように、会社によって発行され、投資家によって取り引きされる、所有権を伴う株式。まず会社によって販売され、次に投資家の間で売買される。普通株との違いは、優先株には議決権がない代わりに、優先的に配当を受ける権利がある点。

著者・訳者紹介

キム・キヨサキ
Kim Kiyosaki

キムは「お金や投資の世界について何も知らなかった女性」のカテゴリーにぴったりあてはまる。彼女は小さい時から、独立心と競争心がとても強く、何をすべきか人から指図されることが大嫌いだった。

　大学卒業後、広告業界で働き始めるとすぐに、彼女の起業家精神が目を覚ました。一九八四年に最初のビジネスを立ち上げて以来、夫のロバートとともにいくつもの起業を成功させてきた。なかでも、シャロン・レクターと共に立ち上げたリッチダッド・カンパニーは、ベストセラー『金持ち父さん　貧乏父さん』でよく知られている。

　一九八九年から投資を始め、すぐに投資が自分自身の自由への道だと悟り、熱をいれるようになった。今では、数百万ドルの価値の物件をはじめ、多くの資産を管理している。

　キムは今、投資することと、将来の経済状態を自分でコントロールすることの重要性を、女性たちに伝えようと情熱を注いでいる。

ロバート・キヨサキ
Robert Kiyosaki

日系四世のロバートはハワイで生まれ育った。ニューヨークの大学を卒業後、海兵隊に入隊し士官となって、戦闘用ヘリコプターのパイロットとしてベトナムで戦った。帰還後はしばらくゼロックス社でセールスマンとして働いた。一九七七年、ナイロンとベルクロを使った「サーファー用財布」を考案して発売し、大成功する。一九八五年にビジネスと投資を教える国際的な教育会社を設立した。

　一九九四年にビジネスを売却、四十七歳で引退し、投資に専念することにした。この引退生活の間に書いた『金持ち父さん　貧乏父さん』は世界的ベストセラーとなった。

　ロバートはまた、金持ち父さんから学んだお金と投資に関する戦略を伝える教育用ボードゲーム『キャッシュフロー１０１』を作った。今では世界中で多くの人が定期的に集まってこのゲームをやっている。上級版の『キャッシュフロー２０２』も人気を集めている。

シャロン・レクター
Sharon Lechter

シャロン・レクターは公認会計士であり、また、金持ち父さんシリーズの共著者で、リッチダッド・カンパニーのＣＥＯでもある。

　シャロンはフロリダ州立大学で会計学を専攻し、優秀な成績で卒業後、クーパーズ＆ライブランド会計事務所で働き始めた。その後、公認会計士としての腕を生かし、コンピュータ、保険、出版関連企業で管理職を務めた。

　三人の子供の母として教育に関心を持ち、子供たちの通う学校でも、数学、コンピュータ、読み書きなどの分野で積極的に発言するようになった。一九八九年、世界初の電子ブックの開発に携わり、製品を国際市場へ広げるのに貢献した。今も子供の教育のために、「革新的でチャレンジ精神を刺激し、しかも楽しい」新技術を開発し、ファイナンシャル・リテラシーの必要性を説いている。

リッチダッド・カンパニー

ロバートとキム・キヨサキ、シャロン・レクターが中心となって設立。お金について教えるための画期的な教材を作り出している。これまでに『金持ち父さん　貧乏父さん』をはじめとする書籍、『キャッシュフロー101』などのゲーム、学習用テープなどを製作し、お金と投資についての考え方を広く紹介している。この会社は「人々のお金に関する幸福度を向上させること」を目指している。

また、一九九九年にロバートとキムとシャロンは非営利団体としてファイナンシャル・リテラシーのための財団を創立した。勤労所得を不労所得とポートフォリオ所得に変える方法を人々に教えることを目的としたプログラムや団体をサポートするもので、これまでに多くの助成金を交付している。

http://www.ffliteracy.org

白根美保子
Mihoko Shirane

翻訳家。早稲田大学商学部卒業。訳書に『死別の悲しみを癒すアドバイスブック』『金持ち父さん　貧乏父さん』（筑摩書房）、『ロジャー・マグネット流サクセスアドベンチャー』（三修社）、『悲しみがやさしくなるとき』（共訳・東京書籍）、『自分らしくお金持ちになるための70の習慣』（ダイヤモンド社）など多数。

菊地大典
Daisuke Kikuchi

一九五三年東京生まれ。早稲田大学大学院理工学研究科卒業。三菱商事、三菱銀行を経て、バンカーストラスト銀行（現ドイツ銀行）、スイスユニオン銀行、シティバンクなどで投資銀行業務・デリバティブ等の先端分野の要職を歴任。二〇〇三年に金融・キャリアコンサルタントとして独立し、法人・個人向け財務・投資コンサルティングを展開している。

芳屋昌治
Shoji Yoshiya

一九六七年東京都生まれ。獨協大学法学部卒業。大手アパート販売会社を経て、TFP・CG（ヘラクレス上場）の連結不動産コンサルティング会社で代表者として不動産投資アドバイス、資産分析、相続対策、物納コンサルティングなど幅広い業務を経験する。二〇〇四年四月、プロサーチ株式会社を設立し、代表取締役に就任。個人・法人の不動産投資アドバイス業務や不動産ファンド組成運用業務を中心に展開している。

小畑正一
Shoichi Obata

株式会社ニューズモール代表取締役社長。法政大学社会学部卒業後、大手不動産会社、会計事務所、介護会社に勤務。現在は高齢者・不動産・ファイナンシャルプランニング関連のコンサルティング事業を展開している。

金持ち父さんシリーズ

●「金持ち父さん　貧乏父さん――アメリカの金持ちが教えてくれるお金の哲学」
●「金持ち父さんのキャッシュフロー・クワドラント――経済的自由があなたのものになる」
●「金持ち父さんの投資ガイド　入門編――投資力をつける16のレッスン」
●「金持ち父さんの投資ガイド　上級編――起業家精神から富が生まれる」
●「金持ち父さんの子供はみんな天才――親だからできるお金の教育」
●「金持ち父さんの若くして豊かに引退する方法」
●「金持ち父さんの予言――嵐の時代を乗り切るための方舟の造り方」
●「金持ち父さんの金持ちになるガイドブック――悪い借金を良い借金に変えよう」
●「金持ち父さんのパワー投資術――お金を加速させて金持ちになる」
●「金持ち父さんの学校では教えてくれないお金の秘密」
●「金持ち父さんの起業する前に読む本――ビッグビジネスで成功するための10のレッスン」
●「金持ち父さんのファイナンシャルIQ――金持ちになるための5つの知性」
以上、すべてロバート・キヨサキ、シャロン・レクター著／白根美保子訳／筑摩書房

●「金持ち父さんの金持ちがますます金持ちになる理由」キヨサキ著／井上純子訳／筑摩書房
●「金持ち父さんの21世紀のビジネス」キヨサキ著／白根美保子訳／筑摩書房
●「金持ち父さんのサクセス・ストーリーズ――金持ち父さんに学んだ25人の成功者たち」キヨサキ、レクター著／春日井晶子訳／筑摩書房
●「金持ち父さんの新提言　お金がお金を生むしくみの作り方」キヨサキ著／井上訳／青春出版社
●「人助けが好きなあなたに贈る金持ち父さんのビジネススクール――ネットワークビジネスから学ぶ8つの価値」マイクロマガジン社

ドナルド・トランプとの共著

●「あなたに金持ちになってほしい」ドナルド・トランプ、ロバート・キヨサキほか著／白根美保子、井上純子訳／筑摩書房

エミ・キヨサキとの共著

●「リッチブラザー・リッチシスター――神・お金・幸福を求めて二人が歩んだそれぞれの道」エミ・キヨサキ、ロバート・キヨサキ著／白根美保子、井上純子訳／筑摩書房

金持ち父さんのアドバイザーシリーズ

●「セールスドッグ」
●「勝てるビジネスチームの作り方」以上、ブレア・シンガー著／まえがき・ロバート・キヨサキ／春日井晶子訳／筑摩書房
●「不動産投資のＡＢＣ」ケン・マクロイ著／まえがき・ロバート・キヨサキ／井上純子訳／筑摩書房

金持ち父さんのオーディオビジュアル

●「ロバート・キヨサキのファイナンシャル・インテリジェンス」タイムライフ
●「ロバート・キヨサキ　ライブトーク・イン・ジャパン」ソフトバンクパブリッシング
●「金持ち父さんのパーフェクトビジネス」
●「金持ちになる教えのすべて」
●「プロが明かす　不動産投資を成功させる物件管理の秘密」以上、マイクロマガジン社

本文で紹介された本

●「ウォール・ストリート・ジャーナルに学ぶ――金融・証券ガイド」モリス、シーゲル著／若杉敬明訳／エスアンドジージャパン
●「ピーター・リンチの株の教科書」ピーター・リンチ、ジョン・ロスチャイルド著／三原淳雄、土屋安衛訳／ダイヤモンド社

リッチウーマン

人《ひと》からああしろこうしろと言《い》われるのは大嫌《だいきら》い！
という女性《じょせい》のための投資入門《とうしにゅうもん》

二〇〇七年七月一〇日　初版第一刷発行
二〇一二年五月二〇日　初版第二刷発行

著者　キム・キヨサキ
訳者　白根美保子（しらね・みほこ）
編集協力　菊地大典　芳屋昌治　小畑正一
発行者　熊沢敏之
発行所　筑摩書房
東京都台東区蔵前二―五―三　〒一一一―八七五五　振替〇〇一六〇―八―四一二三
本文フォーマット　鈴木成一デザイン室
装丁　岡田和子
印刷　中央精版印刷
製本　中央精版印刷

ISBN978-4-480-86379-9 C0034
乱丁・落丁本の場合は、左記宛に御送付下さい。
送料小社負担でお取り替えいたします。
ご注文・お問い合わせも左記へお願いします。
〒三三一―八五〇七　さいたま市北区櫛引町二―六〇四
筑摩書房サービスセンター　電話〇四八―六五一―〇〇五三

『キャッシュフロー101』で
ファイナンシャル・インテリジェンスを高めよう!

読者のみなさん

『金持ち父さんシリーズ』を読んでくださってありがとうございました。お金についてためになることをきっと学ぶことができたと思います。いちばん大事なのは、あなたが自分の教育のために投資したことです。

私はみなさんが金持ちになれるように願っていますし、金持ち父さんが私に教えてくれたのとおなじことを身につけてほしいと思っています。金持ち父さんの教えを生かせば、たとえどんなにささやかなところから始めたとしても、驚くほど幸先のいいスタートを切ることができるでしょう。だからこそ、私はこのゲームを開発したのです。これは金持ち父さんが私に教えてくれたお金に関する技術を学ぶためのゲームです。楽しみながら、しっかりした知識が身につくようになっています。

このゲームは、楽しむこと、繰り返すこと、行動すること——この三つの方法を使ってあなたにお金に関する技術を教えてくれます。『キャッシュフロー101』はおもちゃではありません。それに、単なるゲームでもありません。特許権を得ているのはこのようなユニークさによるものです。このゲームはあなたに大きな刺激を与え、たくさんのことを教えてくれるでしょう。このゲームは、金持ちと同じような考え方をしなくては勝てません。ゲームをするたびにあなたはより多くの技術を獲得していきます。ゲームの展開は毎回違います。あなたは新しく身につけた技術を駆使して、さまざまな状況を乗り切っていくことになるでしょう。そうしていくうちに、お金に関する技術が高まる

『キャッシュフロー101』
家庭で楽しみながら学べる
MBAプログラム

『キャッシュフロー・フォー・キッズ』
6歳から楽しく学べる子供のためのゲーム

と同時に、自信もついていきます。

このゲームを通して学べるような、お金に関する教えを実社会で学ぼうとしたら、ずいぶん高いものにつくこともあります。『キャッシュフロー１０１』のいいところは、おもちゃのお金を使ってファイナンシャル・インテリジェンスを身につけることができる点です。

はじめて『キャッシュフロー１０１』で遊ぶときは、むずかしく感じるかもしれません。でも、繰り返し遊ぶうちにあなたのファイナンシャル・インテリジェンスが養われていき、ずっと簡単に感じられるようになります。

このゲームが教えてくれるお金に関する技術を身につけるためには、まず少なくても六回はゲームをやってみてください。そのあと本などで勉強すれば、あなたはこれから先の自分の経済状態を自分の手で変えていくことができます。その段階まで到達したら、上級者向けの『キャッシュフロー２０２』に進む準備ができたことになります。『キャッシュフロー２０２』には学習用のＣＤが5枚ついています。

子供たちのためには、六歳から楽しく学べる『キャッシュフロー・フォー・キッズ』があります。

『キャッシュフロー』ゲームの創案者
ロバート・キヨサキ

NEW!　『金持ち父さんの「金持ちになる教えのすべて」』

豊かさへの実践プログラム“Rich Dad's Teach To Be Rich”の日本語版。371ページのテキストとＤＶＤ３枚のセットです。格差社会を生き抜くには、お金の教育がもはや不可欠。金持ち父さんの教えが、あなた自身や家族のお金の問題を解決する手助けをします。

発売元　マイクロマガジン社　価格・発売日など、詳細は公式サイトで

NEW!　『プロが明かす――不動産投資を成功させる物件管理の秘密』

ロバート・キヨサキと不動産のプロであるケン・マクロイが、物件管理の定石からとっておきのヒントまでを明かします。ＣＤ４枚に、実務に役立つデューデリジェンス・チェックリスト（不動産契約や競合市場分析、物件管理に関する適正評価の詳細リスト）がついたセットです。

発売元　マイクロマガジン社　価格・発売日など、詳細は公式サイトで

NEW!　キャッシュフロー101がケイタイゲームで登場！

ロバート・キヨサキが考案したボードゲーム「キャッシュフロー101」が手軽な携帯電話ゲームになりました。小さな投資で、お金持ちになるヒントをつかむチャンスです！

携帯電話ゲーム版「キャッシュフローゲーム」では、「各々の夢を持った人々が、それぞれの職業に就きながら日々生活し、経済的自由を獲得しようとする」という、現実と同じ世界が繰り広げられています。

サイコロを振ってコマを進めると、実際の人生でも起こりうる投資や起業、無駄遣いといった、お金に関する様々なイベントが発生し、プレイヤーは、ゲームシート（財務諸表）を使って自分の経済状態の変化を記録していきます。これを繰り返すことによって、本当の「資産」や「負債」、「収入」や「支出」の関係が実感できます。

ゲームを進めていくあいだに、総支出を上回るキャッシュフロー（不労所得）を得られればラットレースを抜け出し、ファーストトラックに移ることができます。このゲームの勝利条件は、そこで自分の夢を買うか、５万ドルのキャッシュフローを獲得することです。

携帯電話ゲーム版「キャッシュフローゲーム」は、いつでも、場所や参加人数を気にせず、簡単な操作で気軽にプレイできます。　開発・配信　YOUMIND

詳しくはＱＲコードでサイトへジャンプ！

「金持ち父さんのアドバイザー」シリーズ

セールスドッグ　ブレア・シンガー著

「攻撃型」営業マンでなくても成功できる！

定価（本体価格1600円＋税）　4-480-86352-7

不動産投資のＡＢＣ　ケン・マクロイ著

物件管理が新たな利益を作り出す

定価（本体価格1500円＋税）　4-480-86372-9

キム・キヨサキの本

リッチウーマン

人からああしろこうしろと言われるのは大嫌い！という女性のための投資入門

定価（本体価格1700円＋税）　4-480-86379-9

現在刊行準備中！

アメリカの不動産王ドナルド・トランプとロバート・キヨサキの本

あなたにも金持ちになってほしい（仮題）

金持ちはどんどん金持ちになっている。だが一方で、アメリカという国は貧しくなっている。中流階級が消えてなくなろうとしているのだ。中流階級がその力を失っていくことで、アメリカの国としての安定と世界の民主主義そのものが脅かされることになる。私たちは、あなたにも金持ちになってほしいと願っている。そうすれば、あなたは問題を引き起こす側ではなく、問題を解決する側に立つことができるからだ。

――ドナルド・トランプ　＋　ロバート・キヨサキ

ビリオネアとミリオネアである二人は、今、アメリカだけでなく先進各国において、貧富の差が拡大していることを心から心配しています。彼らは、この問題に立ち向かうためにも、ますますお金の教育が大事になっていくと考えています。今回、共著を出すことを通じて、お金について学ぶようにと読者に呼びかけています。

▲表示されている価格は全て2007年７月のものです。